《政治学与国际关系智库丛书》 总主编：陈 琪 陈 波

西欧社会民主党
执政管理经验与启示

▶ 谭 鹏◎著

九州出版社

JIUZHOUPRESS

图书在版编目（CIP）数据

西欧社会民主党执政管理经验与启示 / 谭鹏著. --

北京：九州出版社，2017.7

ISBN 978-7-5108-5690-7

Ⅰ．①西… Ⅱ．①谭… Ⅲ．①社会党－执政－研究－

西欧 Ⅳ．①D756.064

中国版本图书馆CIP数据核字(2017)第177381号

西欧社会民主党执政管理经验与启示

作　　者	谭鹏　著
出版发行	九州出版社
地　　址	北京市西城区阜外大街甲 35 号（100037）
发行电话	(010)68992190/3/5/6
网　　址	www.jiuzhoupress.com
电子信箱	jiuzhou@jiuzhoupress.com
印　　刷	廊坊市海涛印刷有限公司
开　　本	710 毫米 ×1000 毫米　16 开
印　　张	13
字　　数	218 千字
版　　次	2018 年 1 月第 1 版
印　　次	2018 年 1 月第 1 次印刷
书　　号	ISBN 978-7-5108-5690-7
定　　价	46.00 元

《政治学与国际关系智库丛书》总序

2014年伊始，世界政治就被层出不穷的冲突和纠纷所困扰，亦显示出变化的曙光。一方面，俄罗斯与西方世界围绕克里米亚的角力，隐隐然让世人看到传统冷战思维的回潮；另一方面，包围在马航MH370航班失联事件的疑团，凸显了在全球化时代国家间合作的必要性与困难度。在和平与发展成为世界公认价值的今天，很多老问题尚待解决，不少新问题也应运而生。面对略显纷乱嘈杂的现实，古老的政治学和国际关系学，迎来了前所未有的发展机遇和严峻挑战。

重新聚焦政治学与国际关系学研究，是全球化浪潮和信息时代的必然要求。首先，伴随着经济全球化程度的不断加深，全球治理的概念开始受到越来越多的关注，这一趋势在国际金融危机爆发之后更加明显。在武器扩散、恐怖主义、环境保护、疾病预防以及经济发展等诸多领域，都要将全球看作一个相互联系的体系来解决问题，政治学者需要及时提出有效的理论分析和政策建议。其次，国家作为国际关系中最主要的行为体，既要对外面对国家间冲突、政经纠纷等问题，也要对内面对因应贫富差距拉大、扁平化社会所带来的诸多矛盾。这些理论及操作层面的疑问，都亟需学者从政治学与国际关系学的视角给出相应的答案。

重新聚焦政治学与国际关系学研究，是对正走在"圆梦之路"上的中国自身的突出贡献。其一，正在崛起的中国，对内正在进入全面深化改革和经济结构转型的"深水区"，学者需要为促进经济发展和缓解社会矛盾提供更多的政治智慧。其二，随着中国实力的不断提升，伴随而来的外面环境压力也在逐渐增强。如何妥善解决包括海洋争端和贸易摩擦在内的国际议题，如何为已经秉承了近三十年的"韬光养晦"的对外战略注入新的内涵，是理论界必须承担的责任。其三，中国怎样更好地履行负责任大国的职责，并更好地向全世界传达属于自己的政策主张乃至价值取向，也是一个有价值的前瞻性课题。

重新聚焦政治学与国际关系学研究，也是中国政治学和国际关系学术界自身发展的诉求。政治学是一个古老的学科，中国的政治学研究则是一个肇始于19世纪末，繁荣自 20 世纪 70 年代末的新局面。学者们目前的工作,不仅是要积极追赶和呼应西方政治学科的发展前沿,提高我国政治学研究的科学性;也要充分汲取中国传统政治文化和政治治理的丰富养分,扎根于目前的政治现实,缔造具有中国特色和普遍适用价值的理论观点。对国际关系学科而言,国内学界在学科建设、研究方法和运用研究资料等方面,也存在着追赶国际先进水平的压力。在目前国际关系学科内范式融合和全球治理理念盛行的背景下,国内学者需要在思想创新和议题选择上做出更多努力。

当然,一个学科的发展和壮大,绝不能仅仅依赖于学者个人或者群体的努力,更需要有蓬勃向上的国力和理性有序的社会氛围作为支撑,需要来自于政府、高校、非政府组织乃至公司企业的资源倾斜。与此同时,学者也有责任将相关理论和政策研究的成果,以及自身所具有的文化视角和国际视野,转化为推动国家发展的动力,即所谓智库的作用。目前,智库在中国的发展尚属方兴未艾,我们也希望有更多的学者同仁加入其中,群策群力间实现本学科的跨越式发展,一同积极面对现实,踏实研究问题。

基于以上的目的与意义,为了向国内外学者与公众展示和分享政治学和国际关系学领域的研究成果,我们精心策划和推出了《政治学与国际关系智库丛书》。我们期望通过这样一个平台,收集和推出一批高质量的兼具理论与现实意义的专著、译著、论文集等,展现本学科学者们笃学省思的风采。在此,也拜求学界各同道先进,不吝赐稿,共襄盛举。

最后,该丛书的顺利出版有赖有关部门的关心与指导,有赖学界同仁们的关注与帮助,更有赖广大读者、学人的阅评和指教。本人在此一并致上诚挚的谢意!

陈 琪 陈 波

2014 年 3 月 28 日

(陈琪,政治学与国际关系学术共同体秘书长,清华大学社会科学学院副院长、教授、博士生导师,《国际政治科学》执行主编;陈波,"冲突管理、和平经济与和平科学"常设国际学术会议中方主席,中央财经大学国防经济与管理研究院院长、教授、博士生导师,*International Journal of Peace Economics and Peace Science* 共同主编)

目　　录

第一章　导　论 ·· 001

　第一节　研究现状及意义 ··· 002

　第二节　研究思路 ·· 005

　第三节　研究方法 ·· 006

　第四节　创新之处 ·· 007

第二章　战后西欧政治生态变迁和社会民主党上台执政 ············· 008

　第一节　战前西欧社会民主党的发展历程和主要特点 ········· 009

　第二节　战后西欧政治生态的变迁 ···························· 019

　第三节　西欧社会民主党的积极调整和上台执政 ·········· 022

第三章　战后主要西欧社会民主党的执政历程 ···················· 030

　第一节　英国工党 ·· 030

　第二节　法国社会党 ·· 051

　第三节　德国社会民主党 ··· 067

　第四节　瑞典社会民主党 ··· 087

第四章　西欧社会民主党治国理政的主要经验 ···················· 109

　第一节　意识形态的中间化调整 ······························· 109

第二节　政党组织的开放性转型　••••••••••••••••••••••　129

第三节　福利政策的适应性调整　••••••••••••••••••••••　143

第五章　对西欧社会民主党治国理政经验的评析和借鉴　••••••••••　161

第一节　西欧社会民主党治国理政经验评析　••••••••••••　162

第二节　合理借鉴西欧社会民主党的治国理政经验　••••••••　174

第六章　结　语　••　185

主要参考文献　••　188

第一章 导　论

　　西欧社会民主党（也称工党、社会党或工人社会党等）是指冷战时期和苏联东欧社会主义集团相对的，以社会民主主义为价值体系的政党。战后西欧社会民主党大都有过执政经历，但由于执政环境的差异，导致各国社会民主党执政实践具有各自不同的特点和风格，其中尤以英国工党、法国社会党、德国社会民主党和瑞典社会民主党影响最为广泛、特征最为鲜明、革新态度最为坚决。为了保证研究的深刻性，本书主要以上述四国社会民主党为研究对象，以达到管中窥豹的效果，从而揭示出西欧社会民主党执政的共同特征。

　　在第二次世界大战后的 60 多年里，西欧社会民主党多次走上政坛，治国理政。纵观战后西欧社会民主党的发展历程，最能引起我们关注的有两个时间段，其一是 20 世纪 90 年代中后期欧洲政坛呈现一片粉红的"玫瑰色"[1]，随着"第三条道路"理论和实践的发展，西欧社会民主党开始在 13 个欧盟国家实现执政或联合执政。其二是步入 21 世纪初，以 2009 年 6 月的欧洲议会选举为分水岭，欧洲的执政版图发生了戏剧性的变化，由一片"玫瑰色"变成了一片"蓝色"，各国执政的西欧社会民主党黯然下台，欧洲政治右倾趋势加强。2000 年 6 月只有西班牙、爱尔兰和卢森堡三国执政党属于右翼政党，但是到 2002 年却变为仅有德国、希腊、英国和瑞典四国执政党仍为左翼政党，到 2010 年西欧左翼政党的执政地位丧失殆尽，右翼政党开始全面重新执掌政权。

　　面对这样一种极具反差的现实，不能不引起人们对于西欧社会民主党执政实践的诸多反思：战后西欧的政治生态环境究竟发生了什么变化？究竟是哪些因素推动

---

[1]　社会民主党的国际性组织——社会党国际以粉红色玫瑰为徽记，所以欧洲各国媒体多以"玫瑰色"形容社会民主党执政的左翼政府。

社会民主党取得执政地位？为什么社会民主党能够在战后取得长期执政的辉煌成就？西欧社会民主党在执政的过程中进行了哪些调整和改革？社会民主党的执政经验对于其他国家政党执政又有哪些借鉴和启示？对于这些问题的解答都迫切要求我们深入观察西欧社会民主党自战后以来执政的历程，总结和借鉴其有益经验，吸取其失利教训，这无疑有助于中国共产党正确认识世界政党政治格局变化的趋势，准确把握政党执政的基本规律，有效应对全球化环境下的共同挑战。

第一节　研究现状及意义

一、国内研究现状

改革开放以来，国内对社会民主党的研究方面取得了一系列成果，研究领域从社会民主主义一般理论逐渐向社会民主党的整体发展拓展，尤其是从20世纪90年代后期开始，立足全球化背景分析西欧社会民主党执政实践的理论研究成果开始大量涌现。

（1）西欧社会民主党发展历程和发展特点的一般性介绍。改革开放初期，国内理论界对待社会民主主义和社会民主党的态度开始发生变化。这一时期一些学者开始对西欧社会民主党的产生、发展、演变、特征等问题展开研究，其研究成果主要以对社会民主党进行常识性的介绍为主：一是在研究社会民主主义时对社会民主党进行介绍，如徐崇温的《民主社会主义评析》、王捷和杨祖功的《欧洲民主社会主义》、何秉孟和姜辉等编著的《欧洲社会民主主义的转型》等。二是从社会民主党自身历史发展的角度进行介绍，如徐崇温的《怎样认识西方社会民主党》、林建华的《世界共产党与社会民主党百年关系述要》、罗云力的《西欧社会民主党的三次裂变及其走向》等。三是从政党价值观或纲领演变的角度进行介绍，如徐崇温的《西方社会民主党的社会主义观》、张附孙的《"法兰克福宣言"与社会民主党的理论转向》、陈志强的《从伦理社会主义到"第三条道路"》、徐觉哉的《当代社会民主党及其"第三条道路"》、龚剑成的《社会民主主义的"新治理"思想》、张耀军的《经济全球化与西欧社会民主党的第三条道路》、陈林和林德山主编的《第三条道路：世纪之交的西方执政变革》等。四是以西欧社会民主党某一发展特征为研究对象进行介绍。

如陈露的《西欧社会党的组织体制变革及政党现代化进程》、林怀艺的《政党民主：社会民主党的探索及其启示》等。

（2）侧重于对战后西欧社会民主党执政历程和执政经验进行的深层次研究。20世纪90年代后，国内理论界开始从执政的角度开展对西欧社会民主党的细化研究，学者们紧扣社会民主党怎样取得执政地位，开展执政实践，并系统总结其执政的经验教训，把社会民主党的发展放到执政的高度来认识，这为我们正确把握社会民主党执政的实质特点提供了新的视角。在研究过程中，一些学者从总结西欧社会民主党整体执政经验的角度进行阐述，如林建华等著的《冷战后欧盟诸国社会民主党政坛沉浮研究》、刘玉安和蒋锐等著的《从民主社会主义到社会民主主义——当代欧洲社会民主党的理论与实践》、顾俊礼主编的《欧洲政党执政经验研究》、王彦军的《欧洲社会民主党的执政经验及启示》、杨双的《社会民主党执政的基本特征》等。一些学者从国别比较的视角展开对各国社会民主党执政特征、执政经验、政策评估的研究，如谢峰著的《英国工党第三条道路研究：兼论西欧社会民主党的改革》、杨根乔的《德国社会民主党执政经验刍议》、权伟太的《德国社会民主党执政历史述评与前景探析》等。近年来还有一些学者开始对社会民主党与中国共产党在执政方面的经验和特征进行对比研究，如方章东、侯惠勤的论文《社会民主党的历史发展对中国共产党人的启示》、邝志勇的《社会民主党与共产党组织原则异同考》、舒新的《论如何正确借鉴西方社会民主党的治党治国经验》等，这进一步细化了对西欧社会民主党执政实践的研究。

二、国外研究现状

国外对西欧社会党的研究以各国社会党的领袖和党内的理论家为主体，这些学者对于问题的研究主要从两条途径展开：

第一条途径是对于社会民主党发展的整体性研究，主要侧重于对冷战后社会民主党转型和变革进行综合性的分析。其中最活跃、最富有成果和影响最大的是英国伦敦经济与政治学院院长、号称布莱尔的精神导师安东尼·吉登斯和德国社会民主党著名理论家、党的基本价值委员会副主任托马斯·迈尔。安东尼·吉登斯在他的著作：《第三条道路——社会民主主义的复兴》《超越左与右——激进政治的未来》等书中详细分析了社会民主党"第三条道路"的成因、内容与影响。

托马斯·迈尔在《社会民主主义导论》一书中介绍了社会民主主义的理论演变和社会民主党的历史发展；在《社会民主主义的转型：走向 21 世纪的社会民主党》一书中论述了全球化时代社会民主党面临的困境，介绍了社会民主党为走出困境而进行的新一轮转型的原因、进程及发展趋势。

第二条途径是各国学者针对本党和本国的实际情况提出社会民主党的针对性改革方案。其中具有代表性的有：英国学者 Giles Radice 的《工党的权力之路》，该书介绍了工党执政的主要政策和价值取向；英国学者理查德·赫弗南的《媒体操纵：英国工党的政治信息交流策略》一书论述了信息化时代媒体发展对于政党执政的重要影响和英国工党的应对措施；德国学者弗兰茨·瓦尔特的《德国社会民主党：从无产阶级到新中间》一书系统阐述了德国社会民主党的产生、发展和改革的历程；瑞典学者 Klaus Misgeld，Karl Molin 和 Klas Amark 在《创造社会民主主义——瑞典社会民主党的一个世纪》一书中详细介绍了瑞典社会民主主义的发展演变、执政历程和主要经验。

重要的论文还有弗兰茨·瓦尔特的《德国社会民主党转型后面临的挑战》，这篇文章详细论述了德国社会民主党变革的历史进程、主要特征及对其他政党的启示。另一位德国学者沃纳·普芬尼希的《政党转型：德国社会民主党的变革》一文介绍了德国社会民主党在变革中遇到的一系列问题和挑战，认为德国社会民主党的改革最终使其立场发生了变化，不再站在资产阶级的对立面；同时政党功能也发生了变化，成为一个中间性的"特氟隆政党"（徒具平滑的表面，但其实什么东西在它上面都待不住）。英国学者威尔逊全面考察了西欧各国的社会民主党，认为外部因素，尤其是竞争环境的变化是这些政党组织变革的根本原因。在这些著作和论文中着重论述了 20 世纪 80 年代初以来的社会民主党的危机及其陷入危机的原因，探讨了社会民主党如何适应政治和社会条件的变化不断改变策略，同时保持自己的身份特征以迎接新的挑战。由于他们的着眼点主要集中在发展方向和发展策略上，所以对于几十年社会民主党执政的历程很少进行回顾和总结，对于各国社会民主党执政的经验和教训也没有进行系统的分析和思考，这就为我们开展西欧社会民主党执政经验的研究提供了理论的空间。

三、研究意义

到目前为止，尽管学术界对于西欧社会民主党的研究方面取得了丰富的成果，研究的课题不断细化，研究的领域继续扩展。但同时存在着一些问题，如经验型的讲述偏多，深入的具体研究偏少；历史描述性的偏多，冷静反思性的偏少；个别国别研究偏多，比较借鉴的偏少。战后西欧社会民主党的理论创新、组织转型、政策改革归根结底就是为了赢得政党的执政地位，确保政党能够长期执政。鉴于此种认识，本书以总结社会民主党执政经验为切入点研究西欧社会民主党的执政实践，将经验的总结集中在执政党如何通过调整转型突破困境方面，突显出社会民主党的改良主义特征。通过展开相关研究，第一，能够丰富对社会民主党执政的理论认识。本书通过对社会民主党的执政实践展开理论分析，客观总结了西欧社会民主党如何通过理论和政策的调整走出执政困境，在经验总结中丰富了人们对于社会民主党执政理念、政策主张等理论框架的认识。第二，有助于中国共产党借鉴经验，开展实践创新。"以铜为鉴可以正衣冠，以人为鉴可以知得失"，通过对战后西欧社会民主党执政实践的研究可以系统总结其治国理政的正反两方面经验。同处全球化时代，那些影响社会民主党执政的因素同样也会作用于中国共产党，这为中国共产党的执政实践可以提供有益的借鉴。

第二节　研究思路

本书以战后西欧社会民主党为研究对象，对社会民主党的执政历程、主要特点、经验挑战以及对中国共产党执政的启示等方面进行了阐述。本书主体部分由四章构成。

第二章：战后西欧政治生态对社会民主党的影响。这一章首先介绍了战前西欧社会民主党形成和发展的历程，客观分析了战后初期的经济社会发展格局对西欧社会民主党的影响和作用，阐释了西欧社会民主党如何把握历史机遇，在政党的自身调整和转型中开始走上执政道路。通过战前战后两个时间段中政治生态构成要素的对比分析，揭示了战后的西欧社会民主党能够上台执政的深层原因。

第三章：战后西欧几个主要社会民主党的执政历程。这一章主要介绍英国工党、法国社会党、德国社会民主党、瑞典社会民主党四个主要的西欧社会民主党战后执政理论和实践的发展历程，围绕其如何通过调整和转型取得执政地位，在执政过程中怎样对理念、政策、组织等要素进行逐步改良，总结出各自的执政特点。

第四章：西欧社会民主党治国理政的主要经验。这一章概括了西欧社会民主党在执政实践中共有的特征，在意识形态方面，社会民主党在战后通过意识形态的中间化调整，不断扩展了政党的生存空间，也产生了身份模糊的问题；在组织运行方面，社会民主党一直适应阶级结构变化进行组织变革，组织的开放性和包容性不断增强，同时依然面临严峻的挑战；在政策方面，社会民主党坚持实用主义取向开展政策改良，有效提高了政策的灵活性和时效性，其执政政策取得了良好的效果，但也增加了政党执政的不稳定性。

第五章：对西欧社会民主党执政实践的评析和借鉴。这一章着重对战后西欧社会民主党执政的特点进行全面的概括，总结了西欧社会民主党治国理政经验的现实意义和主要问题。在正确认识西欧社会民主党执政特征基础上，提出要反思社会民主党的执政教训，同时借鉴社会民主党执政的有益经验，不断丰富中国共产党的执政实践。

第三节　研究方法

本书在写作过程中主要采用以下研究方法：一是历史的方法。对于西欧社会民主党执政实践的研究就是历史研究，在对西欧社会民主党执政经验的研究中，通过重点介绍英国工党、法国社会党、德国社会民主党和瑞典社会民主党的执政实践和执政经验，全面回顾了西欧社会民主党的执政历程。二是系统分析方法。本书对于执政经验没有进行分散性的阐释，而是将认识建构在理论、政策、组织建设三个基本面上，坚持以三方面的整体构成为分析框架，剖析社会民主党的执政经验。三是比较的方法。对于西欧社会民主党的执政经验研究，表面看是对西欧社会民主党执政的理论阐释，深层次在于通过比较找到各个社会民主党执政的异同点，进而为中国共产党的执政实践提供参考和借鉴。在本书中既有西欧四国之间社会民主党执政的比较，更有西欧社会民主党和中国共产党执政的比较，并在比较中得出对于中国共产党执政具有启示性的思考。四是个别与整体相结合的方法。西欧社会民主党由西欧的诸多社会民主党组成，其自身并不是个体概念，而是集合概念。所以对于西欧社会民主党执政的研究必然就是一个从个体到整体、从具体到一般的认识过程。在写作过程中，既注重对个别国家执政经验的认识和思考，更注重从西欧社会民主党的整体来提炼和总结。

第四节　创新之处

本书在写作中坚持紧扣社会民主党执政的基本特点，力争在理论观点方面有所创新。一是整体思路创新；执政是一个具有丰富内涵的命题，对于政党的执政的研究进行历史的描绘，也可以从经济、社会、政治、文化等具体政策方面展开。如果研究过程中对于执政的概念把握不准、标准不一，就容易陷入对现象的简单描述中，难以形成系统的思考。所以，作者致力于使执政实践从三方面形成一个认识体系，进一步深化了对执政体制机制的认识。二是个别观点创新。本文在准确认识西欧社会民主党执政历程和经验的基础上，对于其执政的特点进行了新的概括，对其执政实践的发展脉络进行系统阐释，尤其对西欧社会民主党的执政实践加强了现实追踪，提出了具有前瞻性的理论观点。

第二章　战后西欧政治生态变迁和社会民主党上台执政

所谓"生态"本意是指在生物群落及其生存发展的系统之中，系统内部各种因素之间相互联系和相互制约，最终形成了某种相对平衡的结构。法国科学家居维叶就曾指出："有机体的所有各部分之间存在必然的联系，以致人们只要接触到从其中分解出来的一个部分，便能恢复整体"[1]。随着社会发展，人们尝试从生态学的角度来研究其他学科领域中的相关问题，并最终形成了如经济生态、学术生态、行政生态等交叉概念，政治生态就是在这样一个背景下产生的。

所谓政治生态（political ecosystem），就是指政治系统内部各要素之间以及政治系统与社会其他子系统之间按照现代化经济基础的性质和要求而结成的良性互动关系。总的来说，政治生态又可以分为政治内生态与政治外生态，前者指政治系统或政治体系内部各要素之间的生态联动，即政治制度、政治文化、政治活动的主客体三者之间的生态联动；而政治外生态则是指政治系统或政治体系与其他社会体系（如经济体系、文化体系、制度体系等）之间的生态联动。一定社会中的政治生态是由政治内生态与政治外生态之间相互作用和协调发展的状况所决定的，不管哪一方面的因素发生变动（能量增强或减弱），都会打破现有的政治生态平衡，这时的政治主体要么极力维持旧有的政治生态平衡，要么由于不能维持而引发政治生态危机，再经过政治系统能量与要素的重组，达到新的政治生态平衡。[2]

从政治生态的含义来认识战后西欧社会民主党，我们可以看到社会民主党在欧

---

[1] [法]阿历克西·德托·托克维尔著，冯棠译：《旧制度与大革命》，商务印书馆1992年版，第3页。

[2] 丁忠甫，郑林：《当代中国政治生态问题研究刍议》，《哈尔滨学院学报》2010年第9期。

洲政坛中本身就是政治演变中的某一要素和因子，其产生和发展历程同时就是西欧政治生态运行的重要方面。同时，通过观察西欧社会民主党的发展历程，我们可以清晰地感觉到政党的发展和政治生态演变如此紧密地结合在一起，西欧社会民主党的每一次复兴和发展、挫折和失利，毋宁说是政党自身作用的结果，还不如说是由于整体政治环境变化所造成的。所以，只有把西欧社会民主党的发展放到整体政治环境的变迁中考察，放到政党自身演变的历史进程中考察，我们才能系统的解答各国西欧社会民主党为什么在战后能够赢得政权，进而对西欧政治发展格局产生重要的影响。

第一节　战前西欧社会民主党的发展历程和主要特点

一、西欧社会的历史变迁和社会民主党的产生

西欧各国社会民主党大多建立于 19 世纪末 20 世纪初，尽管其形成历程和发展道路各有不同，但它们有着共同的"孵化环境"。在实现工业化的过程中，各国相继完成了反封建的资产阶级民主革命，形成了以公民权利为主题的资产阶级民主思想体系，创造了现代社会的两大阶级——资产阶级和无产阶级。随着社会民主主义思想体系的形成并和工人运动结合起来，西欧社会民主党应运而生。

（一）工业革命的兴起为社会民主党的产生提供了阶级准备

工业革命是以机器为主体的工厂制度代替以手工业技术为基础的手工工场的革命，工业革命的过程表现为各工业部门、各个生产环节之间互相联系、互相推动，从轻工业到重工业，从工作机到发动机再到母机，最后形成机器生产的完整体系。工业革命通过用复杂的机器代替手工生产，突破了人类的生理界限，为科学技术应用于生产开辟了广阔的空间，极大地促进了西欧社会生产力的发展。马克思对于这段历史曾这样描述："蒸汽和机器引起了工业生产的革命，现代大工业代替了工场手工业"[1]；"资产阶级在它不到一百年的阶级统治中所创造的生产力，比过去一切

---

[1]　《马克思恩格斯选集》（第 1 卷），人民出版社 1995 年版，第 273 页。

时代创造的全部生产力还要多，还要大"[1]。在最早进行工业革命的英国，从 1770 年到 1840 年 70 年间，工人的平均劳动生产率提高了大约 20 倍，英国一跃成为世界上头号资本主义工业国家。工业革命显示了资本主义生产方式相对于封建社会生产方式的优越性，巩固了刚从封建社会废墟中建立起来的资本主义制度。

工业革命同时改变了原有的社会结构。在工业化浪潮的冲击下，中世纪欧洲形成的领主或庄园经济迅速瓦解，现代意义的民族国家开始建立，重商主义的思想盛行，工厂制度普遍兴起，地区之间的贸易流动加速，世界逐渐成为一个整体。同时，工业化进程中两大对立阶级开始形成，原来与专制王权和封建领主阶级斗争的同盟军，一部分成为资本家，一部分成为依靠雇佣劳动生活的工人。工业革命的进步推动了社会进步，但是也加剧了对劳动者的残酷剥削。由于工业发展的高速度是以剥夺工人的剩余价值为基础，经济繁荣背后是工人悲惨的生存环境。到 19 世纪中后期西欧国家完成工业化之后，工人的工作和生存条件依然十分糟糕。一个工人每天连续工作 12 小时甚至更长的时间还不能养活全家，以致儿童和孕妇都必须工作，资本家却能获得超额垄断利润。

这种新的不平等使大多数人感到心理的不平衡和对现有社会制度的不满。随着工业革命的深入，机器化程度的进一步提高，机器开始代替人的手工劳动，这使劳动力市场出现供过于求的局面，大批面临失业的普通工人被迫走上联合斗争的道路，力图通过建立代表工人阶级利益的组织，在政治上、经济上争取自己的利益。在这样的环境中，代表工人阶级利益的社会民主党开始出现。

（二）社会民主主义思想的发展为社会民主党的产生提供了思想渊源

在 19 世纪 40 年代，社会民主主义思潮开始在西欧社会出现，起初民主社会主义和社会民主主义分别代表了资产阶级尤其是小资产阶级的两种政治观点。民主社会主义的重点体现在强调解决所谓的政治问题方面，即要求进行政治改革以废除封建等级特权和君主专制制度，最终建立资产阶级民主制度；而社会民主主义则重点强调解决所谓的社会问题，要求修补由于资本主义自身的压迫和剥削所造成的各种社会弊端。

到 19 世纪空想社会主义的理论光芒渐渐黯淡时，上述两种小资产阶级所谓的社

---

[1]　《马克思恩格斯选集》（第 1 卷），人民出版社 1995 年版，第 277 页。

会主义理论却得到空前的发展。其代表人物路易·勃朗和蒲鲁东提出了消灭贫困、消灭竞争,由政府出资建立"劳动组织"等系列社会改良的方案。在这期间,西欧工人运动蓬勃发展,各种行业和全国性的工人组织纷纷建立,并采取了有组织的集体罢工斗争。但由于历史条件的限制,工人运动一开始并不是要推翻资本主义制度,而是要维护个人的现实利益,总体来看还是资本主义体制内的斗争,这使得工人阶级和小资产阶级在与资产阶级斗争中还有共同的利益要求。在斗争的过程中,社会民主主义和民主社会主义两种观点渐渐走向一致,并最终形成了新的社会民主主义思潮。尽管这种思潮在目标和方法上并不清晰,但追求社会改良和政治民主是其主要的特征。

当时工人阶级运动迫切需要理论的指导,而小资产阶级中的社会主义思潮恰恰包容了许多工人阶级的利益要求。这样到19世纪40年代,"社会民主主义"的概念开始在西欧工人阶级中被广泛采用。空想社会主义者,一些主张合作制和追求所谓"大众幸福"的人,都把自己称作社会主义者。[1]在德国,不仅新兴的工人运动冠以"社会民主主义者"的称号,就连立宪派、共和派的小资产者的右翼也自称为"社会主义者"或"社会民主主义者"。

（三）工人运动的蓬勃发展为社会民主党的产生奠定了组织基础

随着西欧各国工人运动的蓬勃兴起,工人运动开始由原来针对机器进行破坏的个人斗争转变为全行业和全民族的反对资产阶级的斗争。1831年和1834年法国里昂工人组织了两次武装起义,纺织工人自发地组织起来捣毁机器,破坏工厂,掀开了工人运动的序幕。1836年6月成立的伦敦工人协会,成为领导英国宪章运动的主要组织,工人协会强调其宗旨"是为争取选举改革而斗争,并以和平宣传作为斗争的手段"[2]。1837年2月,在"王冠与铁锚"饭店举行的伦敦工人会议上通过的《人民宪章》提出6点要求:①凡年满21岁的男子都有选举权;②秘密投票;③国家议员不应有财产资格的限制;④议员支薪,以便穷人也能担任议员职务;⑤各选区一律平等,按选民人数产生代表;⑥国会每年改选一次,议员任期为一年。这些要求的提出表明:英国工人阶级已经开始为争取自己的政治权利而斗争。为此列宁曾经高度评价宪章运动并称之为"世界上第一次广泛的、真正群众性的、政治上已经成

[1]　田保国等:《世界共产党与社会党关系论纲》,社会科学文献出版社2011年版,第29页。
[2]　田保国等:《世界共产党与社会党关系论纲》,社会科学文献出版社2011年版,第28页。

型的无产阶级革命运动"[1]。而 1848 年 6 月德国西里西亚纺织工人起义就是在社会民主主义思想的指导下发动起来的。工人阶级不仅提出了政治要求，甚至把斗争的矛头直接对准了资产阶级政权本身。三大工人运动标志着英国、法国、德国等西欧国家的无产阶级开始作为独立的政治力量登上历史舞台，从而为社会民主党的产生提供了阶级基础和组织准备。

在国际工人运动中，一些小资产阶级的知识分子和工人运动家开始尝试建立以社会民主主义冠名的政党。在 1848—1849 年法国革命中，以赖德律·洛兰为首的小资产阶级民主派和以路易·勃朗为首的无产阶级社会主义的新山岳党合并成立民主社会主义党，成为世界上第一个以"民主社会党"命名的政党。这个政党实质上是一个带有浓厚改良主义色彩的小资产阶级改良主义政党，主张通过在法国建立共和国以实行民主和带有社会主义色彩的改革，与真正意义上领导无产阶级革命的工人阶级政党有着显著的区别。

二、战前西欧社会民主党的发展历程

从西欧各国社会民主党建立到二次世界大战结束的 100 多年间，西欧社会民主党经历了三个发展阶段：第一阶段从 1869 年德国社会民主党诞生到 1895 年恩格斯逝世，这一期间社会主义开始从思想演变为行动，社会民主主义与科学社会主义是同义语。马克思、恩格斯当时也自称为社会民主党人，同时注意揭露某些激进的民主主义者用这一称谓来掩盖自己的特殊利益。第二阶段是 19 世纪末 20 世纪初自由竞争的资本主义向垄断资本主义过渡时期，由于资本主义国家开始采取措施改善劳工待遇，对西欧各国工人阶级政党及其领导人产生了影响，改良主义逐渐成为西欧工人运动的主流。第三阶段从 1899 年伯恩斯坦发表《社会主义的前提和社会民主党的任务》一书到两次世界大战期间，这一时期西欧社会民主党经历了大分化、大改组。这主要表现在第二国际后期各国社会民主党的主流派不同程度的支持本国政府参加第一次世界大战，反对俄国十月革命和马克思主义暴力革命道路，反对无产阶级专政；左派在俄国布尔什维克党的带领下，纷纷成立主要以共产党命名的新党，放弃社会民主党的称谓，并联合建立了共产国际，社会民主主义最终成为右倾机会主义或修正主义政党的同义词。

---

[1] 《列宁选集》（第 3 卷），人民出版社 1995 年版，第 792 页。

（一）科学社会主义理论主导下西欧各国社会民主党的成立

1848 年欧洲革命失败后，西欧工人运动处于低潮期，劳工改善自身经济状况的呼声，也使统治者认识到应该适当让步，一些国家开始允许工人组织工会和进行罢工活动。随着资本主义的进一步发展，无产阶级的队伍不断壮大，到 19 世纪 60 年代，欧洲产业工人人数达到 874 万，各国的工人运动开始复苏，工人在运动中也越来越深刻地认识到建立统一的工人阶级组织的必要性。在英国、法国等工人组织的努力下，1864 年各国工人组织在伦敦成立了第一国际，马克思当选为德国通讯书记和中央委员会（1866 年改名为总委员会）委员。第一国际存在了 12 年，为欧洲工人运动的开展作出了突出的贡献。以第一国际为斗争平台，马克思主义逐渐战胜了蒲鲁东主义、巴枯宁主义和各种无政府思潮，成为领导各国工人运动的指导思想，在这期间，德国社会民主工党于 1869 年建立，成为世界上第一个在民族国家范围内建立的以社会民主党命名的无产阶级政党。

从 19 世纪 70 年代起马克思和恩格斯多次强调各国效仿德国建立工人政党的必要性，他们指出各地的经验证明，要使工人摆脱旧政党的影响和支配，"最好的办法就是在每一个国家里面建立一个无产阶级的政党，这个政党要有它自己的政策，这种政策显然与其他政党的政策不同，因为它必须表现出工人阶级解放的条件"[1]，"无产阶级反对有产阶级联合力量的斗争中，只有把自身组织成为与有产阶级建立的一切旧政党不同的、相对独立的政党，才能作为一个阶级来行动。"[2] 此后西欧各国先后有近 20 个社会民主党成立，如英国工党成立于 1900 年，瑞典社会民主党成立于 1889 年，法国社会党成立于 1905 年，奥地利社会党成立于 1889 年，意大利社会党成立于 1891 年，西班牙社会党成立于 1881 年，葡萄牙社会党成立于 1881 年。

这一时期成立的社会民主党，和 19 世纪 40 年代最初成立的法国社会民主党有着明显的区别，它们大都把工作重点放在对工人进行社会主义教育和积极组织工会开展议会斗争方面，提出了要通过改造资本主义以实现社会主义的主张。尽管这些政党在思想上、组织上还不够成熟，但总体看来，社会民主党已经逐渐成为工人阶级政治组织的代名词，社会民主党人也成为马克思主义者约定俗成的概念。

---

[1] 《马克思恩格斯选集》（第 2 卷），人民出版社 1995 年版，第 639 页。

[2] 《马克思恩格斯选集》（第 2 卷），人民出版社 1995 年版，第 611 页。

（二）19 世纪末期党内修正主义派的形成

从 19 世纪下半叶到 20 世纪初，西欧国家发生了以电气化为标志的第二次科技革命，给经济社会带来了更大的变化。资本主义生产的规模越来越大，资本积聚和集中的速度大大加快，资本主义开始从自由竞争阶段过渡到垄断阶段，即帝国主义阶段。与此同时，西欧各国统治阶级先后通过了缩短工作日、实行劳动保护和社会保障的相关立法，工人的劳动条件和工作待遇得到改善，受教育程度和政治地位得到提高。

这样的环境下，资本主义国家的职能由过去的暴力镇压转变为以社会经济职能为主，社会民主党开始进入各国政权体系中。19 世纪 80 年代以后，德国社会民主党就在恩格斯的指导下，采取合法的斗争手段，在帝国议会选举中不断获得胜利，到 1890 年所得选票和议席数量已经名列各参选的政党之首，到 1912 年所获选票达到 25 万张、拥有议会议席 110 个。法国社会党在 1893 年议院选举中获得 60 多万张选票、12 个议席；到 1914 年选票数量达到 140 多万张、议院议席数量达到 110 个。到 20 世纪初，西欧主要国家的社会民主党大都得到了资本主义政权的认可，它们开始参加议会，一些政党甚至在议会斗争中成为大党。

议会斗争的过程中，西欧社会民主党党内多数人对政权的认同感日益增强，开始把注意力转移到议会斗争中来，希望通过议会道路取得政权，进而向社会主义过渡。正如德国工会总委员会主席卡尔·列金指出的："恰恰是我们，组织在工会的工人，不希望所谓的崩溃来临，它将迫使我们在社会的废墟上进行集散，无论这个制度比我们现有的制度是好还是坏，反正都一样。我们希望的是平静的发展"[1]。从 1895 年恩格斯逝世以后，各国社会民主党围绕国际共产主义运动的目的和道路、革命和改良等重大问题展开理论论争，有着统一称谓的社会民主党组织开始分化。

组织的分化首先就表现为正统马克思主义派和内部修正主义右派之间的对立。1891 年，德国社会民主党人福尔马尔在慕尼黑两次发表演说，公开宣称议会斗争的客观条件已经成熟，德国社会民主党应当将工作重心放到争取眼前的社会改良上。福尔马尔的主张甚至得到倍倍尔和李卜克内西的赞许，在德国社会民主党党内很有市场。从 1896 年秋天开始，伯恩施坦发表一系列关于"社会主义"的文章，开始全

---

[1]　[德] 夏埃尔·施奈德：《德国工会简史》，中国工人出版社 1992 年版，第 79 页。

面修正马克思主义，认为由于所处客观条件的变化，德国社会民主党应当抛弃暴力革命的口号，致力于社会改良，并提出了著名的"最终目的微不足道，运动就是一切的"的口号，伯恩施坦修正主义理论的提出迅速在德国社会民主党内引发了一场激烈的争论。

1899 年伯恩施坦又发表了《社会主义的前提和社会民主党的任务》一书，完成了对马克思主义理论的系统修正。他在书中认为马克思主义关于资本主义经济发展的历史必然趋势理论、阶级斗争学说、剩余价值理论都是不正确的，社会民主党的基本政策应该是"力图通过民主改良和经济改良的手段来实现社会的社会主义改造"[1]。《社会主义的前提和社会民主党的任务》一书的发表，标志着改良主义在社会民主党内已经发展为一种理论，社会民主党内部从此明显分裂为正统马克思主义和修正主义两个对立的派别。

（三）两次世界大战期间西欧社会民主党的组织分裂

第一次世界大战爆发后，社会民主党党内各派在帝国主义战争以及社会革命问题上的对立加剧，1919 年列宁领导俄国布尔什维克党和各国社会民主党的左派成立了共产国际，到 1922 年共产国际的四大上，共产国际和各国共产党开始用"共产主义""科学社会主义""马克思主义"区别于"民主社会主义"或"社会民主主义"，认为社会民主党人已经蜕变为"资产阶级的主要社会支柱""资产阶级手中一个非常宝贵的政治工具""无产阶级的主要敌人"[2]。而社会民主党也开始活动，1919年 26 个国家社会民主党的代表在伯尔尼召开会议并成立了"伯尔尼国际"，或称"第二国际"。1921 年 20 个中派的社会民主党代表也在维也纳召开会议，成立了国际工人联合会，也被称为"维也纳国际"或"第二个半国际"；到 1923 年 5 月"伯尔尼国际"和"维也纳国际"在德国汉堡召开国际社会民主党代表大会，宣布成立"社会主义工人国际"，实现了各国社会民主党队伍的国际联合，党内的左派和中右派分道扬镳。

与社会民主党国际组织分裂同时发生的是各党内部不同派别之间的分裂。1916年 1 月，以李卜克内西、卢森堡、梅林等人为代表的德国社会民主党左派成员召开会议，

---

[1] ［德］伯恩施坦：《社会主义的前提和社会民主党的任务》，三联书店 1958 年版，第 1 页。

[2] ［匈］库恩·贝拉编，中国人民大学编译室译：《共产国际文件汇编》（第 1 册），新知三联出版社 1965 年版，第 141 页。

建立以古罗马奴隶起义领袖斯巴达克名字命名的"斯巴达克派",提出反对帝国主义和党内沙文主义的政治主张。1916 年 9 月在德国社会民主党的全国代表会议上,斯巴达克派和以考茨基为代表的中派联合起来,与右派正式分裂,并且组成了党内的反对派。此后,组织分裂迅速在其他西欧社会民主党内蔓延,各党左派开始纷纷打出旗号,反对右派支持政府参加战争的妥协立场。其中最具代表性的有法国的盖得派、荷兰的马克思主义左派和论坛派以及英国、意大利、奥地利等国家社会党内的左派小组、团体等。第一次世界大战爆发后,左派开始正式从母体中分离出来。从 1918 年到 1921 年,西欧先后诞生 20 多个共产党,形成了建立共产党的高潮期,这些共产党与国内社会民主党针锋相对的进行活动。至此,西欧社会民主党内左右派彻底分裂,共产党和社会民主党成为两个完全不同的政治身份标签。

从 1919 年到 1929 年,西欧社会民主党大都走上了议会民主道路,开始在一些国家执政或参与执政,如瑞典社会民主工人党 1917 年开始和自由党联合组阁加入政府;德国社会民主党在 1919 年议会选举中就获得了 37.9% 的选票,1919—1925 年社会民主党人弗·艾伯特出任了魏玛共和国总统;1928 年德国社会民主党又同资产阶级政党组织了为期两年的联合内阁(海·米勒政府)。1916 年英国工党两名党员(白恩士和韩德逊)参加了政府,工党在两次世界大战期间的选举中获得了 22% ~ 38% 的选票,1924 年和 1929 年英国工党领袖拉·麦克唐纳组成了工党的一党内阁。

西欧社会民主党通过执政或参与执政,推行了一些带有社会主义取向的经济改革措施,在一定程度上改善了工人的劳动和生活条件。尤其在 20 世纪 20 年代末 30 年代初,面对席卷西欧和整个西方世界的资本主义经济危机,西欧许多社会民主党通过议会选举取得政权或参与联合政府,运用计划经济的一些理念在一定范围内进行社会经济改革,形成了初步成型的社会民主党的经济理论纲领,并在一定范围内取得了较好的效果。二战前夕和二战期间,西欧多数社会民主党参加了由各国共产党领导的抵抗运动,在这期间,社会民主党和共产党在反法西斯战争中互相合作,共同对敌,为战后的重组和复兴创造了有利条件。

三、西欧社会民主党历史发展中的主要特点

战前西欧各国社会民主党的形成和发展形态各异,但从整体来看,它们都是欧洲工业革命发展过程中的产物,和工人阶级有着天然的联系,这些政党在参与政治

活动中都认可议会政治的合法性，强调走改良主义的道路。这些共同的特点构成了西欧社会民主党的基本特征，进而影响到战后西欧社会民主党的执政实践。

第一，作为工人阶级的利益代表，西欧社会民主党一直处在政治光谱的左翼。西欧社会民主党是在西欧各国资本主义发展到一定阶段，劳资双方对抗日益尖锐的基础上产生的，各国社会民主党是作为工人阶级政党或政治组织出现的，从一开始就在工人阶级中有广泛的群众基础，并且同工会有着密切的联系。尽管后来由于党内发生了分裂，各国社会民主党纷纷走上了社会改良的道路，加入资产阶级政府并恶毒的攻击共产党和苏联政权，成为"无产阶级革命的反对者"[1]，但是总体来看，西欧社会民主党一直没有放弃社会主义的价值目标和工人阶级的基本立场，认为自己和共产党的区别就是实现目标的道路和途径的不同，强调自身的基本价值是追求社会公平正义。相同的历史渊源使各国社会民主党都把工会组织视为坚定的同盟者，把维护劳工利益作为政党活动的基本立场，这就在政坛中形成了以资产阶级为代表的右翼和以社会民主党为主体的左翼，为战后西欧各国政治角逐构建了基本的政党格局。

第二，在自身发展的历史进程中，西欧社会民主党形成了复杂的思想理论体系。思想理论渊源的多样化是西欧社会民主党的重要特征，战前西欧社会民主党一方面与马克思主义存在紧密的联系，同时它们也不否认其指导思想多样的特点。根据现实需要，西欧社会民主党几乎把当时欧洲各种思想流派都尽收囊中作为政党的指导思想，这些思想包括了基督教文明、人道主义和启蒙思想家的政治学说，还涵盖了西欧工人运动的经验教训、妇女解放的思想、凯恩斯经济理论、地方分权理论、和平主义思潮等。社会民主党意识形态的多元化特点实际上反映了近一百年欧洲在政治、经济、社会结构诸方面的深刻变革，因而有人把西欧的民主社会主义描绘为"一种实用主义的思想理论"。

第三，在对共同政治事务的处理中，各国政党始终具有国际合作的传统。19世纪中期，各国工人运动的参加者就开始建立自己的秘密组织，如"伦敦工人协会""四季社""流亡者同盟"等，这些组织后来发展成为以"民主派兄弟协会""共产主义者同盟"为代表的国际性的无产阶级革命组织。从19世纪60年代起，单一的社

---

[1]　[匈] 贝拉·库恩编，中国人民大学编译室译：《共产国际文件汇编》（第 1 册），新知三联出版社 1965 年版，第 520 页。

会民主党开始向着国际化的方向发展，其势力不断扩大，到第二国际时期，西欧各国进入社会民主党建党和发展的高峰期。19世纪后期，由于各国社会民主党的内部分裂，党内的左派和中派又集合起来成立社会主义工人国际。可以看到，各国社会民主党一贯都非常重视党际之间的国际合作，就共同关心的事项进行交流，并注意团结起来联合开展行动和斗争。

第四，在同共产党的斗争中，常态政治的分歧和危机关头的一致成为两党关系的主要特点。从19世纪末社会民主党左右翼力量分裂开始，各国社会民主党和共产党之间、社会党国际组织和共产国际之间就展开了长期的对抗和斗争，到20世纪初"以1917年革命及其后的一连串反应为契机，开始了东方共产主义运动和西方社会民主主义运动两大潮流的对峙和冲突"[1]。冲突双方展开了尖锐的对抗，1924年1月共产国际执委会主席团召开专门会议通过的声明中就指出："统一战线的策略和任务是政治上消灭社会民主党"[2]。而各国社会民主党也在国内开展对共产党的政治打压，同时在国际上和共产国际进行对峙。回顾社会民主党的内部分裂和1923—1933年间社会党和共产党的十年敌对状态可以看到，在和平环境和议会体制中各国社会党和共产党之间由于长期积怨、道路分歧，对立对峙成为双方关系的常态。1933年法西斯开始上台掌握政权，尤其是希特勒上台并实施白色恐怖，使共产党、社会民主党以及工会组织无一例外地遭到打击和镇压，严酷的斗争形势使两党清醒过来，放弃了敌对的立场，携手共建反法西斯统一战线，二战期间各国社会民主党先后参加了主要由共产党领导的抵抗组织，这为社会民主党战后发展和上台执政奠定了基础。

第五，通过参与本国议会政治的进程，各国社会民主党形成了初具特色的执政风格。各国社会民主党在参加议会选举的过程中逐渐提出了一些反映工人运动目标和要求的纲领和政策，在联合中下层群众和平反对本国资产阶级政府的斗争中积累了人气，一些社会民主党开始上台执政或联合执政并形成具有社会民主主义色彩的执政风格。两次世界大战期间，法国社会党与共产党在1934年联合成立人民战线参与竞选，1936年初人民阵线提出了"面包、和平、自由"的政治纲领，体现了法国工人、农民小资产阶级的政治经济要求，同年5月人民阵线赢得大选，社会党领袖勃鲁姆着手组织的第一届人民阵线政府。人民阵线政府执政时期，社会党领导的政

---

[1]　田保国等：《世界共产党与社会党关系论纲》，社会科学文献出版社2011年版，第28页。

[2]　《马克思恩格斯选集》（第2卷），人民出版社1995年版，第639页。

府进行了法国历史上第一次大规模的经济社会改革，提出了包括40小时工作周、劳资集体合同、军火企业国有化等内容的施政纲领，对促进社会进步和改善劳动者生活产生了积极意义。同一时期，丹麦、瑞典和挪威的社会民主党也先后通过选举获得执政地位，北欧各国执政的社会民主党遵循民主原则，在资本主义框架内部进行改革，建立了混合经济体制和新的劳动市场关系，保障了经济自由和国家调节，实行了公民之间的机会平等，普遍提高了人们的物质文化水平，建立起了比较完善的社会保障制度。一些西欧社会民主党通过早期的执政实践，在广大选民中树立了立足中下层阶级、关注社会公正、注意协商妥协的政治形象，在西欧社会产生了广泛的影响。

第二节　战后西欧政治生态的变迁

第二次世界大战结束后，西欧政治生态环境发生了深刻变化，一方面，战争的残酷和战后的严峻环境使各国人民对传统资本主义政党丧失了信心，整个西欧政治风向整体呈现"左倾"趋势；另一方面，美苏两国力量的崛起和对立标志冷战时代到来，美国积极参与西欧战后重建并扶持传统资本主义政府，打压共产党势力。这些新的经济、政治和社会因素结合起来形成了战后西欧政治生态的基本特点，既为社会民主党积极参与各国政治事务提供了有利的条件，也给社会民主党获取执政地位带来了诸多障碍。西欧各国社会民主党大都采取积极行动适应政治生态的变化趋势，通过纲领和政策调整以迎合选民的要求和形势发展的需要，在与右翼政党的竞争中顶住压力并且多次上台执政。

一、严酷的经济环境引发对传统资本主义治理模式的反思

第二次世界大战结束后，英、法等老牌资本主义国家的实力受到严重削弱。在这场旷日持久的战争中各国几乎把一切都投入了战争，结果人们普遍感到精疲力竭。人们更加清醒地认识到，如果不采取有效措施，西欧存在的严重危机有可能像斯宾格勒在第一次世界大战后所预言的那样"西方资本主义将走向完结"[1]。

在这样的背景下，西欧各国人们对于左右翼政党在战争中的表现进行了比较：

---

[1]　[德] 奥斯瓦尔德斯宾格勒：《西方的没落》下卷，商务印书馆1995年版，第774—775页。

在大战之初及进行中,不少西欧国家上层阶级构成的右翼政党在德国纳粹超强的军事威慑下,大都采取让步或合作的绥靖政策,使希特勒得以在短期内征服多数欧洲国家,成为整个地区的霸主。在德国占领过程中,包括法国、荷兰、比利时在内的占领国组织右翼傀儡政府与纳粹当局狼狈为奸,以保全自身的利益和地位。而以共产党和社会民主党为代表的左翼政党在抵抗法西斯的斗争中表现突出。大战期间,欧洲有 33 个社会民主党被迫转入地下坚持反法西斯斗争,这些党派在抵抗运动中勇敢顽强,做出了极大的牺牲。这样,中左翼政党因为在抵抗运动中的突出作用减轻了过去人们对于传统社会主义政党的敌意,连戴高乐将军在回忆录中也承认:"在第二次世界大战以后,在法国左翼力量占绝对优势"[1]。同时,战后一些资本主义的思想家和理论家开始对西欧的危机进行反思,他们中有些人清晰地认识到纯粹的资本主义方式已经无法解决资本主义的重症痼疾,只有依靠模式的部分转型才能有效避免危机的重现。

这样,以社会主义制度部分替代资本主义制度的中间化方案开始为多数人和多数党派所接受。美籍奥(奥地利)裔经济学家约瑟夫·熊彼特提出了制度更新的方案,在探讨资本主义模式发展时他指出:"资本主义……结构在毁坏许许多多其他制度的道德权威后,最后掉过头来反对自己"。[2]并预言:"资本主义社会制度结构正在遭到毁坏,并随着财产实体的蒸发而走向解体"[3]。他还在应选择什么制度来拯救西欧的问题上自问自答到"社会主义能行得通吗?当然行得通。"[4]根据熊彼特提出的改革方案,社会主义成为解决资本主义的正确途径,通过采用和平的手段和合法的方式,然后再经和平过渡的阶段来完成转换,这种温和的方式最终被西欧国家的上层阶层和右翼政党所接受。

二、抵抗运动的突出表现使共产党等左翼力量不断壮大

二战期间,共产党领导左翼力量积极开展反对法西斯统治的斗争,并在反法西斯战争中不断发展壮大。如法国共产党(以下简称"法共")在国家被德国法西斯

---

[1] 应克复等:《西方民主史》,中国社会科学出版社 1997 年版,第 367 页。

[2] [美]约瑟夫·熊彼特:《资本主义、社会主义与民主》,商务印书馆 1999 年版,第224—240 页。

[3] [美]约瑟夫·熊彼特:《资本主义、社会主义与民主》,商务印书馆 1999 年版,第 243 页。

[4] [美]约瑟夫·熊彼特:《资本主义、社会主义与民主》商务印书馆 1999 年版,第 257 页。

占领的艰苦条件下，坚持组织游击队进行反抗法西斯德国的斗争，为法国的解放做出了卓越的贡献，法共也在法国人民中树立了崇高的威信，拥有广泛的群众基础，成为法国当时最大、最有影响的政治组织。战后法共积极参加政府选举，从 1944 年起连续参加四届联合政府，有 8 位领导人出任副总理、部长。1946 年大选中，法共获 500 万张选票，成为法国第一大党。与此同时，法共积极利用意识形态处于政界边缘的特点，采用灵活策略把那些持单纯抗议态度的人吸引到了自己身边，因为"对于经常处于政治生活主流之外的法国和意大利的工人和农民来说，投共产党一票就成为对现行制度表示抗议的最简便的方法"[1]，使法共的党员迅速发展到 100 万人。在 1935—1938 年间，英国共产党也获得了较大发展，党员人数不断增加，国际影响不断扩大，在国内通过投身英国议会选举政治进程进一步扩大了在选民中的影响。在 1942—1943 年间，英共党员数量增加到 5.5 万人，在 1945—1946 年度地方选举中，超过 50 万的选民投了英共的票，大批英共地方议员开始走向政治前台，成为抵抗法西斯运动的中坚力量。这样，西欧各国共产党通过良好的表现在战后西欧政坛形成了稳固的地位，力量不断壮大，成为和传统资本主义政党抗衡的一支主要力量。

三、国际政治环境变化中形成了两极政治格局

第二次世界大战几乎席卷整个欧洲全境，在整个战争期间，不同国家、民族和阶级都被动员起来采取行动，在各种力量的交锋中整个世界的经济政治格局发生了深刻变动。一是表现为资本主义阵营分崩离析，原有资本主义国家的政治角色彻底发生变化，西欧传统资本主义强国实力严重削弱，而美国在战争中崛起。二是表现为以苏联为首的社会主义阵营的不断壮大。社会主义阵营力量的增强，使美国和西欧的资本主义阵营极为紧张和忧虑。

战争结束不久，丘吉尔发表"铁幕演说"，揭开了以冷战为特征的战后世界政治格局演变的序幕。美国将冷战斗争的焦点集中在西欧，一方面，美国抛出以经济援助为核心的"马歇尔计划"，帮助英法等西欧国家度过危机。另一方面美国采取和苏联直接对抗的策略，公开叫嚣必须用武力阻止共产主义在世界范围内的扩张，以极端的手段排斥和打击西欧各国共产党势力也是这一策略重要方面。从 1947 年开

---

[1] [英] 德里克·W·厄尔温：《第二次世界大战后的西欧政治》，中国对外翻译出版社 1984 年版，第 67—69 页。

始美国鼓动西欧各国资本主义政府对共产党发动大规模进攻，以剔除共产党对西欧政治的影响。这一时期西欧先后有 8 个国家的共产党被驱逐出政府，这对共产党的组织发展和影响力造成了严重的负面影响。加之法共、意共、英共等国共产党过高估计自己的力量，执行过左的路线，将与资本主义政党的对立扩大为共产党和社会民主党之间的尖锐对立，进一步削弱了自己的力量和影响。

第三节　西欧社会民主党的积极调整和上台执政

二战结束初期，社会民主党在西欧政坛迅速崛起，如英国工党在 1945 年大选中奇迹般的挫败了丘吉尔领导的保守党，组成了以克·艾德礼为首的一党政府；法国社会党从 1944 年开始参加联合政府，并在 1945 年选举中获得了 23% 的选票；比利时社会党在 1946 年全国议会选举中获得 31.5% 的选票并参加了联合政府。这些政党通过执政影响了西欧的政治社会进程，并逐渐发展成为政坛左翼的一支主导力量。

一、以积极有效的调整赢得执政地位

战后西欧面临的首要问题是怎样发展民主国家以消除传统资本主义的弊端，铲除引发战争的根源。越来越多的西欧人开始在罗斯福新政和普鲁士崛起的历史中清醒地认识到：社会主义因子的适当引入无疑可以消除社会上层和下层之间的对立，进而增加国家和民族的凝聚力。当时普遍的观点是认为引入凯恩斯主义、福利主义、社会主义的改革方式才有可能拯救西欧于水火之中，为此人们甚至愿意部分的放弃难以割舍的民主和自由。在这种情形下，社会民主主义、社会主义和共产主义思想开始为更多的人所接受，左翼或中左翼政党成为各国民众共同接受的选择。同时，由于美国利用经济手段向西欧国家施压，迫使西欧各国在"自由的民主主义"和"专制的共产主义"之间做出选择，这样在各国政府排斥共产党参加时，社会民主党成为替代共产党的最佳选择。

绝佳的政治环境似乎为社会民主党的上台奠定了良好的基础。但是，社会民主党想要取得执政地位，还需要解决好两个问题：一是划清和各国共产党之间的界限，在意识形态方面澄清与共产主义的区别，以获取美国和本国资产阶级的认同；二是需要提出适应时代要求的政策方案，以替代原有的资产阶级自由主义取向的政策，

赢得社会中绝大多数选民的支持。

　　社会民主党从其产生之初就是以改良党的面貌出现，妥协和折中从来就是这个政党运行的主要特点，面对战后西欧社会新的政治生态环境，各国社会民主党迅速开始了适应性的调整和转型，并采取了有针对性的措施：

　　一是诋毁和攻击共产党，极力淡化意识形态特征。二战期间，原属西欧各国的社会民主党曾和本国共产党合作，结成了牢固的反法西斯战争同盟。但是，随着国际国内环境的变化，各国社会民主党认为：社会民主党只能与西方合作，解除政府中共产党人的职务，否则，就会自我孤立，导致国内经济崩溃，面临国外严厉的经济政治制裁。社会民主党把斗争的矛头从法西斯逐渐转移到本国共产党身上，走上了反苏防共的道路，共产党和社会民主党的友好关系破裂。

　　尽管社会民主党对共产党态度的变化从表面来看是源于美欧力量对比和美国的政治压力，但从深层看还是根源于社会民主党对于共产党固有的仇视态度。因为在社会民主党眼中，共产主义从来就是"极权主义和独裁制度"的代表，是比资本主义更为危险的敌人。二战以前社会民主党与共产党长期尖锐对立，二战过程中社会民主党经历了一段思想的真空期，迫于形势不得不与共产党采取联合行动。二战结束后为了走出和共产主义处于同一阵营的阴影，各国社会民主党首先就在意识形态方面撇清和共产主义的关系，恶意攻击苏联东欧各国共产党政府，宣称美苏的冷战实际上是"西方高度发展的工人运动"和"原始的、贫穷的、落后的东方国家的阴谋集团"[1]之间的斗争，东欧政府是在苏联政治经济压力下建立的独裁统治政府。进而将矛头对准各国共产党共同的思想体系，污蔑"共产主义建立了一种僵硬的、同马克思主义的批判精神不相符合的神学"，共产党"只是为了建立一党专政，企图使阶级分化加剧"。[2]正是在对共产党的攻击中，各国社会民主党摆脱了马克思主义理论原则的潜在影响，逐步建立了现实主义的政治价值原则，淡化了自身原有的意识形态痕迹。

　　二是提出福利国家政策，维护社会的相对稳定。二战爆发以前，西欧各国社会民主党就认同改良主义道路，强调用和平的、民主的手段去夺取政权，实现社会变革。

---

　　[1]　[苏]Ｈ・Ｄ・西比列夫著，姜汉章等译：《社会党国际》，中国社会科学出版社1983年版，第157页。

　　[2]　社会党国际文件集编辑组：《社会党国际文件集（1951—1987）》，黑龙江人民出版社1989年版，第3页。

在此期间，社会民主党的理论家提出了"超阶级"的国家观，认为现代民主国家是对人民"从摇篮到坟墓"给予照顾的"权利共同体"。[1] 瑞典社会民主党早在20世纪30年代就在"人民之家"理论的指导下，开始实施各项社会福利政策，通过建立各种保险制度、提供免费或低廉的社会服务，逐步形成了由国家提供全面保障的政策体系，其福利国家模式引起了其他国家社会民主党人的啧啧称赞。英国工党领袖盖茨科尔曾称："瑞典的全民福利国家不仅是欧洲羡慕的对象，而且也成为其他社会民主党学习的榜样。"[2] 战后英国工党把福利政策作为竞选的基本方略，在1945年7月的大选中取得了前所未有的辉煌胜利，以艾德礼为首相的工党政府带着以前任何一个社会主义首相所没有的权威开始登台执政[3]，到1948年，英国工党宣布英国建成"福利国家"。

此后，西欧社会民主党纷纷以福利政策为框架构建竞选和执政的政策体系，赢得了广泛的社会支持。到1951年社会党国际成立时，其通过的《法兰克福宣言》处处渗透着福利国家的思想，把福利国家制度看成实现社会民主主义纲领目标的政策工具，从而形成了一套完整的福利主义政策体系。自此一直到60年代的西欧国家中，社会民主党在政策实践中就表现为福利社会主义。

战后西欧社会民主党所倡导福利国家的具体政策和措施由于各国情况不同而各具特色，但在基本精神和主要内容方面还是一致的。比如：他们都注重用凯恩斯主义的政策手段实施宏观调控，对国民经济的核心部门推行国有化，在重要的生产资料部门实行计划化；主张实施"高税收、高工资、高福利"的三高政策；倡导在工人和资本家之间建立劳资协议制度，形成劳资合作伙伴关系等。

战后社会民主党的福利国家建设，有效提高了人们的生活水平，促进了社会的充分就业，缩小了人们的收入差距。由于福利国家建设的成就，社会民主党的威望随之上升，在政坛的影响不断增强，对右翼政党执政的国家都产生了极大的压力，由于受到国内左翼、中左翼党派和民众的批评与指责，这些国家也纷纷加大了社会改革的力度，福利国家开始成为左翼和右翼政府共同的政策选择。

---

[1] Alexander Hicks : Social Democracy & Welfare Capitalism, Cornell University Press, 1999. p.85.

[2] 金重远著：《战后西欧社会党》，上海人民出版社1997年版，第111页。

[3] [英] 阿伦·斯克德、克里斯·库克：《战后英国政治史》，世界知识出版社1985年版，第11—15页。

二、社会民主党在西欧的全面执政及其影响

（一）战后西欧社会党的执政和参政高潮

西欧社会民主党的积极调整为其参政和执政赢得了良好声誉，1945年6月到1946年5月不到一年的时间里，先后有10多个西欧国家进行选举。在这些大选中，出现了社会民主党历史上继20世纪20—30年代之后的第二次参政或执政的高潮。

在英国、法国等传统资本主义国家，社会民主党人独掌或参与了国家政权；而在其他西欧国家，社会民主党人大都参加了本国政府，甚至领导着政府。斯堪的那维亚半岛的社会民主党组成了战后西欧社会民主党执政的最强阵容：瑞典社会民主党自1932年起连续执政长达44年之久，引导全国人民经受种种考验，度过重重难关，成为瑞典社会中一支无法取代的政治力量。在1945年大选中，挪威工党在议会中获得绝大多数议席；芬兰社会民主党则与农民党和人民民主联盟成立左翼联合政府。这些执政或参政的社会民主党推行民主化和恢复经济的政策，促成了国内经济和政治形势的好转。

即便像奥地利、荷兰、比利时等传统西欧小国，社会民主党也在政坛起着重大影响。创建于1889年的奥地利社会民主党历经沧桑，在1945年重建并改名为奥地利社会党，在战后第一次大选中获得44.6%的选票，在议会中赢得议席76个，仅次于人民党，成为国内第二大党，此后社会党和人民党一直联合执政到1966年。在联合政府中，社会党曾和共产党合作，共同致力于经济的恢复和人民生活的改善，并在1946年夏实施了奥地利大银行和大企业的国有化[1]。荷兰工党在战后的第一次大选中表现不俗，获得28.3%的选票，显示了自己的实力，工党和天主教人民党组成"粉红色的天主教政府"联合执政，其间工党领袖德雷斯还曾担任过首相职务。在工党的推动下，荷兰总银行实现了国有化，一系列旨在改善中下阶层待遇的社会福利政策得到实施，国内经济实现了较快发展，人民生活水平不断提高。比利时社会党源于1885年成立的比利时工人党，自1944年比利时解放后便多次和天主教社会党、自由党、甚至共产党联合组阁，社会党人范阿克尔曾三次出任比利时首相。社会党执政对于战后初期比利时经济的恢复和社会保险体制的建立做出了巨大贡献，在政

---

[1]　[奥]埃·策尔纳：《奥地利史》，商务印书馆1981年版，第668—677页。

治上，社会党还促成了妇女在1948年获得普选权，扩大了国内民主的基础。

（二）社会民主党的执政促进了西欧两翼政党格局的形成

受战后政治格局的影响，社会民主党开始了在西欧的强大存在，这很大程度上反映了冷战时期资本主义和社会主义制度的对立，也就是说，西欧社会民主党的执政其实是作为资本主义制度的代理人来与东欧执政的共产党抗衡。但是，西欧各国在选择社会民主党的同时也接受了其处于左翼的立场和观点，加之这一时期多数社会民主党还继续保持社会主义的奋斗目标，并在福利国家建设中进行了国有化的改革，使得各国社会民主党依然带有浓厚的社会主义色彩，形成与各国传统右翼政党抗衡的重要力量。在传统右翼政党不断变革和左翼政党持续崛起的背景中，西欧逐渐形成了力量相对平衡的左右两翼政党政治格局。

1. 西欧战后两翼政党格局的形成

在政党出现以后，人们一般根据意识形态的区别把政党分为左派（翼）、右派（翼）和中派（翼）政党，这种以政党意识形态划分政党类型的方法起源于1789年的法国大革命时期，当时的国民会议中倾向于维持君主制的保守主义者坐在发言席的右侧；要求彻底抛弃旧制度，建立自由、平等共和制的激进主义分子坐在发言席的左边；而持中间立场同时支持部分变革的坐在中间。从此，左派政党通常是指那些持有比较激进的意识形态的政党，右派政党指意识形态趋向于保守的政党，而中派政党是意识形态上既不激进也不保守的政党。三派政党的存在，标志着三种意识形态的对立，也就意味着有不同的执政理念和模式供选民挑选。在左右翼政党的较量中，由于中派政党缺乏左右翼之间泾渭分明的政治态度以吸引选民，所以一般都难以在选举中单独产生作用，而左右翼政党由于长期针锋相对的斗争，所以拥有大批固定的支持者帮助其赢得执政地位。传统欧洲政治发展史其实就是左右翼政党之间的斗争史，左翼和右翼的划分一直作为西方国家认知和评价政治思想和活动的主要标识，尽管左和右在不同的历史时期和不同的国家具有不同的内容和形式，但围绕左与右进行的政党定位、政治结盟、政治斗争与竞争一直在西欧政党政治生活中普遍存在。

二战结束初期，西欧右翼或偏右的政党由于未能适应形势发展变化陷于被动，这为左翼政党的崛起提供了舞台。在左翼和中左翼政党力量不断上升之时，各国在朝或在野的右翼政党和上层阶级显得惊恐万分，并且采取了对左翼力量的各种遏制措施。与此同时，战后初期的社会民主党和共产党也能够携起手来，开始上台执政并推行福利政策，形成一股与右翼政党相抗衡的强大政治力量。比如在 1945 年法国大选中，"共产党的力量获得惊人的增长，在 586 个议员席位中，除了海外的领地外，共产党的席位……共达 160 个。这是个异乎寻常的数字，相当于 1/4 的选票，但人们认为这个数字还有继续增长的趋势。"[1] 社会党也在选举中获得了 1/4 的选票，这样，共产党和社会党组成的左翼联盟获得了半数的选票，法国就在战后初步形成了左右政党对峙的局面。

随着美国不断加大对西欧重建的影响，一些与左翼势力交锋中失败的右翼领导人甚至要求美国帮助其遏制左翼势力的兴起。在美国的支持下，各国右翼政党重新赢得了部分民众的支持，同时多数共产党被迫离开议会和政府，而社会民主党由于和共产党分道扬镳，主动顺从美国的战略意图，积极追随美国的外交政策，最终得到美国的支持，成为填补共产党退出后空缺的最佳人选，这样形成了社会民主党与右翼政党之间竞选竞争的良性政治局面。从此，西欧政党政治中的"钟摆"现象出现，政权开始在左右翼政党之间更替轮换，社会民主党成为左翼力量的主要代表。

2. 两翼政党政治格局的历史影响

战后西欧两翼政党政治格局的形成不同于传统的左右两翼竞争模式，首先从形式上看，左右两翼政党彻底摒弃原来你死我活的政治斗争手段，开始用协商或妥协的方式处理问题，使西欧最终形成了温和渐进的政治发展模式。二战前，由于各国共产党的存在，这样在左右翼政党的对立中形成了所谓的"一元社会主义模式"与"一元资本主义模式"两种社会治理模式。社会主义和资本主义的划分不仅成为两翼政党的区分标志，甚至是人们划分政治信仰、政治价值的标准，极化的政治对立带来的结果就是"你死我活"的极端斗争方式。这种左右两翼截然分立的思想在二战进行中开始遭到越来越多的人质疑，人们注意到面对战前席卷整个资本主义世界的金融危机，社会主义苏联却表现出了强大的免疫力，在经济危机打击之下多数国家手足无措，而罗斯福由于借用有效的社会管理模式带领美国走出危机，成功的创造了

---

[1]　顾俊礼主编：《欧洲政党执政经验研究》，经济管理出版社 2005 年版，第 56 页。

一种"有控制的资本主义"[1]，社会主义模式逐渐吸引了人们的目光。

二战初期西欧各国人民开始接受在资本主义体制内融入社会主义要素、以社会主义制度部分代替资本主义制度的政治方案。而社会民主党在19世纪后期就开始了融入资本主义体制的适应性转型，并反复重申和共产党的区别只是手段、道路和方法的不同，实现社会主义的目标是一致的。这样的背景下，社会民主党的上台就成为必然的选择。以社会民主党为一端构成的这种两翼政党格局已不同于传统左右之间的非此即彼、你死我活，西欧社会民主党更多地表现为一种温和的力量，主张必须通过民主的道路实现从资本主义向社会主义的变革，坚决反对用暴力革命实现社会转型。典型的如英国工党理论家哈罗德·拉斯基指出："在现今社会条件下，尤其是西方资本主义国家，社会环境已经发生改变，暴力革命很难取得成功。走社会主义道路必须把资本主义的自由民主改造为人民民主。而人民民主运动应该是一个争取人人平等、增加群众物质福利的运动。即利用宪法提供的手段和机会，通过民主的方式，推动社会变革。这条道路可能缓慢，但更为深刻、更为持久。"[2]

同时，在社会民主党执政过程中，左右两翼政党开始向中间化方向发展，政策渐趋一致，最终形成了战后政党联合共治的局面。和极化的传统政党体制不同，战后西欧各国社会民主党纷纷以福利政策作为自己的施政纲领，取得了广泛的支持。这促使各国统治者认识到："一步步地实行改革是避免通过革命而一下子转变为共产主义独裁整体的唯一办法。"[3]因此，西欧各国统治阶级也为了缓和本国内部矛盾，都将推行福利政策视为维护本党利益的必然选择。这样在所有西方国家中无论什么样的政党执政，都支持混合经济、福利国家和充分就业，一些国家甚至开始探索左右翼联合组建政府执政的可能性。如英国战时丘吉尔政府中，工党把持着大部分的内政事务，工党领袖艾德礼、职务运输工会领袖欧内斯特·贝文等左翼政党领导人在政府中担任要职，右翼政党则把工作重心放在国际事务的处理上。两党在内阁一起共事，这意味着社会主义与保守主义之间达成了某种妥协，保守党与工党彼此都可以容忍对方的观点和行为，双方更像一对观点有别的政治伙伴，而不是一对生死

---

[1] [法]安德烈·莫鲁瓦：《美国史：从威尔逊到肯尼迪》，上海人民出版社1977年版，第214页。

[2] [英]哈罗德·拉斯基：《论当代革命》，商务印书馆1958年版，第18—30页。

[3] [美]萨缪尔森：《经济学》（下），商务印书馆1979年版，第333页。

搏斗的仇敌。英国工党参政的良好表现"甚至使保守党改变了信仰，到了 1951 年，要返回到 30 年代的社会已经不可能了。"[1] 由于具有了合作共事的传统，双方开始在一些原则分歧上慢慢走向一致，左右政党从原来意识形态的禁锢中走出来，转而在政治实践中寻求一致并在党内展开针对性的改革，开启了西欧战后的"共识政治"格局。

[1]　[英]阿伦·斯克德和克里斯·库克：《战后英国政治史》，世界知识出版社 1985 年版，第 83 页。

第三章　战后主要西欧社会民主党的执政历程

　　战后西欧社会民主党的执政历程主要经历了两个时期，一是从 20 世纪 50 年代开始到 70 年代初期，这一时期西欧社会普遍呈现出以下共同特点：经济高速发展、工人阶级队伍庞大、冷战格局中形成的极化政治文化环境；这些为社会民主党改良主义施政理念和政策的实施提供了丰厚的土壤；各国社会民主党高举混合经济、福利国家和充分就业的大旗，迎来了执政的黄金时期。二是随着 70 年代全球化时代的到来，西欧政府纷纷陷入严重的财政危机中，加之社会结构多元化的发展和冷战环境的结束，这使西欧社会民主党建构在民族国家基础上的施政理念和模式难以适应经济和政治一体化的进程，新自由主义模式似乎成为世界民族国家的共同选择。

　　尽管全球化发展的过程不利于社会民主党，善于调整的西欧社会民主党也在根据全球化的趋势和特点不断进行着改革，并在改革的过程中重现了执政的辉煌，在 20 世纪 90 年代中后期相继取得执政地位。但在进入新世纪初期，各国社会民主党又陆续离开了执政舞台，从长远看，西欧各国社会民主党应对全球化影响的深层调整和转型仍在进行之中。

第一节　英国工党

　　1945 年 7 月英国大选，以艾德礼为首的英国工党提出具体化的福利国家建设的政策，一举战胜丘吉尔领导的保守党，成立了英国首届工党多数派政府，并持续执政到 1951 年 10 月。随后 77 岁高龄的丘吉尔再度上台，工党开始了 13 年的在野时期。到 1964 年，保守党盛极而衰而工党时来运转，工党在大选中以 4 席多数险胜，开始了战后第二次工党执政时期，威尔逊和卡拉汉领导的工党随后赢得了 1966 年、1974

年和 1976 年选举的胜利，工党执政一直持续到 1979 年。此后，从 1979 年到 1997 年撒切尔夫人和梅杰领导的保守党在英国连续执政长达 18 年，这一时期英国工党开始在低谷中不断调整并重新崛起，1997 年托尼·布莱尔领导的新工党以压倒多数的优势获胜。此后，工党又在 2001 年和 2005 年大选中取得胜利，直到 2010 年 5 月 11 日傍晚工党领袖布朗宣布辞去英国首相职位，保守党领袖卡梅伦开始组建新政府，英国工党在政坛连续长期执政 13 年，工党自身发生了巨大的变化，其执政取得了令人瞩目的成就。

一、艾德礼政府时期

艾德礼是工党第一个非工人阶级出身的领袖，从 1935 年到 1955 年担任工党领袖长达 20 年。艾德礼上台后，立即任命他最得力的助手贝文任外交大臣，负责包括殖民地政策在内的全部国际事务，莫里森担任副首相、掌玺大臣兼下院工党领袖，一批在战争期间就已初显身手的工党要员纷纷进入政府，着手实施具有社会主义色彩的各项政策。

（一）施政理念

自 1935 年起便出任英国工党领袖一职的克莱门特·艾德礼，他并非"自幼辛劳、满手老茧"[1] 的劳动者，而是出生于一个温馨舒适的中产阶级家庭，牛津大学毕业后初为律师，后步入政界，曾先后在第一届和第二届工党政府中工作，并在战时内阁中担任副首相，与丘吉尔擅长演讲的特点不同，艾德礼不善言辞但颇有城府，擅长处理复杂事务。艾德礼早年参加过费边社，后为独立工党党员，自称是社会主义者，著有《走向社会主义的意志和道路》《工党的展望》等有关社会主义理论的作品，在这些著作中艾德礼充分阐释了工党执政的基本立场和原则。

一方面艾德礼继承工党的社会主义性质，宣称建立社会主义制度的目的在于废除阶级差别，实现经济平等和民主政治，实现目的的主要手段是通过生产资料公有制，并将国有化作为建立生产资料公有制的主要途径。另一方面，艾德礼也坚称他的社会主义思想体系并非渊源于马克思主义，而是来自欧文、卡莱尔、罗斯金、亨利·乔

---

[1]　[英]阿伦·斯克德；克里斯·库克著：《战后英国政治史》，世界知识出版社 1985 年版，第 12 页。

治、威廉·莫里斯、社会民主联盟、费边社和独立工党的思想理论。正是在这一理论的指导下，艾德礼在实践方面注重维护英国工党在探索社会主义道路上的独立地位，坚决和英国共产党领导的左翼力量划清界限，确保工党政府在资本主义议会民主的体制框架下运行。艾德礼上任伊始就开始将其理论付诸实践，通过积极实施各项政策措施收拾战争残局并复兴经济，最终建立了以国有化和高福利为特征的工党社会主义发展模式。

（二）政策主张

以国有化为核心的经济政策、以保障人民生活为核心的社会福利政策、以遵守宪政为核心的政治政策和以民主和集体安全为核心的对外政策这四大政策构成艾德礼政府整体政策的中心内容。

首先，工党政府致力于推行国有化政策。其具体办法是：成立国家管理局管理各个企业，然后制定具体法律条文，最后确定国有化日期，由各个管理局加以接管。从 1945 年到 1949 年，经过下议院辩论通过，艾德礼政府颁布了英格兰银行和煤矿工业、国内运输业、发电业、煤气业和钢铁业等八个基本部门的国有化法令，使国有化部门占到了国民经济部门的 20% 以上，这样大规模的国有化"不仅在过去英国的历史上从未有过，而且在当时西欧社会党掌权的国家里也不多见"[1]。尽管政府的国有化政策加重了财政负担，也未从根本上改变劳资状况，但政府还是借助外来资金援助度过了危机，到 1948 年工业生产比战时提高了 36%，国民经济得到恢复，生产水平迅速提高，国际收支出现盈余，通货膨胀得到控制，使充分就业有了经济和产业保障。

同时，工党政府开始着手建立社会保险和福利保障制度。1946 年通过的"国民保险法"和"国民医疗保健法"是工党在社会改革历史上树立的"两个伟大的里程碑"，政府通过采取一视同仁的原则，保证每个人都有享受社会福利的同等权利。此后，工党政府还促使议会通过了国民救济法、教育法和住房法等，通过完善法律体系在英国建立了"从摇篮到坟墓"的福利制度。

除国有化法案和社会改革法案外，工党政府坚持其工会政党的特质，继续保持和工会之间的紧密联系，政党建设紧密结合工会组织和活动展开。艾德礼领导的工

---

[1] [意] 克洛·奇波拉主编：《欧洲经济史》第 6 卷（上册），商务印书馆 1991 年版，118—119 页。

党能够在战后大选中战胜丘吉尔领导的保守党，很大程度上就是因为得到了英国最大的附属工会——运输和普通工人工会总书记欧内斯特·贝文的支持，战后工党政府的稳定执政，也得益于大批工会的领导人进入政府并发挥了中间人的作用。如 1953 年选区工党代表达到高峰时，全部年会选票 6417000 张，工会投票就占了 5084000 张；在财政方面，工会通过吸纳会员，提议候选人和竞选捐献，成为工党资金的主要捐助者。尽管从工党的执政过程看，工党一再宣称是全国性的政党，并不代表工会局部的利益，但是工会还是渗透进了工党政府执政行为的方方面面。1948 年工党出版物《工党的兴衰》一书中强调：“工党是建立在工人阶级运动以及体力和脑力工人的全体选民组织之上的民主观点的集中表达。”[1] 除了工会对工党的支援外，工党也在执政中不遗余力的维护工会的利益，典型的例子是工党政府在 1951 年在议会中通过了取消战时规定的禁止工人罢工的法令，有效维护了工会的整体利益。这一时期，工党成为工会在政治上的代言人，工党组织和工会组织相互交叉，工党政府和工会密切合作，成就了两者关系上的黄金年代。

在党际关系交往方面，英国工党致力于建设一个统一的社会党国际组织，为战后社会党国际的成立作出了突出贡献，其提出的新国际主张，协商一致原则成为社会党国际和各国社会党交往的基本组织原则和重要传统。

在外交政策方面，艾德礼政府担负着重建战后国际格局的任务，大英帝国在二战后已经降为世界的二流强国，因此政府外交部长贝文主张与美国结盟以影响其决策，尤其是说服美国保持世界力量均势。在殖民地问题上，工党政府执行一种迫不得已的开明的非殖民化政策，并通过英联邦这一“紧箍咒”把前殖民地松散地绑在英帝国战车上，以最大限度的维护英国的利益。

二、威尔逊政府时期

1955 年和 1959 年的两次大选工党都遭遇惨败，议会中的席位从 1955 年的 277 个下降为 1959 年的 258 个，选票开始不断从左翼向右翼转移。[2] 选举的失利造成了工党内部的分裂，党内的左、中、右三派之间围绕党的领导权和国有化问题展开论争，

---

[1] ［英］威廉·E·佩特森、阿拉斯泰尔·H·托马斯编：《西欧社会民主党》，上海译文出版社 1982 年版，第 95 页。

[2] ［法］雅克·德罗兹著，时波译：《民主社会主义》，上海译文出版社 1985 年版，第 343 页。

严重的分歧使工党长期处于分裂状态。而保守党则继承和吸收了工党执政的合理政策和成功经验，这就使得温和的工党原则和保守的进步主义之间失去了明确的界限，工党逐渐丧失了和保守党分庭抗礼的能力。"工党党员在恪守两党制和英国议会生活要求各党遵循的相互尊敬的规定的同时，像钟摆持之以恒的摆动一样耐心地等待着自己于1965年重新上台执政。"[1]

工党的重新执政首要条件是内部的团结一致。连续3次大选失利使得党内的左右翼开始清醒起来，他们意识到如果工党长期在野将会失去自信和活力，走向必然的衰败，因此必须尽快平息内部的争论，争取长期对立的观点尽早趋向调和。这样以国有化问题为中心的党内斗争慢慢缓和下来，工党开始作为一个整体对外发布一致的声音。1961年工党莱克普尔会议发布了《60年代的路标》的声明，一方面声称将使钢铁工业国有化，成立土地委员会，收购建筑房屋的土地；另一方面又极力淡化国有化的概念，把主要注意力转向以行政和财政措施刺激经济增长方面。

工党重新执政的第二个关键条件是保守党力量的衰退。保守党麦克米伦政府在1957年后逐渐陷入困境，1960年政府将利润税率提高到12.5%，接着又严格限制信贷，紧缩通货提高、银行利率，到1961年夏英国出现大量外贸赤字，英国政府被迫将银行利率提高7%，同时宣布"冻结工资"，断然拒绝工会提出的35项提高工资的要求，引起人们的普遍不满。1962年7月，麦克米伦突然将1/3的阁员一举驱逐出政府，试图通过这场被称为"长刀之夜"的政治清洗挽救名声日下的保守党政府。但是1962—1963年冬季的经济严寒使保守党政府处境更为艰难；1963年夏爆发的普罗富莫丑闻[2]使麦克马伦狼狈不堪，只能称病下台。接任的前外交大臣霍姆缺乏威信和能力，无法使保守党走出困境，英国的政治钟摆开始"左倾"，为早已跃跃欲试的工党提供重新执政的机会。1964年10月英国大选，威尔逊领导的工党获得44.1%的选票，并在下院获得317席，以领先保守党4票的优势获取执政地位。

（一）施政理念

哈罗德·威尔逊于1963年取代去世的盖茨克尔成为工党领袖，直到1976年辞

---

[1] [法]雅克·德罗兹著，时波译：《民主社会主义》，上海译文出版社1985年版，第345页。

[2] 事件主角为时任战争大臣的保守党骨干成员约翰·普罗富莫，他和歌舞演员克莉丝汀·基勒发生了一段婚外情，事件暴露后向下议院撒谎，最后承认欺骗议会并自行宣布辞去内阁的官职、下议院议员和枢密院顾问官。

职持续领导工党 13 年时间。威尔逊 31 岁时便在艾德礼政府担任贸易大臣职位，有着丰富的从政经验，1964 年到 1970 年威尔逊曾主持了两届工党政府，1974 年到 1976 年又再度领导工党上台执政。

威尔逊在工党在野 13 年期间最初附和左翼的"比万派"，后又逐渐转向中间派，在党内被称为"机会主义者"。这样的经历使得威尔逊在施政理念方面，能够同时采撷工党左右翼两派理论之长，形成了独具风格的中间派施政理念。

威尔逊执政理念着重体现在其 1963 年出版的《英国社会主义的有关问题》一书中，这本书详细阐述了其对于社会主义的基本观点和英国社会主义道路的基本模式的看法。威尔逊声称英国的社会主义思想是激进思潮在当代的体现，它的目的在于将少数人的特权转变为公民的权力；英国社会主义的特点是民主的和渐进的，其实现的方式为耐心的组织、持久的教育和公正的选举。吸取艾德礼政府国有化的教训，威尔逊表示国有化并非工党的唯一手段，而公有制的形式是多样的，其中包括国营的工商业、生产者和消费者合作的企业、地方国营以及公司合营，"混合经济"也是公有制的一种形式；国有化不是简单的一刀切，应根据各个部门的不同情况加以实施。

（二）政策主张

在施政的纲领和政策方面，威尔逊政府始终将经济问题置于压倒一切的位置。工党政府上台后高举"计划化"的旗帜，威尔逊政府为此首先成立了协同劳资双方制定年度计划和五年计划的经济事务部，负责把国家的、地区的和工业部门的生产都纳入计划体系，分别就投资、生产、就业和出口做出规定，这些具有导向性的计划经国家和产业以及工会的代表反复磋商和认真研究后制定。在以计划化替代国有化的同时，威尔逊政府还加强了对经济的干预，通过成立工业改组公司，对私人企业贷款或购买私人企业的股票，促进工业设备更新和小型私营企业合并，使工业向合理方向发展；通过制定工业配置法，引导私营企业向西北和东北不发达地区转移。威尔逊政府通过推行振兴经济的百日新政，有效地促进了经济的复苏，到 1965 年底经济形势好转，通货膨胀减缓，工资和收入水平得到提高。同时，威尔逊政府也兑现了增加养老金和取消处方费的竞选承诺。

但是，英国的宏观经济环境摆脱不了国际形势的整体影响，1966 年上台的第二届威尔逊政府遭遇严重的经济危机，由于国际收支恶化，英镑在国际市场一跌再跌，为了挽救经济，政府只能推行紧缩货币政策，并冻结工资，这引发人们的普遍不满。1967 年夏天再度恶化的经济形势迫使政府宣布英镑贬值，取消免费供应中学生的牛奶并削减住房计划，这样引发了选民的严重抗议，到 1969 年尽管英国经济情况出现好转，但人们对工党在经济上的拙劣表现深感失望，在 1970 年议会选举中工党丢掉 60 个席位，丧失了执政地位。

经济状况的持续恶化注定了保守党领导的政府是短命的，1970 年希斯政府[1] 一上台就处于前所未有的危机之中，到 1974 年由于矿工工会宣布无限期罢工，使得政府走投无路不得不重新举行大选，结果威尔逊领导的工党以 4 席的微弱多数获胜再度上台执政。此时由于英国的经济问题已经病入膏肓，威尔逊政府也开不出有效的药方，不过是以重申社会契约来应对危机，结果政府的经济政策完全失败，工会和工党的摩擦与日俱增。到 1975 年 3 月英国的通货膨胀率达 25%，失业工人近百万。面对日益险恶的经济形势，威尔逊决定急流勇退，他于 1976 年 3 月宣布辞去首相职位，表面上的理由是年事已高和政治生涯太长，以及需要培养年轻的接班人，但真正的原因是面对即将到来的严重经济衰退和不可避免的党内分裂使威尔逊决定挂冠而去。

三、卡拉汉政府时期

继任工党领袖和英国首相的是年已 64 岁的詹姆斯·卡拉汉，卡拉汉作为英国惟一曾经出任首相、财政大臣、外交大臣和内政大臣 4 个内阁大臣职务的政治家，深得威尔逊的信任。但和威尔逊相比，卡拉汉在各方面要逊色得多：卡拉汉没有接受过高等教育，曾是英国政府中的一名普通公务员，1945 年就进入议会，但直到进入威尔逊内阁后才先后担任财政大臣、内务大臣和外交大臣等职务。1964 年卡拉汉曾作为财政大臣主持了以增加税收提高福利水平的秋季预算，结果引发了英镑危机，受到外界的广泛批评。卡拉汉其实就是作为工党政府的"救火员"走上执政前台的，严峻形势也使得政府调整的空间极其有限，尽管卡拉汉进行了努力，却无法扭转工党政府的颓势。

---

[1] 即爱德华·希斯在 1970 年—1974 年领导的保守党政府，这届政府处境艰难。执政后不久，财政大臣伊安·麦克劳德即于 1970 年 7 月遽逝，这使很多原先计划好的经济政策（包括把税制由直接税改为间接税）都被迫暂缓实施，旨在改革与工会关系"塞尔斯登文件"也在 1972 年搁置起来，加之政府采取削减社会福利开支政策和北爱尔兰流血事件影响，政府威望丧失殆尽。在 1974 年 3 月 4 日，希斯宣布辞去首相一职，由工党的威尔逊组成少数党政府，复任首相。

（一）施政理念

卡拉汉在1931年即加入工党,作为一名老资格的工党党员,卡拉汉支持工会运动,在竞选和执政中得到了工会的普遍支持,但和威尔逊相比,他的政治立场却并非站在左翼。卡拉汉在20世纪50年代一直支持右翼势力,出任党魁后更是把左翼领导人的芭芭拉·卡素尔赶出了内阁。作为威尔逊的跟随者和继承人,卡拉汉在价值观念方面和威尔逊没有太大区别,在政策措施方面也是采取跟随威尔逊的方针。在工党党内卡拉汉积极推行互信合作的价值理念,力图通过让步,以平衡党内的利益关系来维持工党政府的统治。执政期间卡拉汉始终坚持经济第一思想,笃信以控制劳工阶层的薪金加幅来解决长期的通货膨胀问题的理念。认为维持控制薪金加幅的政策,将能促进经济繁荣,并有利于工党政府的持续执政。

（二）政策主张

面对日益严峻的经济形势,卡拉汉政府执政的中心议题依然是如何对付日益严重的经济衰退。到1975年时英国国内的通货膨胀率居高不下,物价相比上年上涨了24%,失业人数到1976年初已突破120万。面对经济困局,政府继续采取限制工资增长的政策以应对危机,在1976年8月宣布实施第二阶段的限制工资政策,规定每周最多增长4英镑,一年内增加5%,这意味着政府背弃了战后工党的经济政策,希望通过限制工资增长的措施获得喘息之机,促使经济恢复,但结果却引发了国内连续的英镑危机。在9月底举行的工党年会上,卡拉汉主张放弃以膨胀政策来发展经济的凯恩斯主义经济政策,试图寻求新的药方以医治英国病,但由于工党左翼的反对而未果,此后英国经济仍无起色。政府面对危机显得束手无策,这不仅宣告左翼势力长期推崇的凯恩斯主义经济理论已经破产,而且意味着工党政府已经拿不出任何新的"治病良方"。

此时卡拉汉只得求助于工党外的力量来共同解决危机,工党联合自由党签订了两党在议会共同行动的协议,并设立两党咨询委员会,协调两党的内外政策。依靠自由党的支持,工党才顶住了保守党在议会内的攻击。到1977年英国经济出现复苏迹象,国际收支开始顺差,此时的工党领导层认为只要抑制住通货膨胀,就可以发展英国的经济,工党就能继续执政。而抑制通货膨胀的关键措施又是限制工资增长,初看起来卡拉汉政府似乎是成功的，到 1978 年英国的通胀率下降为 7.9%，但是工党政府再次宣布把工资的年增长率限制在 5% 的时候，工会不再妥协，由此在英国引发了大规模的罢工浪潮，各行各业的工人都举行罢工，反对政府的工资政策，到 1978 年冬天工党和自由党的盟约到期后自由党也宣布不再支持工党，政府陷入四面楚歌之中。保守党趁机发难，激烈抨击工党政府。1979 年 3 月保守党在下院再一次投不信任票，卡拉汉政府以一票之差被迫放弃政权，凄然下台。此后，英国进入保守党持续执政时期，工党在接下来的四次大选中连连受挫，保守党提倡的新保守主义笼罩英国。

四、布莱尔政府时期

撒切尔夫人领导的保守党，在 1979 年开始上台执政并创下了 4 次连续执政（1979—1997 年）的业绩，英国工党经过长时期痛苦的反思和调整，终于在 1997 年大选中获得了全胜：在下院 659 个议席中赢得 419 席，比保守党多了 254 席，比其他政党和独立候选人所获得席位的总和还多了 179 席，取得了战后工党在大选中从未有过的好成绩，布莱尔领导的工党重现赢得了执政地位。

作为工党领袖的托尼·布莱尔于 1953 年出生在苏格兰首府爱丁堡的一个律师家庭，他从小勤奋好学，对政治问题感兴趣，同时也具有一种反陈规的叛逆精神，显得比同龄的孩子成熟。1975 年，布莱尔从牛津大学毕业加入了工党，经历了激烈的党内斗争洗礼，于 1983 年成为工党议会党团中最年轻的议员。在议会党团中，布莱尔表现出色，开始受到工党领袖金诺克的青睐，并在 1988 年当上了影子内阁能源大臣，成为当时最年轻的影子内阁大臣；到 1992 年史密斯接任工党领袖后，布莱尔同样被安排当影子内阁的内政大臣。布莱尔以突出的表现，日益成为工党内部众望所归的领袖人选。在 1994 年 7 月份的工党领袖选举中，41 岁的布莱尔赢得了历届工党领袖选举中最高的得票率和英国历史上主要政党领袖最高的支持率，从而成为英国工党历史上最年轻的领袖。成为工党党魁后，布莱尔认为工党的一个死穴是：英国社会已经变了，而工党却未能随之一起变化。[1] 所以在此后领导英国工党执政期间，布莱尔大刀阔斧地对工党进行了系统的改革，提出了"第三条道路"和"新工党、新英国"

---

[1] 刘玉安、蒋锐等著：《从民主社会主义到社会民主主义——当代欧洲社会民主党的理论和实践》，人民出版社 2010 年版，第 275 页。

的口号，显示了极强的政治领导水平和管理能力。

（一）施政理念

尽管布莱尔直到 1997 年才出任英国政府首相，但从执政的角度考虑政党方针政策则远在 1997 年以前。在 1994 年布莱尔担任工党领袖后，为了重塑工党形象，争取选民支持，实现上台执政，就开始在变革工党组织体系、修改党章第四条、理顺工党和工会关系、以及国家治理的政策层面展开探索，布莱尔初步的施政理念集中体现在《新英国：我对一个年轻国家的展望》一书中。工党 1997 年上台执政后，布莱尔将工党变革时期的构想付诸实践，在 1998 年将治国理政的理念和主张系统化，出版了题为《第三条道路：新世纪的新政治》的小册子，这标志着英国工党"第三条道路"施政理念的最终问世。

其实，作为某种理念的"第三条道路"也并不是什么新概念，战后社会民主主义运动的理论和实践的发展中，曾经出现过形形色色的"第三条道路"。但是，布莱尔提出的"第三条道路"却是英国工党对于全球化条件下自身施政理念的新概括，它是新时期工党制定各项方针、政策的纲领性、战略性的思想，这一思想力图使工党适应时代变化和英国发展现状，凸显出工党在英国政党政治中的全新形象。

"第三条道路"最基本的政治立场就是超越左右政治思想的束缚，在激进的左派与保守主义的右派之间采取折中的态度。布莱尔在《第三条道路：新世纪的新政治》中一开始就强调，作为一种激进的新方式，新工党的"第三条道路"坚持民主社会主义的传统价值观，即民主、自由、正义、相互的责任和国际主义。这一理论寻求容纳反对派和中左派的基本价值观念，融合社会民主主义和自由主义的思想特征，形成新的四个方面的核心价值观念，即个人价值平等、机会均等、责任和社会意识。个人价值平等就是不论人的出身背景、能力和信仰有何不同，每个人的基本权利是平等的，为此政府和社会要承担起"鼓励人们在各方面发挥才能和做出的努力"的责任，采取有效和坚定的措施"终止歧视行为和偏见"。由于机会均等是一种把技术和创造性劳动作为共同文化一部分的全面真正的机会观，所以政府必须承担责任，消除影响真正机会平等的障碍。责任强调国家、个人与社会机构三者之间责任与权利的平等性和不可分离性，否则"权利和机会就成了自私和贪婪的动力"。社会意识是指"人性是既竞争又合作，既自私又无私的"，"所有人的独立都有赖于集体的财富"，必须"保护有效的社区和自愿组织，鼓励它们更多的应付新的需要"。为此政府需要作为一种有能力的力量，在适宜的伙伴关系下提供强有力的保障。[1]工党执政的使命就是促进和协调四方面价值的发展，建设一个最大限度发挥个人自由和潜力的公正社会。

根据这一新的价值观体系，英国工党对于社会主义的内涵进行了重新界定，认为当前的社会主义就是人们之间的伦理关系；同时，布莱尔领导的工党摒弃了阶级政治时代政党的封闭体系，扩大政党的包容性，重新寻求跨阶级的合作，并在政策制定中采用实用主义的价值评判标准，务实灵活开始成为新工党的突出特点。在整个执政过程中，布莱尔反复强调"第三条道路"的一个关键特征是政策源于价值观念，工党就是要通过"永恒的修正主义"方式，在正确认识发达工业国家社会所发生深刻变化的基础上，实现推广价值观和建设新英国的双重目标。这样，在"第三条道路"的四大价值观新含义的指导下，布莱尔工党政府在政策方面呈现出与老工党截然不同的特点。

（二）政策主张

执政初期布莱尔就赋予英国新工党政府一个总的政策基调：现代化。他提出为了实现英国的现代化，政府政策必须在四个方面展开：①充分实现新的全球市场经济；②现代化的福利国家；③机构现代化，使之更接近人民；④明确英国在外部世界中的特性和作用；布莱尔政府的整个执政活动和政策过程全部围绕上述问题展开。

第一，在经济政策方面，布莱尔政府更加注重发挥私有制和市场的作用，重新定位政府的作用及其与资方、工会三者之间的关系。执政的布莱尔政府摆脱了公有制和国有化的羁绊，完全放弃了曾经长期支持的国有化政策，明确肯定私有化的作用和企业家的进取精神，通过私有化刺激英国经济的增长，其所有制方面的经济政策和保守党基本一致。在实现对所有制问题的态度转变以后，工党对于政府在经济发展中的角色地位也发生了重大变化，认为政府应该"在可能的地方实行竞争，在必要的地方实行调控"，从而使政府摆脱"过去旧工党的社团主义和过分的干涉主义"特点，凸显其"在促进教育、技能、技术进步、企业家精神等方面的作用"[2]。与政

---

[1] [英]托尼·布莱尔著，林德山译：《第三条道路：新世纪的新政治》，引自陈林著：《第三条道理：世纪之交的西方政治变革》，当代世界出版社2000年版，第7—9页。

[2] 陈林著：《第三条道理：世纪之交的西方政治变革》，当代世界出版社2000年版，第349页。

府角色定位一致，工党政府主张在私有制主导下的经济体系中建立政企之间和劳资之间的合作伙伴关系，以促进经济可持续增长和社会高就业，实现为公共利益服务，为所有人提供机会的目标。[1] 在这种新认识的指导下，执政的工党和工会的关系由原来的尽力满足转为提出要求，政府在劳资矛盾中的表现由原来的站在工会一边转变为以中立、调停者的身份出现，甚至经常对工会提出严厉的批评和管制措施。

第二，在政治政策方面，工党政府积极推行以下放权力为中心的宪政体制改革。在工党政府的支持下，苏格兰和威尔士分别于 2000 年和 1999 年设立了地方议会，各自负责治理地方事务，并在文化教育、医疗保健、环境、交通和农牧渔业等方面享有广泛的权力，这是英国战后最重要的一次宪政体制改革。同时，工党政府对世袭君主制和上院进行了改革。1998 年工党政府提议结束了英国王位的男性优先继承权，促使英国君王制度跟上时代发展步伐。1999 年工党政府发表了关于上院改革的白皮书，取消世袭贵族的立法者身份，使其成员组成紧跟英国的政治发展现实，具有广泛的地区代表性。以下放权力为核心的宪政体制改革改变了高度中央集权、限制地方权力的英国政治传统，调整了中央和地方权力关系，改善了政府的体制和功能，推动了英国的政治民主化。正如布莱尔所说："通过分散政府职能和赋予地方政府更大的权力使决策重新接近人民"[2]。

第三，在社会政策方面，工党改变原来以救济为主的福利制度，提出面向全体民众的"救济与培训"并重的新的福利政策。工党政府认识到，在经济全球化和竞争愈加激烈的现时代，战后初期工党政府确立以救济为主的福利政策已难以适应现实的要求，必须完善社会救助的方式，大力实施以充分就业为目的的新型福利政策；总之，新的社会福利政策是在"为穷人提供一种扶助而不是一种施舍"[3]的思想指导下实施的。实施政策中政府把首要的工作重点放在教育和培训上，立足于通过工作使民众从幼年到老年都接受教育；与此一致，在推动福利建设的实践中，新工党政府并没有使用传统工党政府增加税收和开支的手段，而是实行"谨慎"和"稳定"的开支政策。

[1] ［英］托尼·布莱尔著，曹振寰等译：《新英国：我对一个年轻国家的展望》，世界知识出版社 1998 年版，第 27 页。

[2] ［英］托尼·布莱尔著，曹振寰等译：《新英国：我对一个年轻国家的展望》，世界知识出版社 1998 年版，第 303 页。

[3] 谢峰：《英国工党第三条道路研究：兼论西欧社会民主党的革新》，贵州人民出版社 2003 年版，第 71 页。

第四，在外交政策方面，布莱尔政府上台后，迅速采取行动，试图在外交上打开局面，结束英国多年来的孤立处境，使它重新处于国际事务的中心，成为一支主导力量。工党政府提出了"枢纽外交"政策，力图使英国在美欧之间发挥桥梁和枢纽作用，通过维系和提升英美关系，抬高英国在欧洲和国际社会的地位。在北约东扩和反恐战争等一系列重大问题上，英国都追随、支持美国，和美国采取一致的立场和行动。同时，布莱尔政府还主动改善同欧盟的关系，积极参加欧洲建设，改变与欧盟多年来不合作甚至对抗的尴尬局面，与欧盟各国求同存异、和解合作，在欧洲一体化、欧洲统一防务和欧元问题上，布莱尔政府始终坚持灵活务实的做法，积极参与和影响欧盟的决策，使欧盟发展尽量接近英国的设想。

五、布朗政府时期

布莱尔的继任者戈登·布朗于1951年出生于苏格兰格拉斯哥的一个牧师家庭，布朗从小就是工党忠实的关注者和支持者，他于1969年加入工党，1983年开始在党内迅速崭露头角，代表丹佛姆林东区成功当选下院议员，此后至1992年，布朗历任工党苏格兰委员会主席、影子内阁首席财政国务大臣、影子内阁贸工政务次官、影子内阁财政大臣。1994年5月，领袖约翰·史密斯突发心脏病去世后，为避免党内竞争削弱工党支持率，实力与布莱尔不相上下的布朗放弃竞争，转而全力支持布莱尔，力促布莱尔顺利当选工党新领袖，并全力支持布莱尔在1997年大选中带领工党击败保守党，布朗也如愿成为财政大臣，开始了个人政治生涯的辉煌。

此后，布朗在财政大臣的位置上一坐就是十年，创了英国200年来财政大臣最长的任职纪录，前财政大臣哈特斯利将布朗视为英国历史上最成功的财政大臣。在任职期间布朗展示出了卓越的经济管理才能，能够准确把握英国经济发展命脉，适时提出有效的政府经济调整改革方案，使英国经济创造了连续十几年持续增长的奇迹，在西欧诸国中"一枝独秀"，为英国工党连续三次胜选立下汗马功劳，这也为布朗积累了雄厚的政治资本。

从1997年到2007年布莱尔政府一直稳居英国政坛主导位置，整体而言，布莱尔政府以"第三条道路"为理论导向的治国方略取得显著成效是其实现连选连任的关键因素。但是在执政过程中，英国工党同样存在一些失误和错误，并影响到政权的稳定。比如内政方面政府投入公共服务领域的开支持续扩大，到2010年英国财政赤字占 GDP 比例的 11.6%，这导致英国国库格外脆弱；外交方面英国积极参加伊拉克战争不仅激起穆斯林世界对英国的仇恨，还导致英国与欧洲盟友的关系紧张，恶化了工党在选民中的形象。此时工党更换党魁已经成为大势所趋，2007 年 5 月随着布莱尔宣布辞去英国工党领袖一职，继而于 6 月辞去首相职务，标志着为期 10 年的布莱尔时代结束，工党领袖、候任首相布朗开始走马上任。

（一）施政理念

在施政理念方面，布朗属于凯恩斯学派，在担任财政大臣期间，他通过借鉴美国经验为英国设计了新一代税收政策体系，将税收和公共开支作为投资和财富重新分配的合法工具，从而形成了美国式的自由资本主义与北欧国家的平等与保障相结合的现代化经济体制。在出任首相之初，布朗就提出了克服布莱尔政府负面政策的影响、重塑工党的良好政治形象、有效应对保守党的攻击是工党政府必须解决好的三项任务，这也成为布朗执政期间一直重视和思考的问题。

为了显示和布莱尔政府的区别，布朗在执政时反复强调，他将走出一条不同于布莱尔的执政"新路"，试图表明他不是简单地接替布莱尔，而是要改变布莱尔时代。在其竞选工党领袖的宣言中布朗就提出："托尼·布莱尔以卓越、勇气、热情和远见领导了我们的国家十年。而今后几周和几个月里，我的任务是证明，我有新观点、见解和经验获得英国民众的信任，如今（英国）有新的执政重点，而我将在这一崭新时刻成为新领导人。"[1] 强调政府将会走出一条不同于布莱尔的执政新路是布朗政府贯彻始终的基本理念。

除了在核心的经济议题方面提出新的理念外，布朗对布莱尔施政纲领的修改更是全面的。例如，针对布莱尔政府决策集中的弊端，布朗提出执政后将改变布莱尔时代形成的抛开内阁和议会、由身边少数政治顾问决定政策的"自上而下的"沙发政治，在政策制定中广泛听取公众意见，加强与公众的联系；针对布莱尔政府听命于美国的错误的外交政策，布朗政府重申强化议会作用，要求发动战争、采取紧急军事行动等重大决定必须由议会认可；针对布莱尔政府第三条道路改革中的问题，布朗强调工党政府将优先重视住房、教育、医疗领域的改革，在改革中将更加重视培养"责任、诚实、勤奋、家庭、尊重别人"的价值观。

---

[1]　谢峰著：《英国工党第三条道路研究：兼论西欧社会民主党的革新》，贵州人民出版社 2003 年版，第 71 页。

（二）政策主张

布朗宣布竞选之初，就明确公开了当选后的初步的施政纲领，在此后执政的三年时间里，布朗政府也出台了一些有别于布莱尔政府的具体政策。

第一是在工党形象方面，布朗高举"变革大旗"，主张通过组织调整，以重新树立工党的形象。布莱尔执政期间，因伊拉克战争、"金钱换爵位"丑闻[1]等问题，导致工党声望走低，在地方选举中连连败北。为了有效改善工党现象，布朗执政之初就对内阁班子大刀阔斧地进行了调整，完成了工党执政以来最大规模的内阁重组；同时，原布莱尔内阁中几位干将也主动离任，从而在组织上宣告布莱尔时代的结束，布朗得以放开手脚带领工党开始新的征程。

第二是在经济政策方面，布朗政府执政后继续进行全面经济结构调整，推行经济效率政策，推进正在进行中的各项社会改革。2008 年 4 月，工党政府宣布下调个人所得税以及企业税，以刺激经济的快速增长。在担任财政大臣期间布朗始终贯彻让市场做主、监管越少越好的信条，但是 2008 年下半年世界金融危机爆发时，危机之中的布朗政府采取有力措施对英格兰银行进行援助，以实际行动背离了自由化的市场监管政策，从而有效挽救了濒临绝境的英国银行业，在西欧国家中英国经济在2009 年初首次出现复苏的迹象。

第三是在社会政策方面，执政的布朗政府把重视环保作为一个政策的突破点，在 2007—2008 年的年度财政预算中，布朗就在住房节能、汽车尾气排放、燃油等方面引入了有利环保的财政政策。工党政府还宣布要在牛津郡等地集中建立二氧化碳零排放的生态住房，政府采取措施进一步放松住房计划限制，以释放更多的土地推动住房建设。在医疗改革方面，政府出台新的管理制度，增加医院的开放时间，增加医生的工资与福利，在社会保障的财政资金安排上，尽可能地向低收入家庭倾斜。

最后是在外交政策方面，布朗政府开始将关注点更多地放在如何体现英国的独立性和自主性方面。在导致布莱尔政府麻烦缠身的伊拉克问题上，布朗政府承认政府所犯错误，表示会吸取伊拉克战争的教训，改进民主决策的程序，表现出与布莱尔截然不同的态度。对于英美关系，政府继续实行亲近美国的外交政策，但反复强

---

[1]　根据英国法律，政党获得 5000 英镑以上的捐款必须申报，但按照商业利率获得的贷款则不需公布。布莱尔领导的工党利用这一法律漏洞，把 4 名向工党提供秘密贷款的人提名为贵族并推荐他们进入上议院，由此引发"金钱换爵位"丑闻。

调绝非屈从于华盛顿，而是将这种交往建立在英国利益需要的基础上。在英国与欧盟的关系上，布朗和布莱尔一样，支持对传统欧洲进行改革，但布朗政府将重心放在如何体现英国的自主性上，并且将重点集中在经济方面而不是像布莱尔政府时期提出的制度改革方面，与之相比更具务实的色彩。

六、英国工党执政历程评析

战后的英国工党政府打着国家干预、国有化和福利国家的旗帜走上执政舞台，开启了工党和保守党两党轮流执政的历史进程。更为重要的是，工党在其执政的整个历程中始终坚持预定的政策目标，国有化和福利国家建设的系列措施甚至为后来的保守党政府予以继承和进一步发展，两党政策的趋同也标志着英国工党最终融入了英国现有的政治体系之中，成为一个拥护现有体制的彻底的改良主义的政党。当工党以选票为中心开始运作时，自身就会在政治体系中趋向中间化，原来偏左的目标纲领、理念政策必然会和现实的政治环境产生冲突，这就为工党各方面的改革埋下了伏笔。

进入全球化时期以来，英国工党由于受到自身定位、意识形态、政策纲领等方面的限制，没有及时跟上时代发展的浪潮，这直接导致近20年的时间里保守党政府主张的自由主义大行其道。这一时期工党处于组织分裂中，工会组织和个人运动受到保守党政府的打压，从1979年到1992年，工党在历次大选中遭遇了四连败，而工党在1997年大选中实现了重新崛起，并且在2001年和2005年的大选中蝉联执政，获得了大选的三连胜。从四连败到三连胜，首先在于英国工党对于自身理论主张、组织建设等方面的认真反思，不断总结失利的经验教训，积极开展改革创新；其次在于工党准确把握了时代发展的客观要求，不断推进执政理论和实践创新，从而赋予执政的工党政府更加强劲的生命力。工党不断反思和创新的过程，就是其取得执政成就，实现持续执政的过程。

成就之一：英国工党积极进行组织的调整和转型，树立了团结统一的政党形象。战后工党内部一直有着左、中、右三股力量的存在，而工党在长期发展中也和工会之间保持着千丝万缕的联系，党内组织的分化容易导致党的力量的分散，同时工党与工会的密切关系使得工党自身发展的独立性遭遇挑战，这些问题在工党执政顺利时会隐蔽的腐蚀组织的健康肌体，一旦政党面临政策挫折、理论滞后等矛盾，这些组织问题就会成为导致工党迅速崩溃的催化剂。

在总结这一历史教训的基础上，历届工党领导人都注意从统一党的组织体系，实现党的统一，推进党内民主的角度加强政党组织变革，以完善的组织体系适应时代发展的趋势。1981年英国工党内部发生组织分裂后，尼尔·金洛克在1983年出任工党领袖后开始着手改变英国工党过于"左倾"的政策，重塑新的政党形象，工党的组织变革开始拉开序幕。1992年大选失利后，约翰·史密斯成为新一代工党领袖，为了进一步争取选民的支持，史密斯加大了对工党理论政策、组织体制方面改革的力度，其中最主要的举措有两方面：一是废除工会在选举工党领袖和议会议员候选人中的集团投票制，实行一人一票制；二是限制工会在领袖选举中的比重，实现将党领袖选举中议会工党选举团、选区工党选举团、工会和其他团体选举团三部分的票数比例从原来的30%：30%：40%改为各占1/3。这样降低了工会和左翼力量给工党参与竞选带来的负面影响。在布莱尔和布朗掌舵工党时期，党的组织改造得到进一步加强，工党确立了以党内民主凝聚党内共识，以加强个人党员作用扩大工党执政影响的改革方向。工党通过改革党内选举制度、制定选拔年轻干部等措施吸引广大社会中间阶层和年轻人参加工党组织活动，促使工党社会基础进一步扩大。为了突出党的集中领导，布莱尔和布朗时代的工党尤其注重运用信息时代的技术手段改变传统政党的组织和运作方式，布莱尔在领袖办公室设立了舆论顾问班子，密切关注媒体动向和公共舆论，对公开唱反调的本党议员给予纪律处分。工党还充分利用互联网这一全新的沟通工具革新党的组织方式，成立了各级网上"虚拟组织"，引导党员通过网络来开展党的组织生活和党内讨论，同时方便社会公众了解工党内部信息，加强工党与社会的沟通和交流，使工党以开放、创新的组织面貌出现在英国的政治舞台上。

成就之二：英国工党以意识形态调整为主线，找到了政党竞争中的合理定位。战后工党取得执政地位的过程，就是自身意识形态中间化的过程。在战后英国政坛的博弈中，工党和保守党既有针锋相对的斗争，更有彼此政策的趋同，这就形成了战后英国特殊的"共识政治时期"。早在50年代保守党人R·巴特勒就曾经说过："福利国家不只是社会党的发明，也是我们的创造。"1955年《经济学家》周刊用保守党的财务大臣巴特勒和工党财政大臣盖茨科尔这两个姓的部分，合起来创造了一个新词"巴茨克尔主义"来形容两党政策的一致性。

到 20 世纪 60—70 年代，两党在福利国家建设、国家对经济宏观控制等方面逐渐形成共识，工党意识形态右转而保守党意识形态也出现向左转的倾向。60 年代由于保守党全面接受了工党所倡导的政策，侵入了工党赖以立足的根基，推动工党意识形态进一步"左倾化"，使工党在思想纲领和内外政策方面长期处于分裂状态，严重削弱了工党内部政治认同的力量，保守党获得了长期上台执政的有利的政治环境。为了摆脱传统意识形态的桎梏，为工党持续执政注入新的精神支持，在野期间的历届工党领袖都将意识形态调整作为重要工作。但由于工党内部，"工党左右两翼似乎在所有问题上都水火不容"[1]，党内斗争由来已久，甚至英国阶级力量的对比被认为根本不是通过工党和保守党左右之间的斗争，而是通过工党内部左右两派之间的斗争体现出来。[2] 从 20 世纪 50 年代起，保守党政策的趋中性无形中挤压了工党的生存空间，同时工党左右两派的斗争严重破坏了党内团结和党的形象。

为了赢得执政空间，英国工党不得不首先解决党内的意见分歧和理论争论，并藉此展开意识形态的整体调整。从 60 年代到 80 年代，工党左右两派的意识形态斗争突出体现在党章"第四条"的修改分歧上，工党右派认为随着英国经济和社会结构的变化，"第四条"确立的国有化方针和社会主义目标对越来越多的中间层选民失去吸引力，因此，工党要保持政治地位和执政特色，就必须修改具有严重左倾色彩的党章"第四条"，由原来工人阶级的政党变为全体选民的政党。而党内左派针锋相对，坚持保持工党特色必须毫不动摇地坚持党章第四条。在持续的意识形态较量中，左派反而不断得势，他们竭力改变党的组织结构，力图长期保持党的最高领导权，进而引发了 1981 年的党内分裂，1983 年大选中工党的竞选纲领集中反映了左派的意见，无视全球化对英国的影响和作用，坚持大规模国有化和退出欧共体、废除上院等提议混杂在一起，被讥讽为"历史上最长的自杀备忘录"。

1983 年大选失败后，工党痛定思痛开始了变革、重建和复兴的艰难历程，先后担任领袖的尼尔·金洛克和约翰·史密斯都坚持推动对于党章第四条的修改，并围绕意识形态的妥协展开大量工作，随后经过布莱尔持之不懈的努力，使新条款在 1995 年终获通过，此举意味着工党最终实现了意识形态和思想纲领的重大转变，以"第三条道路"为标志的布莱尔主义得以确立。

[1]　[英]阿伦·斯克德、克里斯·库克：《战后英国政治史》，世界知识出版社 1985 年版，第 103 页。

[2]　刘建飞：《英国政党制度与主要政党研究》，中国审计出版社 1995 年版，第 162 页。

新的工党的思想纲领以整体性和包容性为主要特征,批评但不排斥新自由主义,这一纲领将发挥私有部门的主动性、政府谨慎的税收政策以及传统左翼对公共服务的支持等内容整合在一起,模糊了左右翼政党之间的分野,对保守党传统的思想理念和政策优势构成严重的威胁,"布莱尔先生早已侵入保守党的生存空间,正在挤压道路,正像当年老工党把自由党挤得没有立足之地一样。"[1]这样保守党的思想武器成为工党意识形态工具,甚至中左和中右政治力量都能在工党政策纲领中找到依靠。

成就之三:英国工党积极开展执政实践的持续创新,以正确的方针、政策和策略赢得民意。战后首次上台的工党艾德礼政府执政到 1950 年,几乎完全实现了工党战前和战时的纲领,战争的创伤迅速得到医治,劳动者的生活有了保障,基本消灭了失业现象。到 1947 年底英国经济恢复到战前水平,到 1950 年生产总值仅次于美国,经济实力在资本主义国家中占第二位。和工党在经济方面成就对应的是政党威望的节节上升,党员也大幅度增加,由 1945 年的 300 万增加到 1947 年的 500 万人。面对辉煌的执政成绩,党内右翼理论家克罗斯兰认为"至少在主要方面,到 1951 年英国已经不是一个资本主义国家"[2]。左翼理论家哈罗德·拉斯基也认为,他们与无产阶级导师马克思、恩格斯有着"共同的理想","能够领导英国人民解除身上的锁链","而英国工人阶级将在全世界促进工人阶级的团结,从而最后赢得新的世界。"[3]随后的威尔逊和卡拉汉两届政府,通过采取一系列的针对性的政策措施,取得了一定的成绩,尤其是对于国有化和福利国家建设的持续推动,以及经济计划化的实施,标志着工党在英国探索了一条左翼政党如何在现有政治体制和经济框架下建设国家的全新道路。

20 世纪 80 至 90 年代在野的工党一直在适应时代和形势变化,调整自身的意识形态和纲领主张,加强组织建设,以创新和改革作为政党崛起的基本条件。1997 年工党在大选中获胜,此后也并没有出现布莱尔曾经指出的那种结局,"只执政一任,在一阵狂喜中上台,抱负远大,随后昙花一现后下台"[4],而是在 2001 和 2005 年两

---

[1] Michael Gonzalez, The Stupid Party, The Wall Street Journal Europe, June 8—9,2001.

[2] 张契尼、潘琪昌:《当代西欧社会民主党》,东方出版社 1987 年版,第 43 页。

[3] 张契尼、潘琪昌:《当代西欧社会民主党》,东方出版社 1987 年版,第 43 页。

[4] [英]托尼·布莱尔著,曹振寰等译:《新英国:我对一个年轻国家的展望》,世界知识出版社 1998 年版,第 14 页。

次大选中接连获胜，原因就在于布莱尔和布朗领导的工党政府能够不断推动理念和实践的创新，在创新中迎合社会阶级和阶层的利益需求，为工党的持续执政提高动力和支持，保持执政党的生机和活力。工党执政以后，通过在政治上推行地方民主化，实行宪政改革，取消贵族在上议院的世袭特权，一扫英国多年沉闷乏味的政治风气，为英国政坛带来一股清新的风气。在经济上，推行以福利带动就业的"工作福利计划"，不再将政策着眼点聚焦在提供需要帮助者福利或者缩减福利方面，而是通过福利来创造社会就业机会，使福利政策成为促进经济发展的发动机，有效弥补了原有社会福利制度的缺陷。在外交上，工党通过实行"枢纽外交"积极推进欧盟一体化进程，避免了传统"一边倒"政策的尴尬处境，使英国得以在广泛的国际力量博弈中发挥轴心作用，增强了自身的国际影响力。

在全球化的新时期英国工党通过改革和转型迎来了持续执政的新时代，但是归根到底工党的改革还是在现有资本主义的体制和框架下进行，其执政始终是为了弥合英国资本主义进程中的弊端和缺陷，其思想纲领和执政政策始终难以体现出社会主义的目标远景。同时，在共识政治的政党体制环境中，政党的趋同成为政党执政的主流，得票率成为决定政党轮替的晴雨表，对于英国政治社会发展中长期积累的顽疾，工党根本无法实施大刀阔斧的改革，只能在执政时进行细节的修补，其政策和做法也并非尽善尽美，在执政过程中工党同样犯下了一些严重失误。

反思之一：福利社会建设中如何走出滞涨怪圈。英国工党推行了福利社会的制度改革，通过"拯救"英国公共服务的诸多措施，公共服务领域的服务水平得到大幅度的改善。但是，英国的福利投入还是以雄厚的财力为支撑的，这势必要求工党必须将执政的前提建立在社会经济繁荣的基础上。纵观工党执政的过程，其上台与下台恰与英国战后经济由繁荣到衰退的历程大致步伐相同，这并非偶然，这其实揭发了政治钟摆和经济形势之间的必然联系。特别是 1973 年石油危机后，英国财政上捉襟见肘，不仅拿不出钱来发展社会福利，反而要限制工资的增长，这肯定会引起选民的反感。经济危机使得工党的社会主义纲领根本无法实施，导致选民最终对工党鼓吹的社会主义丧失兴趣。

布莱尔时期开启的改革依然没能使英国福利社会建设走出滞涨的怪圈，工党政府推动公共服务领域发展的直接措施还是依赖大规模的政府投入，其改善公共服务的效果也在实践中大打折扣。医疗、教育等资金投入翻倍，但是公共服务机构的改革并不彻底，最终资金投入代替了改革而不是成为改革的润滑剂。开支的扩大为英国背上了严重的经济包袱，如在 2009 年到 2010 年度，英国的财政赤字占到 GDP 比例的 11.6%，导致国库储备难以应付任何异常严重的经济危机。同时，公共服务的改革也没有从根本上改善英国收入差距扩大的现实，贫困人口依然继续增多，社会公平难以真正实现，而在巨额的公共服务开支中却出现了议员滥报公务补贴的"报销门"丑闻，这些都成为工党福利制度改革的败笔。

反思之二：枢纽外交中如何维护国家的独立性和主体性。工党政府时期通过推行枢纽外交，结束了英国多年来的孤立处境，英国重新回归国际事务的中心，成为世界舞台上的一支主导力量。但是，英国紧跟美国的外交政策也使自身的独立性丧失。在北约东扩、波黑维和科索沃危机、"9.11"事件和反恐战争等重大国际问题上，英国都追随美国，和美国采取一致的立场和行动，布莱尔政府为了维系这一联盟体系，甚至提出了所谓人权外交的新口号，在 2003 年 3 月，英美联军在未经联合国安理会授权的情况下，悍然发动对伊战争，不仅导致了英国与欧洲盟友之间关系紧张，而且严重恶化了工党在选民中的形象，对其执政造成严峻挑战，正是由于外交战略的选择适当，使布莱尔遭遇出任工党领袖十年来最大的信任危机。

反思之三：模糊的政党定位中如何有效应对右翼政党的挑战。工党的发展历程就是其定位由左翼向中间化的过程，战后初期工党高举福利社会的大旗走上执政前台，取得了良好的执政成绩。此后，工党有效的经济和社会政策被保守党进行了吸收和创新，导致其理论创新的空间变窄，而其长期作为政策依据的凯恩斯主义和社会福利改革方案在严峻的经济形势面前都已失灵。在这样的社会中，选民欢迎各种适应变化的新主张，以挽救没落中的英国，这就迫使各个政党寻找新的理论依据和措施手段，即便知道它可能不起作用，但只要通过变换标签使选民相信这是行之有效的"新办法"，各个政党就敢于尝试。但 20 世纪 90 年代前的英国工党对这一新情况明显缺乏认识，不了解选民的心理变化，也就提不出新的理念来吸引选民，结果工党的政策反而愈加"左倾"，老调常谈的工党输给"现代化"理论武装的保守党就成为必然。直到布莱尔吸取右翼政党执政的成功理念，提出"第三条道路"，才使英国工党最终转败为胜。

工党政府以"第三条道路"为理论导向的治国方略之所以能够取得显著成效，首先在于工党准确把握了战后英国两党政治嬗变的规律和特性，通过新的理论阐释和政策体系模糊了左右翼政党之间的分野，通过张贴"第三条道路"这一新的标签使得英国工党在政党角逐中占据了空间优势，同时围绕"共识政治"展开的政策革新和改革，使工党能够在大选中立于不败之地。但是，英国两党政治体制中的政党无疑具有强大的自我修复能力，英国工党独特的施政理念和执政措施，保守党迅速进行继承或吸收。比如右翼政党在1997年大选失败后尽管思想一度处于紊乱之中，甚至"保守党人不清楚他们的目的、迷失了方向，并且缺乏强有力的领导。保守党人必须回应工党在意识形态方面的挑战，重新确立自身的思想理论特性。他们必须在中间道路和传统的保守主义路径之间进行艰难的选择。"[1]2000年以后在野的保守党通过加强党的组织建设、改善党的形象方面采取了诸多积极的措施，以适应选民的要求，广泛吸纳成员，使得党内组织体系更具包容性和代表性，这些方面都显示了保守党正在向工党靠拢，工党的思想政策优势和执政地位重新遭受保守党的挑战，这使得原本指望保守党固守陈规、自我拆台的工党，不得不眼看着政敌拿着原本属于自己的武器再次走向兴旺发达。

第二节　法国社会党

法国社会党源于1879年在马克思亲自指导下建立的法国社会主义工人党，1905年法国几个社会主义的政党和组织合并为统一社会党（正式名称为"工人国际法国支部"），成为法国当代实力最强大的左翼政党。第一次世界大战期间，法国社会党内部分为左、中、右三派，到1920年的图尔代表大会上，以加香为首的左翼多数派分裂出去另立共产党，而莱昂·波鲁姆等少数派则保留着工人国际法国支部的名称，也被人们称为法国社会党。战后初期，法国社会党的组织规模和政治影响不断扩大，先后参加过戴高乐领导的临时政府，还同法共、人民共和党组织过三党联合政府，法国社会党在第四共和国时期也是参与联合执政的主要政党之一。1958年第五共和国成立以后直到1981年，法国社会党处于在野地位。这一时期，法国社会党认真总结失败的教训，顺应时代变化进行深刻的变革，加速了社会党的现代化，1971年6月密特朗当选为社会党第一书记，法国社会党自此从摩勒时代进入密特朗时代。

---

[1]　Marc Champion，Across Europe，the Right Struggle for a Message，The Wall Street Journal Europe，June 8—9，2001.

在密特朗领导下，法国社会党在 70 年代通过建立左翼联盟实现了成功崛起，成为左翼第一大党，1981 年密特朗参加总统竞选，以 51.76% 的多数当选为第五共和国的第四任总统，成为法国历史上第一位入驻爱丽舍宫的社会党总统，并在 1981 年到 1995 年间，连续担任两届总统，创下了执政 14 年的历史记录，这段时期是社会党的鼎盛时期。1995 年社会党下台后经过短期的政策调整，1997 年法国社会党在第一书记若斯潘的带领下在国民议会选举中重新成为政坛第一大党，若斯潘被任命为国家总理，法国社会党重返政坛并一直执政到 2002 年。

一、战后三党联合执政时期

战后初期法国左翼政党力量迅速发展，1945 年初法共党员增加到 50 万人，年底猛增为 100 万人左右，与此同时社会党党员人数也达到 30 万人。在 1945 年 10 月的首届制宪议会选举中，法国社会党获得 23.4% 的选票，和共产党在议会中共同拥有 294 个席位，超过席位总数（共 545 席）的一半，使得左翼政党力量一跃成为法国政坛上一支举足轻重的力量。这种情况下，戴高乐在 1946 年 1 月宣布辞去临时政府主席职位并退出政府，法国政坛开始了法国共产党、社会党和人民共和党的三党联合执政时期。在这一时期，法国社会党尽管没有成为第一大党，但在政府的组成中一直发挥着重要作用，一些改革政策也是在社会党的主导下通过的。

（一）施政理念

法国社会党人莱昂·勃鲁姆是当代社会民主主义的先驱之一，同时也是法国社会党的主要精神领袖。二战期间勃鲁姆被法西斯政权投入监狱，在身陷囹圄的情况下，他写出了《在人类的范围内》《有关政府改革的信件》等著作，就法国社会党面临的问题提出了一系列观点和主张，这些思想成为法国社会党战后初期开展活动的重要思想基础和理论来源。

作为社会党的理论家，勃鲁姆最大的理论特点就是既继承传统观点，承认社会主义必须通过革命才能实现，同时肯定社会党通过竞选活动参加政府的必要性，并将这一过程巧妙的和革命联系起来，由此构成了勃鲁姆的社会改良主义思想。

在社会主义的目标方面，勃鲁姆对战前法国的统治阶级进行了猛烈的抨击，并对社会党自身进行了深刻的剖析，强调只有认真进行内部改造，社会党才能实现社会主义的前途。这位精神领袖建议未来法国的发展道路必须走一条为了人的利益，体现人自身价值的人道的社会主义之路。

在模糊了社会主义的概念后，勃鲁姆提出社会党实现目标的主要途径只能是改良主义的，只有用人道和民主的思想去充实马克思主义，才能使后者充满生命力，因为人道主义观念是整个社会文明进步的原则，它为道德原则、习惯和权利提供一种新的基础，为艺术和思辨提供新的养料。

在构思战后法国的政治体制时，勃鲁姆反思法国的政治动荡的弊端，强调需要一个总统制的共和国，以建立强力政府，还提出了"行使政权"的概念。

勃鲁姆的理论对社会党产生了重大影响，身处战争环境下的法国社会党人开始和勃鲁姆提出的"人道社会主义"思想相呼应，就战后法国和社会党的前途问题发表意见，几乎所有党内知名人士都主张把社会党改造为一个面向全体法国人民的大党，这个党不再局限于某个阶级的范围之内。一些社会党人在斗争的实践中呼吁和共产党开展合作，实现工人阶级的团结，以便在战后的法国推行社会的改革。在这些思想的引导下，社会党和各方面实力展开了积极合作，一起投身于抵抗运动，1944年3月，在法共和社会党领导下的左翼抵抗组织"全国抵抗委员会"公布了体现人民要求的纲领，这一纲领不仅号召人们把反击法西斯和反动政府的斗争进行到底，同时提出了战后法国社会改造的整体战略，勾勒了战后国家经济建设的总体方针，包括消除垄断经济组织，实行计划生产，实行重要行业和产业的国有化，并把经济的管理权直接交到人民手中。纲领还呼吁建立"最广泛的民主"，真正使法国人民享有劳动、休息、教育和社会保障的权利。纲领中的一些思想反映了勃鲁姆影响下法国社会党的理念和主张，成为社会党在战后相当长时间里的政治纲领准则。

（二）政策主张

1946年1月到1947年初，法国社会党在三党联合政府中一直发挥着重要作用，四届内阁中有三届由社会党人担任。同时，由于社会党秉持中间立场，使得其提出的政策主张容易得到左右两翼的接受，这段时间是社会党和共产党等左翼力量合作的黄金期，也是社会党的各项理念和政策主张得到贯彻的时期。

在政治领域，社会党坚持声张战争正义，清算维希政府[1]的残余势力。在社会党的支持下，战后有 3.9 万名维希分子被判刑（其中 2 千余人被处以极刑），叛国投敌分子被从各级行政机构中清除出去，受到了应有的惩罚。1944 年 11 月，社会党特别代表大会上做出将 1940 年 7 月投票授予贝当全权修宪的社会党议员全部开除出党的决议，彻底洗刷了党历史污点，为党挽回了声誉。

在经济领域，社会党全力推行国有化和计划经济政策。联合政府执政后将法兰西银行等 5 家最大的银行、主要的保险公司、采煤、电力、煤气等工业部门实行了国有化，执政期间法国国有企业投资占到总投资的 35% ~ 40%，法国经济中国有成分生产的产品占到社会总产品的 15% ~ 20%。三党联合政府还推行法国式的计划经济模式，1946 年开始实施著名经济学家莫内提出的"装备和现代化计划"，这一计划规定 1950 年时公民生产总值应超过 1925 年时的 25%。[2]

在社会领域，社会党积极推行有利于劳工阶级的各项社会福利措施。联合政府恢复了每周 40 小时工作制和带薪休假制（工人每年 2 周，职员每年 3 周）；同时，劳动者工资水平得到提高，到 1946 年夏，工商部门职工的工资增长 80%，农业工人的工资增长 25%，退休金和家庭补助增长了 80% ~ 130% 左右，人民的生活和战时相比得到极大改善。

二、摩勒政府时期

丹尼尔·梅耶领导下的社会党在三党联合政府中尽管发挥了重要作用，但是社会党既不同法共恢复同盟关系，也不同右派割断联系的做法受到合作伙伴的指责，联合政府内部很快就发生了分裂。在 1946 年 6 月举行议会选举时，人民共和党成为议会第一大党，社会党只获得有效票数的 21%，力量大大削弱。更为严重的是，社会党摇摆不定的中间立场导致党内出现严重分歧。议会选举后法国社会党举行全国代表大会，会上围绕总书记的职务发生争吵，结果总书记梅耶的提案被否定，加莱

---

[1] 维希政府（Régime de Vichy）：是第二次世界大战期间，德国占领下的法国成立的傀儡政府。1940 年 6 月德国侵占巴黎后，以亨利·菲利浦·贝当为首的法国政府向德国投降，1940 年 7 月 1 日政府所在地迁至法国中部的维希（Vichy），故名。正式国号为法兰西国，统治大约五分之三的法国领土。在 1944 年盟军登陆法国后，维希政府迁往德国的希格马林根，次年垮台。

[2] [法] 莱昂主编：《世界经济与社会史：20 世纪后半期》，上海译文出版社 1985 年版，第 298 页。

省委的领导人、名不见经传的居伊·摩勒接替梅耶担任总书记，法国社会党进入长达 23 年的"摩勒时期"。

（一）施政理念

居伊·摩勒出身于纺织工人家庭，是一位教师出身的社会党领导人，战后摩勒领导的加莱海峡省委，是法国社会党的传统基地，左派势力较强。正因为如此，摩勒担任社会党的总书记也是借助于党内左翼力量的帮助。但是，在左翼支持下上台的摩勒执政后的政治立场发生了一百八十度大转弯，并迅速成为党内保守势力的代表。

典型的例子是在担任党的总书记之前，摩勒强调法国社会党是"阶级斗争的党"，"忠于无产阶级专政"。他把社会党的失利归因于勃鲁姆错误的"人道社会主义"的理论；认为法国社会党在 1945—1946 年几次选举中之所以连连失利，"不断犯错误和日益衰落……其深刻原因首先是理论上的"。"勃鲁姆进行了尤其是从假人道主义出发的各种修正主义尝试，假人道主义的实质就是掩盖阶级斗争这个根本现实"[1]。摩勒认为修正主义在政治上的表现就是"议会主义"和"入阁主义"，从而导致了社会党一系列的策略错误，尤其是对以戴高乐为代表人物的资产阶级政党过分讨好。在执政立场上，摩勒坚持改变社会党的政治路线，恢复其世俗化传统，在执政中坚持与法共采取联合行动。

但是担任党的总书记以后，摩勒迅速改变了"左倾"的政治立场。在冷战的大环境中，摩勒开始和法共决裂，指责其为"莫斯科的代理人"。同时，在社会主义革命理论方面，摩勒一方面声称忠于无产阶级专政，另一方面又接过勃鲁姆"在资本主义制度范围内行使权力"的观点。

对于自己理论上前后不一致的矛盾，居伊·摩勒在社会党 1949 年全国代表大会上为这种立场进行自我辩解说："参加联合政府从来不是理论问题，而是形势需要的问题"。由此可见，改良主义或现实主义才是摩勒施政理念的核心内容，这也注定了摩勒领导的社会党政府会依据实践的要求和环境的变化，从自身利益出发制定政策，而不会考虑实践与理论的一致性。最具讽刺意味的是莫勒曾在 1946 年打着激进主义的旗号将梅耶从党的领导人岗位上赶走，他号召要"谴责实现修正主义的种

---

[1] 张契尼、潘琪昌：《当代西欧社会民主党》，东方出版社 1987 年版，第 101 页。

种企图，谴责形形色色的帝国主义剥削，以及谴责掩盖阶级斗争这个根本现实的一切企图。"[1]但到头来，执政的莫勒政府却花了几乎大部分精力开展镇压北非阿拉伯民族主义者的严酷运动和针对埃及的侵略斗争，这些同其早期鼓吹的社会主义理论风马牛不相及。对于这些行径，社会党的党报居然稀奇古怪的用马克思的话进行辩护，结果导致本属于社会党的传统选民对于其所作所为终于不抱幻想，在这种情况下法共等本为社会党政府打击的左翼政党的实力反而不断扩大，最终法国社会党逐渐陷于孤立并离开了权力中心。

（二）政策主张

1956 年 1 月法国社会党与激进党等结成"共和阵线"参加议会选举，组成了第四共和国时期寿命最长的政府，即由社会党总书记摩勒任总理的政府。

在对内政策方面，摩勒担任总理后，力图从改善人民生活着手，不断提高社会党的地位。在经济社会领域政府制定了增加一周带薪休假，建立全国互助基金等措施，颁布了缩小地区工资差别的法令。同时建立了退休金和养老金的全国基金，完善了法国的社会保障体系。但是，由于政府的财政政策搞得一团糟，反对派指责政府"倒空了国库"，加之国内经济状况不断恶化，到 1956 年法国物价上涨 8.5%，而工资只上涨 6%，财政赤字则达到 1 万亿法郎，对内政策的拙劣表现严重损害了社会党的声誉和形象。

在对外政策方面，法国社会党在处理欧洲事务和前法属殖民国家方面也采取了迥异的政策。执政初期，社会党政府承认美国在西方的领导地位，争取了美国的资金援助。朝鲜战争后，美国积极推动建立欧洲防务集团，居伊·摩勒认为欧洲是一个永久性的概念，赞成建立欧洲防务集团，他甚至对拒绝投票支持重新武装德国协定的社会党议员进行纪律处分，把 17 名议员开除出党，引发了社会党内的组织危机。摩勒政府还积极推行法德和解和欧洲联合政策，在 1956 年签订了法德卢森堡协定，协定承认萨尔并入德国的全民投票结果，避免了两国的无休止的谈判；同时，法国议会以压倒多数通过了欧洲原子联营协议；1957 年政府签订了成立欧洲共同市场的罗马条约，对推动法国的经济长远发展发挥了促进作用。

和摩勒政府开明的欧洲政策截然相反的是其对前法属殖民国家的新殖民主义政

[1] [英]威廉·E·佩特森、阿拉斯泰尔·H·托马斯编：《西欧社会民主党》，上海译文出版社 1982 年版，第 18—20 页。

策，1947 年时社会党领导的三党联合政府发动印度支那战争，六年半的持续战争使
法国为此付出了惨重代价。最使摩勒政府头痛的是如何应对从 1954 年就开始的阿尔
及利亚的民族解放运动，摩勒对阿尔及利亚政策的要旨是"停火、自由选举和谈判"
三部曲，不承认阿民族解放阵线提出的阿尔及利亚的独立权利。在议会多数的支持
下，摩勒政府加强了对阿尔及利亚的军事行动，绑架民族解放阵线的领导人本·贝拉，
动用伞兵部队维持阿尔及利亚的秩序等，摩勒政府的这些政策遭到法共和社会党内
部的强烈抗议。到 1956 年 10 月底，摩勒政府又伙同英国政府以埃及将苏伊士运河
收归国有为借口，向埃及派出侵略军，进行狂轰滥炸，给法国社会党的历史增添了
不光彩的一页。到 1957 年 6 月，内外政策的失利终于使摩勒政府倒台，1958 年 9 月
社会党相当多党员由于不满摩勒的内外政策退出社会党并另建"独立社会党"，此
后法国政治进入右翼政党主导时代。

三、密特朗政府时期

1969 年工人国际法国支部通过组织整合后改名为法国社会党，这就是所谓的新
社会党，1971 年密特朗率领其领导的共和制度大会党加入其中，密特朗成为新社会
党的领导人。弗朗索瓦·密特朗早年是一位共和主义者和民主主义者，后来成为社
会主义者。早年的学生生活中密特朗曾经接触过马克思主义并对马克思主义有着很
高的评价，认为"马克思主义对社会主义思想做出了不可替代的贡献。"[1] 同时他又
坚持称自己并不是一个马克思主义者，"因为我不赞成马克思主义作为哲学所代表
的东西，甚至也不赞成它的辩证法的某些论点。"[2] 可见密特朗只是把马克思主义作
为一种思想养分予以吸收，这就使密特朗逐渐形成了思想上的多元主义取向，即把
法国大革命的共和思想，自由、平等、博爱的原则，法国空想社会主义和马克思主
义都融合在一起，汇聚成一种法国式的社会主义思潮。所谓密特朗式的社会主义"是
在一种其本身既是目的又是手段的道德和伦理之上，是在尊重基本价值的基础之上
建立起来的"[3]，即人道的社会主义。

---

[1]　[法]让·马雷，阿兰·乌鲁：《社会党历史：从乌托邦到今天》，商务印书馆 1999 年版，
第 144 页。

[2]　[法]乔治阿耶歇，马蒂厄·方托尼：《法国社会党及其领导人物》，新华出版社 1982 年版，
第 7—8 页。

[3]　李兴耕：《当代西欧社会党的理论与实践》，黑龙江人民出版社 1988 年版，第 179 页。

（一）施政理念

密特朗领导的社会党上台执政首先必须解决国内社会阶级结构变化对社会党组织的冲击这一威胁社会党生存和发展的问题。随着科技的发展、经济增长方式的转型，属于传统法国社会党壁垒的工人阶级数量急剧减少，在这种情况下，"工人阶级本身也发生了变化，由于为别人生产剩余价值的人数增加，无产阶级的观念已扩展到传统意义的工人（体力劳动者）之外的其他阶层，适用于扩大的工人队伍，即人们称之的新工人阶级"[1]。执政的密特朗政府开始尝试打破传统左翼的思想束缚，把所有"领薪者"都划入新工人阶级的范畴，成为被剥削阶级，这样，社会党的阶级基础就大大扩大了。这就是密特朗最早提出的"阶级阵线"理论，"阶级阵线"理论为法国社会党的组织扩展并获取政权奠定了坚实的基础，这一时期法国社会党党员人数从 1970 年的 7 万人增加到 1982 年的 21 万人，法国社会党发展成为一个群众性大党。

在创新组织理论的同时，密特朗政府开始在执政中系统提出具有浓厚中间色彩的理论，即"法国式的社会主义"理论，这一理论强调法国式的社会主义既不同于以极权主义为特点的苏联的模式，也不同于没有触动资本主义社会经济决定权的社会民主主义，而是要在共产主义和资本主义两种制度之间的广阔地带去寻求新的道路，这一理论后来成为法国社会党执政的基本路线。

"法国式的社会主义"理论无疑是法国社会党为适应时代发展自我创新的产物。但是密特朗的"法国式社会主义"理论同样具有自身的特点，一方面在实践途径上，法国社会主义要求采取民主方式，通过参加普选，以民主的道路获得政权来实现目标。法国社会党主张政治多元化，实行多党制，反对一党制和专政，这体现了社会党对传统社会民主理念的坚持。另一方面在实践目标上，社会党坚持一旦取得政权，就要通过"平静的革命"，实现社会经济结构改革，以"与资本主义决裂"。社会党"不仅要实现制止人剥削人的社会愿望，还要大大触动社会结构，要实现国有化和真正民主的计划化"[2]。对于这一点密特朗曾经明确指出："改良还是革命……对我来说，如果不玩弄词句，争取彻底改革结构的每日斗争可能具有革命的

---

[1] 殷叙彝主编：《当代西欧社会党人传》，黑龙江人民出版社 1989 年版，第 193 页。

[2] 刘成，马约生：《欧洲社会民主主义的缘起和演进》，重庆出版社 2006 年版，第 211 页。

性质······谁不赞成同现有政治制度决裂，同资本主义社会决裂，谁就不能成为社会党的党员"[1]。这体现了密特朗式社会主义的激进色彩。

（二）政策主张

1981年到1995年，密特朗连续担任两届总统，14年执政期间领导左翼力量把持法国政坛，这为社会党政府实践"法国式社会主义"提供了组织保障。这一时期，社会党领导的左翼政府开始着手对法国经济、政治、文化和社会领域进行大刀阔斧的改革。

首先，社会党政府开始实施"计划民主化"政策，加强了政府对经济的干预。密特朗领导的社会党政府继续奉行凯恩斯主义的经济政策，使国家拥有充分的财政、金融和经济手段来实现改革的战略目标，这一政策被称为是社会党政府主持下的"再分配凯恩斯主义"。由于在议会中处于多数，社会党政府实施较长时期的经济计划逐渐成为可能。在1981年12月罗卡尔提出《过渡计划（1982—1983）》后政府又开始推行和实施第九个五年计划。在推行经济的计划化水平时，政府强调计划的民主化，要求计划制定过程要通过协商自下而上的实施，并吸收各方面代表的参加。社会党领导人在不同场合反复强调在开放的世界中，既要看到市场经济的不公平和残忍，又要遵循商品经济发展的基本规律，通过计划的方法尽可能限制市场的消极作用，以获取最大的利益。为了保障经济计划落到实处，社会党政府还推动国会在1982年通过了计划改革法案，规定国家通过与地区、企业和其他团体等签订双边计划合同的方式，明确双方应当承担的责任。

其次，社会党政府继续扩大了国有化的规模和范围。法国社会党一直把扩大国有化视为实现"法国式社会主义"的先决条件，密特朗指出："必须把掌握关键经济部门的工业企业变为国家集体单位······我们认为只有付出这样的代价才能建设社会主义。"[2]1982年国会通过的国有化法规定将大银行、大工业企业和一些小企业国有化，通过国有化措施使国家在能源、矿产、钢铁、武器装备、通信电子等部门占有较大股份。通过社会党的改革，法国的国有工业经济开始由8%上升到大约25%，一些企业包括银行100%属于国有，这一措施对于调整资本结构加强经济干预水平起到了一定作用。

---

[1]　[法]弗朗索瓦·密特朗：《此时此地》，商务印书馆1986年版，第113页。
[2]　吴国庆著：《战后法国政治史（1945—2002）》，社会科学文献出版社2004年版，第323页。

再次，社会党政府着手改革税收制度和社会福利制度。社会党执政后，立即着手修改税收制度以增加财政收入，减轻低收入者负担，以便调节对社会财富和国民收入的再分配。比如，政府规定年收入 2 万法郎以下的家庭免征所得税，月薪超过 4 万法郎的征收工资税，对于年收入 32 万法郎以上的纳税者征收累进税，以缩小贫富差距。同时，社会党政府加大对社会福利支出的公共资金投入力度，在莫鲁瓦任总理期间就把最低工资提高 20%，养老金提高 20%，残疾人补助金和住房补贴增加 50%。[1] 政府还通过采取新的措施解决失业问题，工人周工作时间从 40 小时减少到 39 小时，带薪休假由原来的四周增加到五周，这一时期社会党政府的税收总量不断增加，同时失业率和通货膨胀率出现下降趋势，法国社会福利建设的水平不断提高。

最后，社会党政府还实施了以权力下放为核心的政治改革。法国长期以来是一个中央高度集权的国家，此前法国历届政府也曾实施过地方改革方案，但主要侧重对中央权力运行方式进行调整，不以地方自治为目标，因此就不能从根本上消除中央集权体制下地方管理体制的弊端，这些改革也大多中途夭折。1981 年社会党政府通过新的《权力下放法案》，扩大地方各级权力机关的职权。根据这一法案，中央政府从 1983 年起三年内分批把权力移交给大区、省和市镇，使 15 个大区拥有独立广泛的自治权，省议会的权力大大增加，市镇拥有自治权，可以确立自己的预算，这些措施被视为实行"自主管理的社会主义"的重要步骤。密特朗对于这一改革流程阐释道："无论是资本主义社会，还是自诩的社会主义社会，如果不对其权力实行制度化，那么会最终产生专制。"[2]

总体看来，密特朗时期法国社会党政府实行的计划化、国有化和扩大社会保障、权力下放等措施比 30 年代人民阵线的改革及同期其他国家社会民主党的改革要广泛和深入一些，这些改革的措施有力促进了资本主义生产的社会化。尤其是福利制度改革的一些措施，有效地改善了劳动者的社会地位并推动了经济发展，社会党通过民主手段推进经济和社会发展，调动了劳动者的工作积极性，对于传统的管理体制而言，无疑是一次有益的尝试。

密特朗领导的法国社会党坚持有限度的中间化，执政实践带有明显的左翼色彩。其过程既重视市场经济的作用，也强调国家干预的重要性，这与西欧当时流行的自

---

[1] 吴国庆著：《战后法国政治史（1945—2002）》，社会科学文献出版社 2004 年版，第 323 页。

[2] ［法］弗朗兹·奥利维埃·吉埃斯贝尔：《密特朗传》，上海译文出版社 1999 年版，第 382 页。

由主义政策形成鲜明的对比。"法国社会党执政期间取得的成就，在一定程度上改变了当时的撒切尔和里根政府日益增长的新自由主义的影响。"[1] 尽管社会党主导下的改革措施没有超出资本主义国家调节的范畴，没有改变生产资料所有制的性质，其国有化的政策同样增加了国家财政负担，导致其后期难以为继，进而影响到法国经济的发展速度，给执政的社会党带来危机。但是，其对于社会主义理念的坚守和具体政策的改革，无疑对于身处困境中的各国社会民主党提供了有益的参考。

四、若斯潘政府时期

1993 年起右翼政党在法国执政，但不久就开始走下坡路，而社会党则在悄悄恢复力量。1995 年 10 月利昂内尔·若斯潘在党的代表大会上当选为社会党第一书记，这标志着冷战后法国社会党的调整基本结束，社会党进入以"现代社会主义"为指导思想的若斯潘时期。若斯潘积极着手制定新的政策，整顿党的组织和思想，联合左翼和进步力量，在 1997 年 6 月的大选中取得胜利，再一次实现了法国政治的向左转，又一次迎来了法国右翼和左翼联合执政的五年共治时期（右翼总统希拉里和左翼总理若斯潘）。

（一）施政理念

和密特朗相比若斯潘更为务实，密特朗执政时，社会党在组织和纲领方面的宽容度得到提高，但国有化、权力下放和自治管理始终是其基本的理论支柱，整体上法国社会党带有浓郁的左翼政党色彩，其实施政策的手段和措施还比较激进。但在冷战结束后，世界和欧洲局势进入调整时期，左翼力量受到打压，右翼势力发展，民族主义抬头，新自由主义开始冲击法国战后奠定的传统模式。

面对各个方面的冲击，若斯潘在维护社会民主主义基本价值观的前提下，开始实行"左翼现实主义"的施政理念，核心是依据现实情况变化，对法国社会党的思想理论、纲领政策进行调整和创新，以实现执政思想和方式的现代化。执政后期若斯潘政府进一步完善为以调节资本主义为纲的"现代社会主义理念"，提出了"要市场经济，不要市场社会"的名言，主张建立一个更加公正、人道和民主的社会。

---

[1]　Robert Ladrech edited, Social Democratic Parties in the Europe Union:History,Organization, Policies, p.73.

若斯潘的"左翼现实主义"或"现代社会主义"思想是从批判资本主义开始的，这一理论认为全球化和信息技术的发展使资本主义进入到新时期，但却无法改变其固有的结构性弊端。经济全球化和自由化还使个人主义泛滥，加剧社会不公正，拉大各国的贫富差距，削弱民族国家的主权。若斯潘指出："资本主义由于它的灵活性，它的可塑性，确实是一个生机勃勃的力量"，但"这一力量凭其自身既不能指明方向，也不能生产计划，也不具有意义——而所有这些都是一个社会所不能缺少的要素。"总之，"资本主义是这样一个力量，它向前进，但不知道走向何方。"[1] 立足于这样的理论起点，若斯潘坚持既重视全球化时代资本主义的新情况，适应形势的发展变化；也不放弃自己对正义的追求，捍卫民主事业和社会进步，通过发挥政治、民主和国家的调节职能和资本主义作斗争。而"现代社会主义"就是承担这项重要职能的思想流派，这一思想既捍卫平等、公平、自由等传统的社会民主主义价值观，又适应社会深刻变化的形势，采取现代化的手段方式，力图实现"思想和方法的现代化"，使目的和手段达到高度统一。

为了避免"现代社会主义"思想和新自由主义思想的混同，法国社会党明确反对新自由主义思想，主张通过在国家和市场之间建立新的平衡以彰显出社会民主党的个性特征。也就是说，这一思想既要使国家发挥推动市场经济发展的作用，也要让其发挥调节，保障及维护社会和谐和公正的作用，要以公共权力的干预弥补市场的缺陷。若斯潘政府执政期间，不仅重视国家在宏观经济中的调节作用，而且重视国家在工业、就业和社会政策中以及实现社会公平方面的作用，实现了这一理论的基本要求，和保守党的新自由主义政策拉开了距离。

（二）政策主张

法国社会党一贯具有对资本主义进行改造、改良的传统，战后执政的社会党政府更是紧密结合法国的实际，实行社会改造的各种福利措施，有效维护了社会公正。若斯潘政府继承了这一传统，并采取灵活务实的态度，根据法国社会出现的新情况进行了新探索，展示了新的政策取向。

首先，在经济政策上，法国社会党以灵活、务实的态度对待所有制问题。国有化一直是传统的法国式社会主义理论的核心内容，战后历届社会党政府都不遗余力

---

[1] 黄宗良等：《冷战后的世界社会主义运动》，北京大学出版社 2003 年版，第 275 页。

的推行国有化措施，但改革过程中国有企业大都出现亏损问题，成为政府的沉重负担。若斯潘政府重新实施国有企业的私有化政策，肯定私有制在商品流通中的正面作用，认为私有化有助于促进经济发展，提高生产效率，解决日益尖锐的社会危机。同时，社会党也认为私有化的实施是一个过程，"需要循序渐进，需要得到社会的广泛理解和支持，对于关系民众切身利益的迫切问题，必须优先采取缓解措施。"[1] 所以，政府实施的具体政策是坚持对涉及国家安全和某些不能由市场解决的公共服务目标实行公有制，同时促进其他国有企业与国内和外国私有企业建立"工业联盟"。若斯潘政府着手对法国电信公司等大型国有企业进行私有化改造，使国有企业吸引了大量外资，国有公司股票大幅上升，对法国经济的复苏起到了重要作用。

其次，在政治政策层面，若斯潘政府实施新阶级联盟政策，推进社会公正与团结。全球化产生的人员流动造成法国国内新的社会分化，对此社会党政府主张建立一个包括"被社会排斥者"、平民阶层和中产阶层在内的"新阶级联盟"，以作为社会党的依靠力量。社会党政府在1998年专门通过了《反对排斥斗争指导法》，政府以"再分配论者"自居，强调要通过社会财富再分配解决被社会排斥者的问题。为实现这一政策目标，若斯潘政府在人员组成上坚持左翼多元化，政府成员向全部的左翼政党开放，共产党、激进社会党、绿党和公民运动都有成员加入政府。同时新政府还广泛吸纳其他社会成员的加入，如政府成员中有8名妇女，其中5人担任部长，1人是部长级代表，2人是国务秘书[2]。这样多元化的政府构成可以最大限度吸收社会各阶层的参与和支持，有助于社会党政府兑现对选民的承诺，有利于法国政局的稳定。

再次，在社会政策层面，若斯潘政府将充分就业摆在首位，实施积极的福利政策。解决就业问题，实现充分就业是社会党政府社会政策改革的核心。若斯潘政府采取了一系列的创新政策，推出了注重对人的劳动能力的培养，而不是直接对其提供经济的接济和支持的"积极福利"政策，充分发挥社会福利的积极效应。社会党政府实行了灵活的"青年就业"措施，减少劳动工时为每周35小时，签署"团结就业合约"，使大量面临困难的失业者得以重返工作岗位；同时制定社会现代化法，向雇员阐述企业战略，限制企业减少雇员，加强企业的重组程序和就业渠道的再工业化，制定了反就业歧视法和减少税收的措施。1997年法国就业率曾达到12.3%的最高点，

[1]　周国栋：《若斯潘的第三条道路》，载《国际论坛》，2000年第2期。

[2]　周弘等编：《2000—2001年欧洲发展报告》，社会科学文献出版社2001年版，第233页。

但通过政策调节，到 2001 年 9 月失业率降低为 9.1%，福利措施和就业措施相结合的社会政策初显成效。

最后，在外交政策方面，若斯潘政府高度重视全球化对国际交往的影响，同时坚持对全球化进行调控。社会党政府认为全球化一方面能促进各国开放经济，加强贸易联系，加快技术进步，但另一方面也导致不平等日益增大，社会不公正加剧，南北差距加大，环境日益恶化等问题。在政策方面坚持有效应对全球化的挑战必须承认和接受全球化，同时也要与全球化进程中的消极后果作斗争。这集中体现在社会党政府始终致力于全球范围的对话与合作，呼吁建立经济安全理事会，制定全球通用的金融规则，取消最贫困国家的债务、增加穷国的发展援助等方面。

五、法国社会党执政历程评析

战后初期的法国社会党多是通过参加左翼联合政府的形式参与执政实践，在执政的历程中，法国社会党通过发挥自己的作用和影响，彻底惩办了二战中的党内投降分子，洗清了自身的政治污点；同时通过大力推行国有化措施和社会保障政策，有力地促进了法国战后经济复苏和有效改善了人民生活，初步确立了法国社会党在法国政治生活中的地位和影响。进入全球化时代后法国社会迎来了 14 年连续执政的鼎盛时期，也经历了冷战结束后 5 年左右共治的联合执政阶段，这打破了战后法国形成的左右分治的政党政治格局，充分展示了社会党为了积极应对执政环境变化采取的主动姿态，社会党政府也在执政过程中积极推行其标志性的政策措施，取得了显著的执政成效，积累了宝贵的执政经验。

成就之一：扎实的政党民主建设为社会党执政提供了坚实的阶级保障和组织保障。在全球化引发的社会阶层分化的环境中，社会党始终坚持推进党内外民主协商和民主参与，依靠民主建设，更新党的组织，扩大社会影响，为社会党执政赢得组织支持。在与党外力量的交往中，社会党加强与其他左翼力量、青年、企业和同情者之间的联系，采取民主平等的沟通方式，尽可能增强社会党的阶级基础和社会影响。在党内，社会党十分重视通过民主措施推进组织和机制改革，在 1997 年社会党第一书记实现了由执行委员会选举改为全体党员直接选举，各级党内的领导人也一律由全体党员直接选举产生。除了对党员选举权利的保障，该党还特别注意发挥党员民主参与的作用，规定除党代表大会外，每年在全党进行一次全国性的讨论，就重大问题征求党员意见。在决策中着手建立全国政策论坛和地方各级政策论坛，广大党员可以独立参与各种论坛、自由表达政治观点；同时，基层民主又有效的和高层集中结合起来，高层领导享有决策权、向各级领导层推举候选人的权力以及下级必须服从上级的权力，这样有效避免了民主过程中的议而不决和力量分散，实现了民主和集中的有机统一。

成就之二：灵活的理论调整模糊了传统左右理论的分野，增加了社会党施政理念的包容性。法国社会党在成立之初就坚持自己是工人阶级政党，其理论纲领受到空想社会主义、马克思主义和激进主义等思想流派的影响，无疑具有左翼特点。面对战后法国社会的变化，传统的社会党理论形态表现出了极大的不适应，60年代法国社会党依然高举所谓"忠于无产阶级专政"的旗号，反对同法共等左翼力量平等对话和交流，结果自身实力不断下降，在随后20年的议会选举中也是屡遭失败，导致右翼政党长期垄断法国政坛。

进入全球化时期，法国社会党开始重新阐释"社会主义"，主要表现是突出其伦理价值，淡化其制度目标，指出社会民主主义只是一种社会运动和政治实践，这样社会主义的目标前面开始出现自由、民主、人道主义、人的解放和自治管理等限定词。若斯潘甚至指出："已不能再把社会民主主义界定为一种制度……我不知道作为制度的社会主义是什么样子，但是我知道作为价值总和、作为社会运动、作为政治实践的社会主义可能是什么样子的。它是一种思想启示，一种生活方式，一种行动方法。它要坚定不移的参照那些既是民主的，又是社会的价值。"[1]通过对思想理论和价值观念的重新阐述，法国社会党开始由意识形态党转变为全民党，适应了国内政治环境变化，大大增加了竞选取胜的机会。

成就之三：务实的政策措施为社会党赢得了广泛的社会支持。法国社会党的执政政策一直具有浓厚的社会主义色彩，其对于国有化、计划化和福利国家建设的坚持使法国社会发生了深刻的变化，为法国经济社会发展进步做出了巨大贡献。更为重要的是，广大社会民众在权力下放、福利国家建设等政策实施中确确实实得到了利益和实惠，在1981年社会党执政后，各行业最低工资提高了10%，家庭补贴提高了25%，最低养老金和成年残疾者补贴提高了20%，住房补贴提高了50%，这些措施为社会党拉到了广大中下层民众的选票。面对不断增加的福利包袱，法国社会党

---

[1]　殷叙彝：《法国社会党近年来关于社会主义的论述》，载《国际政治研究》2002年第4期。

也开始进行有效的调整，力争兼顾社会各阶层的利益需求，淡化政策的政治色彩，展示其大众性特征，在调整中逐步形成了以人力资源开发为核心的造血型福利政策，建立起提高就业能力取代就业保障为核心的福利体制，国有化和计划化措施慢慢淡出公众视野，执政政策呈现出明显的中间化的趋向，以迎合各个利益团体和社会阶层的要求，使得政策措施更加符合社会党的执政需要。

随着世界经济社会环境发生的复杂变化，社会党也面临着一系列困难和挑战，尤其是进入 21 世纪以来其问鼎政坛两次失利标志着社会党进入深层调整期。

反思之一：身份特征模糊的风险。全球化时期社会党意识形态和组织变革的基本特点是趋向中间，尽管社会党对资本主义坚持批判态度，但放弃了和资本主义决裂的基本主张和激进的意识形态，明确提出了"通过改良实现革命的愿望"口号。意识形态转向从来都是一柄双刃剑，法国社会党向中看齐的过程，逐渐淹没了自身的身份特征，不仅政策纲领和右翼越来越像，意识形态和组织形象也失去了原有的感召力，法国社会党开始失去了大部分的传统支持者。同时，由于法国社会党 70 年代就停止了和工人阶级的直接对话，而将主要精力放在获得中间阶层的支持上，进一步削弱了自己传统的社会基础，在 21 世纪初进行的两次大选中，工人阶级开始将选票投给右翼甚至极右政党，社会党为其不明确的身份特征付出了惨痛代价。

反思之二：组织内部派系斗争的挑战。法国社会党的历史就是一部派系斗争的历史，党内的派系纷争甚至曾经直接导致了组织分裂。尽管 1971 年重建后的法国社会党为增强党内团结采取了一些措施，但是党内团结主要还是依靠密特朗和若斯潘等一些党内领导人个人威望的支持，2002 年若斯潘宣布引退后，党内群龙无首，派系斗争日趋激烈。曾经是密特朗智囊的雅克·阿塔利毫不留情的谴责说，社会党内的精英每天不是集思广益思考解决问题的办法，推进政党发展；让他们感兴趣的只是权力，如何获得大权独揽。于是本该代表"群众性""人民"的社会党偏离了政党纲领，淡忘了为人民谋福祉的价值取向，陷入空想和恐惧改革的故步自封状态。[1] 2008 年当全世界的目标都在关注如何应对全球金融危机时，法国社会党却忙于全国第一书记的选举活动，"党魁之争、新老派系之争"加剧了组织的分裂，损害了政党的形象，使社会党走到了分裂的边缘。

---

[1] 林建华、张有军、李华锋等：《欧盟诸国社会民主党政坛沉浮研究》，人民出版社 2010 年版，第 151 页。

反思之三：政党控制能力弱化的挑战。法国实行西方社会通行的党派政治，在社会党执政期间甚至出现过有趣的左右共治的现象，但是无论左翼还是右翼政党，在执政时根本不可能推行所谓超党派、全民的政策，法国社会党的执政政策在实施中，越来越受到全球化、新自由主义的强大压力和经济下滑的艰巨阻力，导致其政策在实施中大打折扣，这样一来，社会党就会遭受来自左、右两方面的批评，难以找到解决问题的出路，其对政策的把握和控制能力就会受到挑战。在政策遇阻的同时，法国社会党的社会控制能力也受到质疑，若斯潘执政的 2002 年 1 月公布的统计数据表明，法国的犯罪率上升了 8%，突破了 400 万犯罪案件的记录，这受到了右翼势力的尖锐批评，加之社会党政府把持政权期间官僚主义成风、政府贪污腐败猖獗，社会甚至普遍认为社会党缺乏控制政权、促进经济、政治和社会良性发展的能力，这更为社会党敲响了警钟。

第三节　德国社会民主党

成立于 1863 年的德国社会民主党历史悠久，在其成立后直到二战期间，德国社会民主党曾经历了多次分化组合，在 1919 年和 1928 年曾两次短暂组阁执政。到 1933 年希特勒上台后，德国社会民主党不得不吞下当初反对和共产党联合导致纳粹专政的后果：组织被迫解散，一部分社会民主党人流亡国外，另一部分留在国内的或者被投入集中营，或转入地下活动。第二次世界大结束后，在库尔特·舒马赫的积极组织下，德国社会民主党在 1946 年恢复重建。

战后的社会民主党面临复杂的德国政治形势，先是德国东西占领区分裂为民主德国和联邦德国，德国成为东西方冷战的战场，接着在联邦德国内部发生了种种变革：如清洗纳粹分子，土改和非卡特尔化都使联邦德国社会发生了巨大变化。初建的德国社会民主党已经不再具备二战前的雄厚实力，势单力薄的政党组织既要紧跟复杂变化的国内外形势，又要对付联盟党这一强大竞争者，此时社会民主党唯有不断改革其理论纲领和组织结构，从而增强在德国社会各阶层中的吸引力。所以我们在战后看到一个卸下历史包袱后不断变革的德国社会民主党：1954 年柏林代表大会开始从信奉马克思主义转向多元世界观；1959 年歌德斯堡特别大会通过的《哥德斯堡纲领》标志着德国社会民主党从阶级党向人民党转型；在 1962 年科隆代表大会上，社会民主党公开要求参加联盟党领导的"联合政府",开始从建设性的反对党向执政党转变。

在困境中不断调整的社会民主党实力明显增强,到1966年,联盟党和自由民主党组成的执政联盟公开破裂,社会民主党终于参加了艾哈德领导的"大联合政府",勃兰特任副总理兼外交部长,此外社会民主党在政府中得到了9个部长职位,从而摆脱了战后长期在野的地位,第一次作为执政党在联邦德国的执政舞台上发挥作用。[1] 通过在联盟政府中的卓越表现,到1969年社会民主党终于成为政府的主角,以1975年以勃兰特出任总理为标志,社会民主党开始在德国政坛取得主导地位。

此后德国社会民主党的影响逐步下降,在1982年的议会选举后再度沦为反对党,经过16年的反思和调整,到1998年德国社会民主党联合德国绿党一起赢得了联邦议会选举,共同组成联合政府,德国社会民主党重新取得执政地位,成为跨世纪的政党,社会民主党人格哈德·施罗德出任联邦总理。2002年9月,德国社会民主党和绿党再次赢得联邦议会选举,在施罗德执政的7年时间里,充分发挥了社会民主党在德国政治生活中的重要作用。自2005年起,社会民主党与联盟党联合执政,组成了的法国战后第二次大联合政府,这一执政格局一直持续到2009年第17次联邦议会选举结束。

一、大联合政府时期

1966年成立的大联合政府是联盟党为了不至于丧失执政地位的不得已的选择,由于基民盟——基社盟在联邦议会中已经不占多数,它只能与社会民主党合作,大联合政府的成立标志着联邦德国政党体制发生了历史性的转变:第一,经过战后17年的反复较量,德国社会民主党通过积极调整迫使联盟党最终承认了自己享有的平等政治地位,确立了两大政党轮流执政的二元体制;第二,社会民主党参与执政,为它宣传和推动自己的政治主张以及未来的联邦议会的选举,取得了有利的地位。在这种情况下,人们开始习惯于把"大联合政府"期间联邦德国经济社会上所取得的任何成就写在社会民主党的功劳簿上,以提高社会民主党的威望。

---

[1] [联邦德国]苏珊·米勒,海因里希·波特霍夫著,刘敬钦等译:《德国社会民主党简史》,求实出版社1984年版,第143—146页。

（一）施政理念

德国社会民主党之所以能够参与大联合政府，根本原因就在于重建后的德国社会民主党能够及时卸下意识形态包袱，顺应时代变化积极修改党的纲领主张，以迎合不断兴起的社会中间层的利益要求。从这个意义上讲，社会民主党的施政理念在战后经历了一个长期的酝酿、发展和成熟的过程。

1947 年重建后的德国社会民主党各级组织得到发展，但是相对于战后德国经济的迅速崛起和议会竞争的繁荣局面仍显不足。"党的领导权依然掌握在一群 1933 年犯错误后仍然没有多大改变的官僚主义者手里，他们继续运用徒有革命外表的华丽辞藻、马克思主义的阶级斗争概念、温情的和平主义和对国家的否定态度。与此同时，它们只承认议会工作的重要性、党的机构的固执态度达到积重难返的地步，因而也就不可能理解经济的深刻变革会削减工人人数，会把大批工人推向中产阶级。"[1] 此时的德国社会民主党一方面存在意识形态障碍，同时面对新形势缺乏有效的认识工具和应对能力，和工会关系也处于矛盾之中，这些问题导致了德国社会民主党党员人数从 1947 年的 87.5 万人降到 1958 年末的 62.4 万人。

面对这样的形势，德国社会民主党及时回应，开始着力在理念上进行调整，将全党的关注点从单纯的社会主义理想转移到如何争取议会胜利方面来。社会民主党从德国古典哲学中吸取营养，并从康德那里搬出了所谓"伦理社会主义"的旗号，实施了长时间的思想理论转变，舒马赫、艾希勒等党内理论家把个人作为社会主义思想和行为的中心，认为社会主义并非历史发展的必然结果，而是道德发展的必然结果。1952 年接替库尔特·舒马赫担任社会民主党主席的艾里希·奥伦豪尔更是公开指出马克思的许多预言都是错误的，唯一可以保留的仅是他的思维方法和研究方法。

1959 年 11 月，社会民主党特别代表大会通过战后第一个纲领——《哥德斯堡纲领》，宣告自己彻底背弃马克思主义的信仰，阐明了社会民主党世界观的多元性和开放性，强调社会民主党已经不再是一个"工人阶级的政党"，而是一个"人民的党"，从而使社会民主党成为各个阶层都完全可以接受的政党。除了在理论上为德国社会民主党融入现行体制开辟通道外，哥德斯堡纲领也在具体的政策层面宣布社会民主党改变了立场，比如在经济政策中，纲领宣布："社会民主党赞同真正存在着竞争的共同市场"，并且提出"尽可能开展竞争，按需要实行计划"的口号；

---

[1]　[法]雅克·德罗兹著，时波译：《民主社会主义》，上海译文出版社 1985 年版，357 页。

在对待宗教问题上，纲领提出，社会民主主义不仅尊重教会和宗教的团体，而且"它永远愿意同教会和宗教团体以一种自由的伙伴关系形式进行合作"。哥德斯堡纲领不仅以"创新"的理论赢得了选民的支持，而且在执政体制中也使得自己与联盟党的斗争趋向缓和，它是社会民主党摆脱反对党位置向政府靠拢的先声，为其走上执政道路做好了理论和纲领方面的准备。

随着纲领的变化，政党的整体理念也在发生深刻的变化，在哥德斯堡纲领以后的年代里，社会民主党压倒一切的目标成为扩大自身影响以参加到政府中去，"推行一种拥抱战略，几乎祈求似的追求同政府保持一致"[1]。这段时期联邦德国经济迅速发展和人民生活水平不断提高，社会民主党的开放理念受到广泛的欢迎，"人民的政党"意味着向工人阶级以外的劳动群众敞开大门；而"拥护自由竞争"和保护"生产资料私有制"的崭新提法又使资产阶级感到放心，在战后德国所处的特殊政治环境中社会民主党提出的既不反对联邦德国参加军事集团，也不反对联邦德国重新武装的外交方针也获得了美英等西方大国的好感，改头换面后的德国社会民主党在各种势力面前几乎都是左右逢源，自身形象不断改善，社会影响迅速扩大，同时也在选举中收获了丰硕的成果。在 1961 年的大选中，社会民主党得票率为 36.1%，首次打破联盟党的绝大多数地位。更为重要的是，这次大选中社会民主党新获得了两百万选民，其中绝大多数是社会民主党以前影响很小的妇女、青年、天主教徒、农民和高级职员，这充分显示了理论变革的强大威力。这些经过长时间的调整后得以成型、并在转型后渐趋成熟的理论成果为联合执政时期的社会民主党提供了基本的价值理念，为其推行具体政策提供了理论依据。

（二）政策主张

大联合政府中社会民主党并不占多数，但是，聪明的社会民主党人准确把握了政府运行的困境和选民的心态，开始在各个领域施加影响，提出了一些具有明显社会民主主义风格的政策。

在经济政策方面，社会民主党领导人卡尔·希勒担任了联合政府的经济部长职务，并着手制定带有社会民主党色彩的经济政策，推行旨在促进经济恢复的一些措施。如 1967 年政府发布了"促进和稳定经济增长法"，对缓解经济危机起了作用，这一

---

[1] 张契尼，潘琪昌编：《当代西欧社会民主党》，东方出版社 1987 年版，第 150 页。

年国家的预算基本达到平衡，到 1968 年秋，国家的失业率下降到 1% 以下，同年的工业生产值增加了将近 12%，物价上涨率被控制在 1.5% 以内。尽管社会民主党没有违背阿登纳和艾哈德所推行的社会市场经济体制，但还是采用了带有明显社会民主党痕迹的措施，如奉行凯恩斯主义对经济进行调控，利用政府投资来刺激停滞的经济，大量减税以鼓励对基本建设进行新的投资，并努力平衡财政赤字，这些政策加大了国家对经济的干预力度，很快恢复了德国经济的繁荣局面。

在社会政策方面，社会民主党致力于推动大联合政府制定有利于社会公正、保障中下层权益的法令，如 1969 年 6 月联邦德国颁发了关于个人在生病期间工资照发的法令，这项法令是社会民主党从 1955 年起就努力争取实现的重要目标。同时标榜以民主和自由为基本价值观的社会民主党人还推动了对刑法的修改，如 1969 年 1 月的 1 号刑法修改法取消了对成人的通奸和渎神罪，取消了对同性恋者的惩罚等。

大联合政府时期社会民主党最大的成就还是体现在外交政策方面，勃兰特作为外交部长开始改变联盟党执政时期僵硬的东方政策，开始在国际事务的各个方面发挥影响。在这期间，以社会民主党为主导的外交部门开始推行新的国际交往政策：主张和美国、法国恢复正常关系，和东方关系正常化；在任何情况下坚持无核化原则，不容忍在德国土地上储存和制造原子弹。在 1967 年 1 月和 12 月，联邦德国先后和罗马尼亚和南斯拉夫建立和恢复外交关系，这一行动标志着联邦德国开始放弃哈尔斯坦主义 [1]，勃兰特主导的新东方政策渐趋成熟。

尽管 1966 年建立的大联合政府只能是一个过渡性质的政府，它不是通过大选组成的，而是在四年的议会立法期间由于自由民主党的倒戈而建立的。对联盟党来说，和自由民主党分手后要获得议会支持唯有拉社会民主党组成联合政府；对于社会民主党来说，在度过漫长的在野期后，也不愿意放弃这检验自身转型成果和能力水平的执政机会。可见，两大政党都是各怀心思，执政联盟的连接纽带并非十分牢固。这届联合政府仅仅持续了三年，但是社会民主党在三年的联合执政的实践中得到了表现和锻炼的机会，进一步加深了选民之间的联系，一些纲领和主张也得到贯彻，为以后获得第一执政党的地位打下了基础。正像勃兰特指出的："如果社会民主党

---

[1]　德意志联邦共和国的一项对外政策，因为由外交部国务秘书哈尔斯坦建议制定而得名。政策称德意志联邦共和国政府单独代表整个德国，不承认德意志民主共和国，不和与民主共和国建交的国家建立外交关系。

能够在大联合政府中的一些重要领域经受住考验，它就将赢得更多人的信任。"[1]

二、小联合政府时期

在 1969 年的大选中，势在必得的社会民主党采取了两手策略，一方面采取措施消除和自由民主党之间的障碍，一方面提出了"成功、稳定、改革"的竞选口号，结果得到了 42.7% 的选票，并在下院获得 224 席，虽然总数仍比联盟党少，但是通过与自由民主党联合，终于在 1969 年 10 月组成了以社会民主党为主的"小联合政府"，并由社会民主党人维利·勃兰特担任政府总理，这标志着社会民主党在战后第一次成为主要执政党。此后，社会民主党 - 自由民主党的执政联盟获得了 1972 年、1976 年、1980 年大选的胜利，在长期执政中得以将其在战后创新发展的理论应用于实践，同时也在战后德国的发展历程中留下了深深的印记。

（一）施政理念

社会民主党主导的小联合政府从 1969 年连续执政到 1982 年，社会民主党人勃兰特和施密特担任了政府的两届总理，13 年的执政期间社会民主党一直高举改革的旗帜，力图形成系统的施政理念并付诸实践，在政治和经济等方面都有所创新。1969 年到 1974 年担任社会民主党首任政府总理的维利·勃兰特自幼从抚养他长大的外祖父那里受到社会民主主义思想的熏陶，1930 年上中学时就加入了德国社会民主党，参加过反对纳粹党的斗争。希特勒夺取政权后，勃兰特长期流亡在斯堪的那维亚半岛，深受瑞典社会民主党的影响。最终在思想上形成了"伦理社会主义"的理念，认为"社会主义就是反对不公正和剥削，反对压迫和战争"，"争取社会主义的斗争不仅仅是一个一般的夺取政权的斗争，而是一个很高的道德上的斗争"[2]。在流亡的过程中，勃兰特目睹因战火转嫁到欧洲人们身上的痛苦，逐渐形成了重建欧洲和平的蓝图。在一份为西欧社会党人起草的题为《和平的目标》的文件中，他呼吁欧洲各国在战后放弃复仇的思想，致力于将和平建立在理智的基础上，同时希望能建立一个对所有国家，包括战败国都开放的新的国联，苏联也应参加全欧洲的建设，勃兰特关于战后欧洲的重建构想就是他日后推行的"新东方政策"的理论基础。

---

[1] 张契尼，潘琪昌主编：《当代西欧社会民主党》，东方出版社 1987 年版，第 157 页。

[2] ［德］维利·勃兰特：《会见与思考》，商务印书馆 1979 年版，第 158—159 页。

战后勃兰特重返德国，成为社会民主党内一位著名的活动家，并于 1949 年当选为联邦议员，1957 年出任西柏林市市长。这一时期，勃兰特的国内治理思想也基本成熟，他认为德国社会民主党应当是"民主社会主义的政党和劳动人民的政党"，反对教条主义，主张"社会主义必须立足在现实的土地之上"。执政之初，勃兰特政府就系统提出要在国内推行革新的政策以争取更多的民主，同时注重提高人们的生活质量。在对外交往中，勃兰特认为："西德是一个欧洲国家。在这个欧洲，我们的命运和我们盟国的命运决定于与苏联和东欧的关系"[1]。"我们的民族利益不允许我们站在东方和西方之间，我们需要同西方合作和协调一致，同东方达成谅解"[2]。并据此开始推行旨在给人民带来和平，缓和欧洲东西方关系的"新东方政策"，后来这些理论也为历届社会民主党政府继续坚持、发展。

1974 年接替勃兰特担任政府总理是赫尔穆特·施密特，施密特于 1918 年出生于汉堡一个被称为"红色区"内的工人世家，在 1946 年加入了社会民主党，1953 年被选入议会，1965 年被遴选为社会民主党议会党团副主席，1969 年联合政府成立后施密特当选为国防部长，参与了勃兰特新东方政策理论的实施。1972 年在萨尔布吕肯党代表大会上，施密特当选为党的副主席，在党内与勃兰特、魏纳一起成为党的"三驾马车"。1971 年，施密特担任经济部长和财政部长，成为联邦政府的第二号人物。如果说勃兰特政府上台时德国经济形势还处于上升阶段，而施密特政府执政期间始终面对持续的经济衰退局势，尤其是 1973 年第四次中东战争引发了西方世界的经济衰退，联邦德国也深受其害，当年生活费用指数即上涨 6.9%。面对复杂的形势，施密特的执政理论显得更为务实，1974 年他在施政声明中表示："联邦总理之职的更换不会改变社会民主党和自由民主党的政策在我国适用的正确性和必要性。"另一方面他又说："在世界上问题日益增多的时代，我们要现实而理智的把精力集中在当务之急的事情上，其他事情都可以放一放。"并强调："连续性和集中性 —— 这便是本届政府的指导方针。"由此可见，继续坚持勃兰特政府确定的施政理念并力争在重要问题上有所突破，这就是施密特政府执政的基本方针。

（二）政策主张

勃兰特政府刚刚执政就在 1969 年 10 月发表了第一篇施政声明，雄心勃勃的宣

---

[1]　[德] 维利·勃兰特：《会见与思考》，商务印书馆 1979 年版，第 231—232 页。
[2]　潘琪昌：《走出夹缝：联邦德国外交风云》，中国社会科学院出版社 1990 年版，第 199 页。

布了一批对国内政治生活和经济生活的改革项目，同时宣布这些改革的政策带有"连续性和革新性的特征"，开始在财产、税收、财政、司法、教育和社会福利诸方面实行一系列有益于中下层的政策。

在经济方面，勃兰特政府仍坚持"社会市场经济"，主张实行"混合经济制度"，强调推行"有计划"的经济政策，敦促国家在经济建设方面发挥更大的作用。社会民主党政府反对按利润大小去调节生产，要求把私人投资吸引到"社会希望的方向"上来，并力图通过总体调节，使市场经济的不完善性得到补充和修正。

在社会政策上，政府提出的目标是保障充分就业，并在收入和财产方面努力做到公正分配。它强调各阶层在经济利益的分配上应尽可能体现"公平"的原则，在联邦德国实行"工资自治"的政策，即雇员工资由劳资双方谈判解决，而政府则尽其所能，从公正立场出发，努力保护雇员的利益不受资方的侵害。此外，社会民主党政府开始实施累计所得税，进行"第二次收入分配"，以缩小高低收入之间的差距。为了使更多的职员能够关心企业的发展和集体的利益，社会民主党政府在全国实行共决权，即在大企业中由雇员代表和雇主代表共同商定方针大计，到 1982 年，占工业部门雇员半数的近 500 家大企业均实施了共决权；与此同时，社会民主党政府又规定凡是 5 名雇员以上的企业均可设立企业委员会，代表雇员就有关切身利益的问题同雇主协商，但无决定权，到 80 年代初有 3.5 万家企业设立了企业委员会。

在推行其国内政策时，勃兰特坚持通过立法的手段贯彻执行，在其担任总理的近 5 年时间里，一共颁发了 40 多条改革的法令和决定，这些法令主要集中在民主化和扩大社会福利两个方面，其中不少确实符合中下层人民的利益诉求。例如 1971 年颁布的"企业改革法"，加强和扩大了工人在企业管理中参与管理的权利。1973 年发布的"劳动保护法"责成企业主对工人的健康和安全提供保障。1970 年和 1971 年对"助学金"法的修改使大多数中下阶层家庭的子女由于助学金金额的增加而获得了更多学习和深造的机会。但是，由于社会民主党不可能从根本上改变德国战后奉行的一整套具有连贯性的方针政策，加之其社会政策改革由于联盟党的阻挠和社会工薪阶层的反对而难以实施，许多改革计划不到半途就束之高阁了。

与国内改革政策的惨淡相比，勃兰特政府以"新东方政策"为主题的外交实践却进行得有声有色。联合政府采取一系列措施实现与东欧国家关系正常化，其政策的核心是"通过把德国两部分关系从目前不自然的状态下解放出来，维护民族的一体化"[1]。为了实现这一目标，强调联邦政府应通过"真心诚意的努力"来获得"苏联和东欧人民的谅解"①。1970年8月德国政府与苏联签订了一项不诉诸武力的条约，12月与波兰签订了两国关系正常化的条约。在外交关系中，两个德国之间的关系发展更为引人注目，1972年底，双方签订了两个德国关系的基本条约，明确双方将用和平的方式解决相互之间的争端，互不诉诸武力，两国互设"常设代表机构"，并同意一致申请加入联合国，由于勃兰特政府在外交方面的成就，其个人在1971年被授予"诺贝尔和平奖"。应当说，"新东方政策"是社会民主党执政后的主要亮点和一大杰作，它不仅打破了联邦德国与苏联东欧和其他社会主义国家20年的对峙僵局，而且对欧洲东西方的关系缓和起了重要的推动作用。

1974年5月，由于受国内经济衰退和"纪尧姆间谍案"[2]影响焦头烂额的勃兰特宣布辞职，由精干老道和擅长经济的施密特接任总理职务，施密特政府在内外政策方面均继承了勃兰特政府的基本内容。在国内政策上，施密特政府开始兑现上届政府没有履行的社会改革方面的系列改革承诺，实施了提高工人福利和政治待遇，增加儿童保育费等政策，同时又注意将执政重点放在恢复经济稳定和减少失业人数上面。总的看来，施密特政府更加注重实干，它不奢谈改革，把一些原本准备用于改革的钱省下来用于刺激国内企业主的投资积极性上。在对外政策方面，施密特政府利用勃兰特政府新东方政策开创的良好局面，致力于扩大联邦德国在国家外交舞台的活动空间，继续缓和与苏联东欧的关系。和勃兰特不同的是，施密特在外交上提出了均势战略，即在均势的基础上和苏联缓和关系。

通过施密特政府的努力下，联邦德国1974年的对外贸易出现510亿马克的顺差，并把通胀率下降到1975年的6%和1976年的4%，尽管经济下降和失业率增加的基本格局未变，社会民主党在1976年还是保持了执政党的地位。到1979年联邦德国陷入由于世界能源危机引起的新一轮经济衰退，当年国际贸易出现1965年以来的首次赤字并高达110亿马克，次年增加到300亿马克，但这一次由于施密特政府在外交方面的成就，尤其是1977年反恐怖斗争所取得的胜利在德国人民中记忆犹新，因

---

[1]　刘成、马跃生：《欧洲社会民主主义的缘起和演进》，重庆出版社2006年版，第151页。

[2]　1974年勃兰特政府内阁中的一名高级官员冈特·纪尧姆被逮捕，并被指控为东德充当间谍，同时负责党务的勃兰特的助手也承认犯有间谍罪，勃兰特被卷入一件大的间谍丑闻，不得不自行宣布辞职。

此社会民主党在大选后仍与自由民主党继续联合执政。1982 年 10 月，联盟党对联邦总理施密特提出不信任案，表决结果是基民盟的科尔获得多数，施密特只得让出总理宝座，结束了社会民主党长达 13 年的执政。

三、施罗德政府时期

格哈德·施罗德 1944 年出身于一个工人家庭，自幼家境贫寒，生活的艰辛使得施罗德自少年时期就培养了和社会民主党天然的亲近感。1963 年施罗德加入德国社会民主党，此后其政治天赋迅速展现出来，早期施罗德一直在社会民主党内从事青年工作，在政治活动中他逐渐形成了稳健务实的政治风格。自我标榜既非左派也非右派的施罗德是典型的实用主义者，宣称什么政策能产生最佳效果就会采用什么政策，强调这样做的原因是因为"旧的意识形态已经被历史的力量所压倒，我只对当前起作用的东西感兴趣"[1]。

（一）施政理念

经济全球化的深入发展和苏联东欧剧变的冲击，使得 1982 年下台的德国社会民主党陷入困境。为了摆脱困境，施罗德领导的德国社会民主党一方面继续坚持社会民主主义"自由、公正、互助"的基本价值观，同时又赋予其新的内涵。在 1998 年联邦议会大选中，施罗德开始打出"新中间道路"的旗帜，在接受媒体采访时强调"我既非左派又非右派，我就是我"[2]，提出了"工作创造与中间阶级"的口号，以迎合不同阶层选民的利益需要，为社会民主党执政提供道义支持。施罗德的施政理念"新中间道路"其实就是施罗德结合德国实际，对英国工党"第三条道路"的模仿，由于施罗德和"第三条道路"倡导者布莱尔与克林顿有着广泛的交往，英、德两国的贸易和工业部长还共同组成了具体负责"布莱尔主义"和"新中派政策"的英德委员会，施罗德因此被称为"德国的布莱尔"、德国"第三条道路"的"总设计师"。

施罗德"新中间道路"的主要内容为：一是在价值观方面重申公平和社会公正，强调自由和机会平等，团结和对他人负责依然是永恒的价值观，社会民主党不仅不会放弃这些价值观，还要让这些价值观适用于当今世界，使其现代化。在施罗德看来，

---

[1] 宋以敏：《西方新一代领导人与社会民主主义思潮》，载《光明日报》1998 年 12 月 25 日。

[2] 史志钦：《西欧政党竞争有哪些新特征？》，引自求实理论网，2012 年 3 月 31 日。

自由在新的世界中意味着为集体和个人承担更多的责任，自由建立在互助的基础上，因为只有建立在个人自由决定和负责基础上的互助才是自由的实质，否则就只是施舍者的同情。而公正不是简单的平等，社会和就业不排斥个人，但个人也不能过分依赖国家的支持。[1] 可见在价值观上，社会民主党突出个人责任和义务在国家生活中的作用，这对社会民主党执政后的战略调整产生了深远影响。二是在福利国家建设方面，"新中间道路"坚持对传统福利国家模式进行改革，要求福利制度在维护社会公正、反对失业时要根据实际情况进行适度调整，以刺激企业竞争、提高生产效率、减少公共赤字；福利制度在保障公民个人政治经济文化教育权利时要更加强调权利和责任的统一，认为应该促进并加强人们的自我负责能力，要求个人在享受公共福利的同时对社会尽职尽责。三是在国家对于经济社会发展的功能作用上，"新中间道路"提出正确的宏观调控应该注重市场作用的发挥，以市场为纽带把侧重于供给的新自由主义和侧重于需求的凯恩斯主义结合起来，在结果上实现保障经济增长和扩大就业的统一。四是在国际问题上，"新中间道路"主张加强国际合作，认为由于经济、环境、犯罪等问题越来越具有国际性特征，各国应当将国际合作看成是一种机会而不是一种威胁，通过国际接触和联合行动予以解决。

尽管从理论上看，"新中间道路"似乎是"第三条道路"的德国版本，但是它绝不是"布莱尔主义"的克隆物，这一理论充分考虑到德国的国情和德国社会民主党的现实。施罗德领导的社会民主党打着"新中间道路"的旗帜上台，在这一理论的指导下又推出了一系列的社会改革措施，这场改革涉及德国社会多数人的利益，堪称德国战后历史上规模大、程度最深的一场改革。[2]

（二）政策主张

竞选胜利的施罗德迅速着手组建红 —— 绿左翼联合政府，施罗德领导的新政府宣誓就职后，社会民主党时任主席奥斯卡·拉封丹任财政部长，社会民主党前主席鲁道夫·沙尔平任国防部长，在施罗德新政府的 15 个部长职位中，社会民主党人占据了 12 个职位，绿党成员出任了外交部长、环境保护部长和卫生部长 3 个职位。同时，在德国 16 个联邦州中 13 个州都由德国社会民主党执政，这为社会民主党顺利地贯

---

[1]　裘援平、柴尚金、林德山：《当代社会民主主义与"第三条道路"》，当代世界出版社 2004 年版，第 200 页。

[2]　张文红：《德国红绿政府的福利改革评析》，载《当代世界与社会主义》2004 年第 1 期。

彻自己的政策方针提供了可能。

为了兑现共同的施政原则，社会民主党和绿党在波恩共同发表了组阁条约《觉醒和革新——德国走向 21 世纪的道路》，明确新政府的核心任务是减少失业问题，为此政府将持续推动税收改革、保护生态环境等措施，强化德国的经济竞争力。2003 年再次当选的政府总理施罗德又在国会宣布了题为《2010 规划》的改革方案，推动了全面福利制度改革方案的实施。尽管施罗德政府的改革过程过于激进，改革的结果由于各方的压力也大打折扣，施罗德的强硬态度也给党内团结造成了伤害，但是，社会民主党政府在各个方面还是取得了显著的成就。

在经济政策方面，社会民主党政府制定了适合本国国情的发展战略。为确保经济的可持续发展，有效应对经济全球化的冲击，使德国走出严重的结构性和制度性危机，社会民主党政府注重制定具有平衡性的经济政策，即政策制定时兼顾国家与市场、供给与需求、公平与效率、权利与义务相平衡，以有效的政策促进经济的振兴。为了挽救经济颓势，社会民主党政府上台之初就提出了一个 150 亿欧元的经济振兴计划，取得了一定的效果。为了确保经济的持续增长，在 1999—2001 年政府又制定了三阶段减税方案，主要针对企业税进行削减，目的是加速企业资本的形成，增强企业的投资能力，提高企业的竞争力。为了适应知识科技的发展要求，社会民主党政府还推行一项"新经济化"战略，主要内容是通过采取一切措施推进以信息技术和生物技术为代表的新经济产业的兴起，最终以科技进步加速德国经济生态化进程，使以科技为特点的新经济成为德国经济增长的主要推动力量。减少政府开支也是社会民主党政府的一项重要经济措施，施罗德政府推行了一系列"节支计划"，规定 2000 年节支 305 亿马克，2001 年节支 390 亿马克，2002 年节支 430 亿马克，2003 年节支 500 亿马克，通过减少政府开支树立清廉的政府形象。

在政治政策方面，社会民主党政府在施罗德领导下致力于打破国家主义过度干预的传统，重新调整国家和公民的关系，提出建立一种每个人都能围绕公益目的、公正和主动参与社会政治生活的"公民社会"的政策主张。立足于公民社会权利平等的基本格式，社会民主党政府建立了执政党与议会、政府之间的协调机制，制定了党内高层的民主决策机制，规定政府总理、党的总书记和议会党团主席三人要在固定时间碰头，交换意见，商量对策，力图以规范化的制度安排达到政府、执政党与议会权力之间的平衡。

在社会政策方面，社会民主党政府在社会福利问题上采取了系列的改革措施。2003 年 3 月，社会民主党领袖施罗德提出了《2010 年议程》这一旨在改革福利体系和就业政策的一揽子方案，着手实施涉及经济、就业、教育、科研、社会福利和家庭等众多领域的全面改革。社会民主党政府首先针对养老保险进行改革，规定从 2004 年 4 月起护理保险的 1.7% 将完全由退休人员自己负担，养老保险的浮动备用金将由 50% 下降至 20%。同期政府实施了由国家、医院和个人三方共同承担医疗保险费用的医疗改革措施；2004 年，德国政府又推行以改革失业保障制度为内容的"哈茨计划"，将失业救济和社会救济合并为"第二失业金"，规定自 2005 年起长期失业者只能领取第二失业金，且该失业金数额较之前的失业救济标准明显下降。

在外交政策方面，施罗德政府继续致力于实现战后德国对外关系的正常化。施罗德政府一边重申德国的外交政策是和平政策，德国将继续实施科尔政府外交政策的基本路线，积极参加欧盟建设，努力使欧元取得成功；同时强调和平政策的根本目的还是致力于维护德国利益，使德国在冷战后的国际对局中能占据有利位置。施罗德毫不讳言的指出：德国要再次融入国际共同体、拥有全部的权利与义务必须要有"一种既不居高临下，也不仰人鼻息的崛起的民族的自信心"[1]。为此，施罗德政府甚至打破战后德国不向国外派送兵的惯例，参与了多起美国领导的倍受关注的军事活动，以积极的行动谋求自己的大国地位。施罗德政府还注意立足全球制定外交政策，改善与广大发展中国家的关系。多元化的外交措施使德国的国际地位得到提升，有效改善了"经济巨人、政治侏儒的形象"[2]。

四、战后第二次大联合政府时期

由于《2010 规划》的社会改革方案受到种种阻力而步履维艰，施罗德为了推动改革的实施，在 2005 年 5 月发表声明要求提前进行全国大选。提前一年的德国联邦议会选举在 9 月举行，但是施罗德的红 —— 绿联盟与反对派的红 —— 黑联盟都未获得国会多数，因而无法组阁。为了维系执政地位，社会民主党和基民盟经过二十多天讨价还价的谈判，于 10 月 10 日确定组成大联盟联合执政，时年 51 岁的默克尔

---

[1] 连玉如：《新世界政治与德国外交政策 ——"新德国问题探索"》，北京大学出版社 2003 年版，第 12 页。

[2] [德] 苏珊·米勒，海因里·希波特霍夫著，刘敬钦等译：《德国社会民主党简史 1848—1983》，求实出版社 1984 年版，第 311 页。

出任德国首任女总理，参政的社会民主党获得内阁 14 个席位中的 8 个。这意味着社会民主党在战后第二次以参与者的身份在大联合政府中执政，此次执政持续到 2009 年 9 月联邦大选。大选中默克尔获得胜利，蝉联总理职位，与自民党组建中右翼联合政府，社会民主党在大选中仅获得 23% 选票，在连续执政 11 年后再次沦为在野党。

（一）施政理念

在后施罗德时代，德国社会民主党内部对于是否继续执行施罗德的执政思路产生过激烈的争论。2005 年 11 月高票当选为社会民主党新主席的普拉泽尔明确支持施罗德的政策，强调自己无论在福利制度改革，还是社会民主党的自身改革上都与施罗德保持高度一致。2006 年库尔特·贝克接替普拉泽尔担任社会民主党主席，贝克上任后在多种场合发表的讲话中主张要重视社会民主党的传统，展示与联盟党的不同，拉近与工会的关系。2008 年 10 月，明特费林在特别党代会上当选为党主席，明特费林作为社会民主党右翼支持施罗德的改革措施，称默克尔政府取得的经济复苏和失业率大幅下降，正是得益于当年施罗德时期所开创的改革事业。尽管这一时期党内高层变动频繁，社会民主党的影响出现下降趋势，但是继续坚持施罗德制定的新中间路线，同时向社会民主党的传统价值观进行一定程度的回归是党内的主要理论观点，这些思想集中体现在由贝克推动，并在 2007 年 10 月召开的汉堡党代会形成的《汉堡纲领》中，新党纲强调社会民主主义的传统，继续将"民主社会主义"作为其政治理想，同时也吸收了施罗德意识形态改革的成果，增加了全球化和气候保护等新的内容。

对于社会民主党的基本价值观，《汉堡纲领》再次确认"自由、公正和团结"是社会民主党一贯的最基本价值，当前这些基本价值的具体体现是人能有自主的生活，有平等的人生机会，劳动付出能够得到认可，纲领将更多的关注点集中到个人价值的实现上。正像社会民主党理论家狄特·多沃指出的，"和以前纲领相比，未来的纲领把重点放在个人的自身责任上，这是毫无争议的。争议在于这种转向的规模。在这里可以确认的就是，德国社会民主党在它 150 年的历史中以多种多样的方式迎接了新的挑战，在不断变化中，而且正是由于这种变化才保存了自己的身份认同。尽管适应具体情况，它仍旧永远铭记自己的基本方向和基本价值观念，即自由、公正与团结互助。这一点在未来是永远不会有任何改变的。"[1]

对于经济秩序和社会福利，新党纲主张"有质量的经济增长"，认为全球化是创造就业岗位和为全世界带来富足的机会，但是全球化的金融资本市场对成功的市场经济模式构成威胁，因此要加强监控和透明化。对于福利制度的改革，新党纲创新性地提出了"防范性社会国家"的概念，即在个人责任和国家保护之间寻求平衡，避免出现个人依赖国家福利，而不承担个人责任的现象。纲领将使所有人获得"好的工作"，即有尊严的工作和实现充分就业作为社会民主党的最高就业市场目标，为此党纲中要求社会民主党必须承担起建立最低工资标准制度、雇员辞退保护制度、员工参与企业决策制度的职责，以建设团结活跃的社会国家。

对于欧洲一体化，新党纲宣传欧盟是"我们对全球化的回答"，同时，欧盟首先也必须是一个欧洲的社会联盟，应该面向市场与就业，使得经济、财政和货币政策与具有约束性的整体经济目标相协调，党纲还将形成欧盟宪法作为其奋斗的目标。

相对于施罗德时代，《汉堡纲领》表现出一定程度的左摆，因此也受到德国大多数舆论的批评，但是《汉堡纲领》的出台更多是处于挽救政党组织衰落颓势，巩固社会中下层这一社会民主党传统票箱的需要，总体看来纲领的左转是策略性而不是战略性的，这样的纲领要在默克尔领导下大联合政府中得到实现其难度可想而知。所以在大联合政府中，我们看到社会民主党的领导层就是否坚持施罗德路线依然争吵不休，默克尔领导的中右翼联盟则稳定推行其政策，进而一步步蚕食社会民主党的传统阵营。

（二）政策主张

2004 年德国的公共债务总额累计已占到本国当年国民生产总值的 66%，创下了历史最高纪录，同期德国失业率达到 11.4%。面对德国的经济发展困境，右翼政党对施罗德积极推动的"2010 议程"改革其实是赞同的。"施罗德认识到，越来越激烈的全球化竞争和我们国家的人口老化问题要求我们有一个新的政策。施罗德以极大的政治勇气和工作热忱推动起草 2010 改革议程，并顶住了巨大的压力。这一旨在革

---

[1]　张世鹏：《关于德国社会民主党纲领研究的几个问题》，载《当代世界与社会主义》2006 年第 1 期。

新我们国家的政策一定会为德国带来福扯。施罗德为此倾力发挥了他的政治影响。"[1]
此时的德国公众也不是没有意识到他们原先引以为豪的"社会市场经济体制"现在
出了问题，改革在所难免，主要问题在于改革一旦涉及自己的利益，谁都不愿意。
这就使左右翼政党的分歧集中在改革的态度的选择上面临两难：是要不顾一切社会
阻力坚定的推行改革，还是在照顾各方利益的基础上稳健的实施改革。

在经济社会政策方面，默克尔任总理、社会民主党占据 8 个部长位置的大联合
政府与施罗德政府时期没有大的变化，同样承诺继续推进各项改革，但是联合政府
充分吸收施罗德政府由于社会改革的步子"偏快"才马失前蹄的教训，收起了竞选
阶段打出的激进改革大旗，转而实施渐进的改革方针。联合政府在充分听取各方意
见的基础上，按照社会民主党的联邦财政部长施泰因布吕克"收支平衡"的设想，
终于制定了一个被媒体称之为"没有轰动效应，但却为各方接受"，"兼顾各方利益"
的改革方案。其主要措施是在降低税收的同时取消名目繁多的特许、优惠、补贴、资助、
奖励等等，最终做到政府收入不减少，以满足社会福利开支的需求。在这种均衡政
策的调节下，德国经济开始明显复苏，2006 年 8 月联邦劳动局长魏泽宣布："与上
年同月相比，2006 年 7 月的劳动市场表现是德统一以来最好的，全日劳动岗位猛增 5.4
万个。与上年相比，失业人数锐减 50 万，完全可以说是经济发展中的转折。"[2] 其实，
默克尔政府所做的只是把施罗德政府全面实施的《2010 纲领》进行了照顾选民利益
需求和心理承受能力的分解，坚持在稳定的基础上进行改革，使得过程既符合基督
教联盟党的传统，也稳住了大多数德国民众的情绪，却收到了和施罗德政府完全不
同的效果。

在外交政策方面，执政之初的默克尔政府开始放弃施罗德政府时期以经济合作
为中心的务实外交政策，强调在对外关系中，"必须不遗余力的确保价值观在外交
中的地位"[3]，转而实施所谓的"价值观外交"。政策的核心是坚持意识形态挂帅，
将外交政策作为推行西方价值观的工具，把维护"人权"和推行所谓的"普世价值"
作为外交的主要目标，尽管政策的中心词是价值观，但最终的落脚点还是如何维护
德国的国家利益，结果是这一政策不仅受到广大发展中国家的强烈抵制，也遭到国

---

[1] 柴野：《30 年政治风云施罗德泪别政坛》，载 http://news.xinhuanet.com/world/2005.11/22/
content/ 3814963.htm.

[2] 载德国：《明镜》周刊 2006 年第 34 期，第 22—25 页。

[3] 王又明：《评析默克尔的"价值观外交"》，载《国际问题研究》2008 年第 4 期。

内民众的一致反对。在 2008 年后世界金融危机使德国经济陷入困局，默克尔政府不得不再次调整政策，重新回到灵活务实的轨道上来。

五、德国社会民主党执政历程评析

战后德国社会民主党由参与执政到独立组成联合政府，在德国历史上第一次实现了国家政权从一个政党循着议会程序和平的转入另一政党手中，这意味着德国已经形成了左右翼政党轮流执政的成熟机制。同时，社会民主党的执政在德国的具体政治运行中确立了一种二元体制下稳定的三角均势，即联邦德国的政党体制中存在联盟党、社会民主党和自由民主党三股政治势力，三者力量谁都不能占有绝对优势，一旦其中任何两方结盟，就可能战胜第三方，因而三种政治势力必须时刻小心谨慎的防止执政伙伴的叛离，这种三角均势确保了联邦德国的政党体制能够长期稳定，不致出现法国政党制度中的动荡和无序状况。

尤为重要的是，社会民主党的推行的扩大公共开支，增加社会福利的改革政策为联邦德国人民带来了切实的好处，由此形成的系列内政外交政策也被右翼政府继承，即便在施罗德政府下台后，接任的默克尔政府对施罗德积极推动的"2010 议程"改革也是赞同的，这也从侧面显示了社会民主党的执政成效。

成就之一：与时俱进的理论革新帮助社会民主党摆脱了困境，实现了重返执政舞台的目标。回顾德国社会民主党战后的发展历程，在不同的时期和阶段为确保自身融入整个政治运行体系而进行理论调整，始终是社会民主党的基本主题。为了适应战后国内政治运行的基本趋势，德国社会民主党放弃了马克思主义，选择了伦理社会主义的所谓温和道路；为了取得新兴社会阶层的支持，社会民主党又从一个工人阶级的政党转型为一个全民政党；即便在具体的政策实施过程中，历届社会民主党领导层始终以现实需要为价值准则，不断进行调整和改革以适应形势变化。可以说，正是由于主动的贴近和自觉的妥协，才能使社会民主党在战后迅速崛起为德国政坛的一支重要政治力量，并在与联盟党的竞争中不断发展壮大，并走上执政道路。同时，也正是由于德国社会民主党的"中间化"，使得英国"巴茨克尔主义"现象同样在德国的政党体制中出现。

战后尤其是全球化时期以来，德国的经济结构和社会结构发生了深刻的变化，但由于社会民主党没有根据形势变化及时调整理论和政策，固守一些僵化的国家干预和国有化原则，导致在选民中的影响力不断减弱，社会民主党陷入理论困惑之中，并导致其在联邦议会大选中连续失利。但是德国社会民主党终究是一个富有斗争经验的老党，在英国工党提出第三条道路之后，德国社会民主党紧跟其后尘，创新性提出了"新中间道路"理论，适应了德国社会变化的现实，从而使社会民主党走出了长期的的理论迷茫困境。在"新中间道路"理论的指导下，德国社会民主党在政策和组织等方面成功地实现了历史性的转型，通过转型赢得了大选，再次走上了执政舞台，并取得了良好的执政成绩。

成就之二：现代化的组织转型扩大了阶级基础，稳固了执政地位。20世纪80年代以后，德国政党政治进入了一个"右翼"占主导地位的时期，这一时期社会民主党内部组织中党员人数持续下降、年龄结构老化；组织建设的危机直接造成了社会民主党连续四次大选失败。为了提高政党的吸引力，德国社会民主党开始面向全民着力提高党的组织吸引力，将施政重点放在推动经济增长、提高人民生活水平、创造更多的就业机会等方面，通过展现社会民主党的治国能力和满足人民现实的利益需要以提高自己的威望。

同时，德国社会民主党开始采用各种有效的手段丰富党的组织形式，巩固党的群众基础，以提高党的社会影响。德国社会民主党在组织运行中还特别注意发挥传媒的作用，遵循媒体传播规律。社会民主党对领袖的选拔充分关注媒体观点，领袖也深谙媒体运行特点，通过与媒体的互动提高了政党的声望和影响。党首拉封丹甚至认为德国社会民主党已经成为一个传媒党，"为了使竞选取得实效，候选人必须符合电视节目的要求，必须有必要的资金做后盾"，"以此来取得媒体的认可"[1]

成就之三：正确的施政策略适应了社会发展要求，以良好的绩效赢得了选民支持。战后德国社会民主党始终奉行照顾中下层的政策，特别是在两次世界性能源危机和联邦德国陷入经济衰退时，执政的社会民主党采取一些措施减轻了下层群众蒙受的损失和痛苦。在1969—1982年社会民主党执政的13年间，社会保险、社会救济、医疗保健等各个方面都得到了不同程度的改善，工资、退休金和助学金则有了大幅度的提高。政府还采取各种措施维护弱势人群的利益，改善人民生活，解决他们遇到的各种现实问题，如社会民主党政府经常发放各种补助金，仅1979年这一款项就

---

[1]　[德]奥斯卡·拉封丹：《心在左边跳动》，社会科学文献出版社2001年版，第72页。

达到 500 亿马克，其中 80 亿投在住房建设上。[1]

1998 年施罗德政府上台执政后，社会民主党主导的联合政府对国内外政策进行了深刻的调整，实施了一系列新的政策和措施，以治疗积重难返的"德国病"。尽管施罗德的福利制度改革方案中的许多政策触动了普通百姓的切身利益，引发了党内外的强烈不满，但从长远看，这些政策是使德国实现经济社会可持续发展必须经历的阵痛。同时，德国社会民主党政府都积极推行务实外交政策，这极大提升了德国的国际政治地位，有效地维护其在世界各地的利益，得到了国内选民的普遍赞誉。

历届执政的德国社会民主党在执政中都始终坚持以改革为导向，"改革政策建立在希望基础之上。在甚至那些值得保留的事物也只有通过改革才能拯救的时候，改革工作就成了唯一负责任的政策"[2]。但是，改革从来都是一柄双刃剑，一方面使德国社会民主党取得了执政的辉煌业绩，另一方面也使其陷入了新的困境，尤其是改革过程中左右翼政党的界限渐趋模糊，使得社会民主党在背弃传统的同时也淡化了政党自身的特质，进而影响其纲领和政策的创新，这种矛盾演化的结果就是社会民主党的执政和下台不得不服从于国内和国际经济政治发展的大局和趋势，由一个独立的政党退化为一个依附性的政党，政党自身的发展变革面临两难。

反思之一：社会民主党组织削弱的危机。为了适应执政的要求，德国社会民主党的纲领经过多次修订，意识形态越来越暧昧，"社会民主已经大大丧失了它的相关内容和概念的定位，以及它的基本目标和对未来的展望"[3]，目标的模糊性使得社会民主党对社会的吸引力不断下降。尤其在施罗德执政以后，社会民主党党员人数减少了 17%，1990 年时社会民主党党员有 92 万，施罗德上台时减少到 77 万，到 2003 年年底时仅有 65 万。[4]同时发生的是党员的队伍老化，至 2004 年，"德国社会民主党 36% 的党员超过了 60 岁"[5]。甚至党内部分资深党员由于不满政党现行纲领离开社会民主党，在 2005 年一些社会民主党党员甚至以退党的方式抗议"2010 年议程"政策，并联合一些的工会会员成立了"劳动和社会公正选举联盟（WASG）"，

---

[1]　[苏] 舍纳耶夫等著：《联邦德国》，中国社会科学出版社 1988 年版，第 173 页。

[2]　《德国社会民主党纲领汇编》，北京大学出版社 2005 年版，第 175 页。

[3]　周敬青：《德国社会民主党从"全民党"到"新型政党"——罗歇尔教授访谈录》，载《科学社会主义》2005 年第 3 期。

[4]　江建国：《施罗德尝试走出困境》，载《人民日报》2004 年 2 月 10 日。

[5]　周敬青：《第二届中德政党理论与实践学术讨论会综述》，载《上海党史与党建》2004 年第 1 期。

这极大的分化了社会民主党本身的组织力量。

反思之二：福利制度改革的两难困境。福利制度的困境是西欧社会民主党战后执政中面临的一个普遍性的问题，德国社会民主党在执政过程中也在不断对福利制度进行调整和改革。20 世纪 90 年代德国的发展陷入困境，施罗德政府执政初期曾预期"新中间"政策能使经济实现复苏，并促进经济的高速发展。基于这一判断，政府承诺在任期内会把科尔政府时期的失业者人数从 600 万降至 350 万。但事与愿违，随后国内持续的经济疲软进一步恶化了就业形势，本应下降的失业人数反而不断增加，过高的社会福利投入又使政府的财力不堪重负。此时的社会民主党政府面临着两难的选择：继续实施传统的福利国家经济模式将难以为继，改革又会伤害社会民主党所代表的中下层人民的切身利益，背离民主社会主义的基本准则，坚决推进福利制度改革措施弄不好会惹火烧身。

从大局看，执政的施罗德政府选择推行福利改革计划是大势所趋，但由此产生的直接后果就是选民通过手中的选票表达不满，2003 年 5 月全国 14 个城市 9 万人走上街头抗议社会民主党纲领，2005 年 5 月曾经的社会民主党红色堡垒 —— 德国人口最多的北莱茵 - 威斯特法伦举行州议会选举，结果社会民主党在选举中受挫，丧失了执政 39 年的大本营。在 2009 年的大选中，数百万社会民主党的传统选民选择了沉默，在大选当天待在家里而没有去投票给社会民主党，直接导致了社会民主党下台。

反思之三：全球化和欧盟东扩的负面影响。战后出现的全球化削弱了主权国家对经济与社会发展的控制能力，德国作为一个民族国家的许多传统职能转移到欧盟，这加剧了政府采取措施以协调、影响经济社会发展的困难。从 2004 年起，欧盟的规模不断扩大，这对德国来说是难得的机遇，同时也是严峻的挑战。新加入国和原成员国相比经济落差巨大，为此原成员国不得不每年支付数额巨大的财政补贴；新加入的国家中多数属于原来的苏东阵营，加入欧盟后由于担心自身的弱势势必会在一定程度上联系起来，坚决捍卫自身的利益，甚至会表现得极为激进。这不仅对于年轻的欧盟是巨大的挑战，对于德国社会民主党原有的理论、纲领、政策和主张都会形成新的冲击。

第四节　瑞典社会民主党

瑞典社会民主党成立于 1889 年，成立时仅有党员 3000 人，但从 1914 年开始就一直盘踞议会第一大党宝座，1932—1976 年间在瑞典连续执政 44 年，至今为止是欧洲社会民主党中单独或累计执政时间最长的一个政党，并被称为"欧洲社会民主党最坚强的堡垒"[1]。战后瑞典政党政治，在某种意义上说就是瑞典社会民主党的政治，社会民主党长期处于瑞典政治的中心，其政策甚至成为瑞典国家政策的同义语，在瑞典政坛发挥着其他政党难以替代的作用。更为重要的是，战后瑞典社会民主党充分利用其优势地位成功领导了国家的社会建设，缔造了被其他国家社会民主党视为典范和榜样的"瑞典模式"。

瑞典社会民主党的执政地位遭遇挑战是在进入全球化时期以后，从 1976 年起瑞典社会民主党在瑞典政坛呈现明显的"低落—回归—低落—回归—低落"的"M"型沉浮轨迹，先是在 1976 年大选中失利，结束了长达 44 年的执政历程，1979 年大选瑞典社会民主党再度失利。经过调整后，1982 年社会民主党上台执政，取得了三连任的执政成绩。1991 年由于东欧剧变和国内经济形势恶化影响，社会民主党又一次下野；由于右翼执政联盟上台后推行新自由主义政策，导致瑞典经济形势恶化，这样瑞典社会民主党在 1994 年大选中以 45.3% 的得票率夺回执政地位，随后取得 1994 年、1998 年和 2002 年连续三次大选的胜利，直在 2006 年再次离开执政前台，并在 2010 年大选中遭遇惨败。这一时期，瑞典社会民主党先后经历了两次下野的窘境，在意识形态、经济、社会政策以及外交政策等方面进行了全面的改革和调整，并取得了显著的成效。

一、埃兰德政府时期

1945 年 7 月二战结束以后，社会民主党组成了一党内阁，继续推行其社会改革政策。1946 年 10 月被誉为"福利国家的奠基人"和"瑞典国父"的社会民主党领袖汉逊突然病逝后，埃兰德接任了他的职务，他自 1946 年到 1969 年一直担任瑞典社

---

[1]　袁群：《瑞典社会民主党的历史、理论与实践》，云南人民出版社 2009 年版，第 5 页。

会民主党主席和瑞典首相，也正是在埃兰德的领导下完成了战后瑞典的社会改革，并使瑞典式的"福利社会主义"有了进一步的发展。

（一）施政理念

塔格·埃兰德早年曾经从事文化和教育方面的工作，1930年起开始从政，1932年被选入国会当议员，大战期间他在古斯塔夫·默勒的领导下担任社会事务副大臣，战后曾任教育和教会大臣。在政界，埃兰德的名气并不大，所以选他担任社会民主党主席使许多人感到诧异。而中间阶段接掌政权的埃兰德政府主要的是继承了社会民主党在战前就形成的"人民之家"理论，进行福利社会主义建设。

"人民之家"理论是1928年汉森首先提出的，这一理论把分析基础建立在家庭关系理论上，认为一个好家庭的特点是共同体和团结，一个好的国家同样如此，平等、福利与合作是"人民之家"的基本要素。这一思想是瑞典社会民主党阶级妥协和政治合作思想的集中体现，其核心内容是在不触及资本主义体制的前提下，"通过实行社会和经济民主，消除阶级差别以及一切社会和经济不平等现象"，从而使整个社会充满"平等、关心、合作和互助"[1]。

"人民之家"理论及其指导下的福利社会主义政策确立了社会民主党在连续执政期间的基本政策和行动纲领。在这一理论指导下，战前瑞典社会民主党政府运用瑞典学派宏观预期理论，制定了以解决失业问题为中心的各项经济政策，在1938年促使工会联合会和雇主联合会签订了"萨尔茨耶巴登劳资协定"[2]，规范了劳资双方冲突的处理程序，并将解决劳资冲突的权力集中化，贯穿这一协议的基本原则就是阶级合作，所以也有人称所谓"人民之家"就是资本家与雇工"共荣共存的家庭"。1944年瑞典社会民主党又制定了以发展经济为主要内容的新党章，即《工人运动的战后纲领》（又称"27点计划"），它取消了"阶级斗争"和"工人阶级的历史任务"等词句，提出党今后的任务是"变革资产阶级社会的经济结构，让全体人民掌握生产的权利"，"让劳动者参与管理"，"以自由、平等为基础的公民合作的社会形

---

[1] 金重远：《战后欧洲社会民主党》，上海人民出版社1997年版，第145页。
[2] 1938年在瑞典社会民主党领袖、首相汉森主持下，由工会和雇主协会在签订的劳资协议，由于签订于萨尔茨耶巴登的宏大旅馆而得名，协议强调要通过谈判和调节机制避免劳资冲突，并建立由劳资和中立方代表组成的劳动市场委员会，举行协商谈判和签订有关协议。

态代替以阶级经济为基础的社会秩序"[1]。这一纲领确定了瑞典社会民主党战后的基本方针并一直沿用到 1960 年，在纲领中原来的剥削理论被删掉了，代之以社会充分就业的篇章。纲领同时还放弃了原来主张以大规模国有化克服资本主义弊病的主张，而是将方针具体化为政府实施计划经济，以达到社会充分就业，提高经济效益，促进了国民收入分配的合理化，实现了国民生活水平的普遍提高。

基于已有的理论认识，战后初期埃兰德继承了"人民之家"理论的主要思想，认为社会民主党执政以后必须奉行渐进和改良的政策，其目标不是摧毁资本主义而是要建立一个富足的社会，即一个以充保障、自由合作与团结、平等为特点的社会。所谓保障就意味着要为所有人创造劳动的机会，实现充分就业，使人们享有一定的社会地位；所谓自由就是要在发扬民主的基础上的公民权利；埃兰德进一步认为，社会只有通过合作和团结才能向前发展，而社会改良政策从根本上说就是体现了人与人之间的团结与合作；所谓平等就是要使每个人在福利国家中都过上幸福的生活，享有同等的机会。[2]

在以民主方式建设"强大国家"目标的感召下，埃兰德在 1948 年提出了经济民主化而不是社会化的竞选口号，并在其任期内将主要精力放在健全各阶级之间的协商、合作机制上，通过建立和完善"星期四俱乐部"、"哈普森民主"等妥协机制，政府在重大决策问题上取得了各大利益集团的谅解和合作。同时埃兰德政府继续推动福利社会建设，社会保险制度改革、住房政策改革和教育民主化改革，到 50 年代末期，其执政纲领——"27 点计划"中提出的各项社会建设目标基本完成，社会民主党执政迎来了"黄金年代"，经济建设和社会福利建设都取得了辉煌的成就。

随着瑞典福利制度的建立和完善，埃兰德领导的社会民主党在 1960 年认为瑞典已经越过了资本主义社会，和平进入"福利社会"，并提出了福利社会主义的理论。认为福利社会就是"在这个社会里，每一个人可以发展自己的个性和表达自己的愿望，社会将为培养自由、独立和富有创造性的人提供条件"，最终"建立一个自由平等合作的社会来代替以阶级为基础的社会"[3]，实现民主社会主义。根据这一新的理论，

---

[1] 中央党校科学社会主义教研室编：《社会党重要文件选编》（内部资料），中共中央党校科研办公室 1985 年发行，第 439—443 页。

[2] 殷叙彝编：《当代西欧社会党人物传》，黑龙江人民出版社 1988 年版，第 470 页。

[3] 中央党校科学社会主义教研室编：《社会党重要文件选编》（内部资料），中共中央党校科研办公室 1985 年发行，第 450—458 页。

瑞典社会民主党在 1960 年召开的第 21 次代表大会上通过了名为《我们时代的纲领》的新党纲，取消了"阶级斗争"和"工人阶级的历史任务"等概念，接受了"混合经济"理论。通过理论的调整，埃兰德政府在提高人民生活水平和扩大社会保障各个领域取得了不小的成就。在 60 年代开始埃兰德政府面对福利国家建设出现的弊端，提出要修正其理论，进行"意识形态再思考"，以适应新形势的发展需要。

（二）政策主张

瑞典人口仅 800 多万，面积 45 万平方千米，1870 年以前还是欧洲最穷的国家之一。但是二战结束后直到 60 年代，执政的社会民主党通过政策引导加速了瑞典国家的工业化进程，经济建设跃居世界前列，和经济高速发展并进的是高标准的居民生活水平和高水平的福利政策。这一时期，执政的社会民主党在埃兰德的领导下，开始在各个领域全面推行具有本党特色的政策。

一是在经济政策方面，社会民主党政府虽然还是致力于通过国家干预限制资本主义因素，但不再反对私有制和市场经济，经济计划、国家干预和充分就业构成其经济政策的主要内容。战前执政的社会民主党一直反对资本主义无政府状态的生产原则，主张在保留市场经济和自由竞争的前提下，通过国家调控引导企业生产，有计划的合理利用生产资料，这一政策在战后继续延续。

埃兰德政府经济计划的主要形式是年度计划和五年计划。埃兰德政府执政期间为各个产业制定了指示性计划，为企业的具体生产提供参考。为保障经济计划的实施，政府还成立了全国劳动力市场委员会作为国家经济运行的中心，以促进经济的稳定发展。政府实施的国家干预主要通过预算、信贷和税收手段进行调节。比如预算在埃兰德政府时期占到了国民生产总值的 50% 左右，这有效保障了国民收入的再分配按照社会民主党的目标进行；中央银行、商业银行和各种专业化的信贷机构多由政府控制，国家可以通过信贷调节措施干预私人工业；在税收政策方面，1947 年瑞典开始实行累进所得税，股份公司的所得税由 32% 增加到 40%，并开征遗产税，开始实施对企业利润的双重征税，这些制度的建立增加了政府的财政收入，为其建立福利国家奠定了坚实的经济基础。

在经济政策的实践中，社会民主党政府始终把充分就业作为首要目标，将反对失业作为社会民主党的斗争任务；这一时期，政府调动各种措施，确保失业率不超过 1% ~ 2% 的目标。埃兰德政府时期，瑞典经济有了很大发展，整个 50 年代，国民生产总值以每年平均 3.5% 的数字增长，60 年代前半期增长率为 5% 以上。同时失业率在整个 50 和 60 年代控制在 1.5% 以下，居民个人收入在战后到 1960 年平均达到了 1941 年的 2 倍。[1]

二是在社会政策方面，埃兰德政府坚持继承和改造相结合的两手方针。尽管 30—40 年代瑞典社会保障制度有所发展，但"直到 50 年代，瑞典社会保障制度的主要改进措施才重新被考虑。"[2] 埃兰德政府社会政策的基本立场是继续推行福利国家建设的政策，一方面是通过法律的形式不断扩展社会福利的领域和范围。如 1958 年政府通过艰苦的谈判和辩论，最终建立了与工资收入挂钩的补充养老金制度。另一方面是社会民主党政府也开始积极推行涉及社会福利的制度改革。这一时期政府出台了一批旨在改革福利制度的新的法律，其中规定了所有职工每年享有至少 4 星期带薪休假，每周工作时间一般缩短至 40 小时等内容。埃兰德政府改革的重点还是教育领域，这一时期政府开始推行教育的民主化改革，在 1950 年开始实施 9 年制综合学校制度，在 1962 年推行强制性入学制度，规定年龄在 7—16 岁的青少年一律上 9 年制综合学校，旧的初级中学、女子学校及曾与综合学校并存的其他学校一律停办，以消除社会不同阶层子女所上学校之间的差距。

这一时期，瑞典的社会福利建设取得了显著成就，免费医疗开始实行，人均居住面积达到 40 余平方米，雇员患病时有权得到正常工资 90% 的病假工资，国家还给 16 岁以下的儿童统一的免税补助等[3]。这标志着汉逊的"人民之家"梦想成为现实，瑞典真正成为一个典型的福利国家。瑞典社会民主党福利国家建设取得巨大成就以来各国政党的啧啧称赞，英国工党领袖盖茨克尔 1959 年曾感慨："瑞典的全民福利国家不仅是欧洲羡慕的对象，而且也成为其他社会民主党学习的榜样"[4]。

三是在政治政策方面。埃兰德政府注重建立旨在促进阶级合作和妥协的协调机制以加强彼此之间的合作。在 1949 年社会民主党政府倡导建立了"星期四俱乐部"的定期会晤制度，使政府与企业界人士就重大解决问题展开协商讨论；1955 年起埃

---

[1]　刘成、马跃生著：《欧洲社会民主主义的缘起与演进》，重庆出版社 2006 年版，第 244—245 页。

[2]　Esping Anderson G，Power，Equality and Efficiency：The Perennial Dilemmas of Swedish Social Democracy，Stockholm，1988，p.11.

[3]　徐崇温著：《民主社会主义评析》，重庆出版社 1995 年版，第 327 页。

[4]　金重远著：《战后欧洲社会民主党》，上海人民出版社 1997 年版，第 151 页。

兰德又主导形成了"哈普森民主"形式，即邀请企业界与工会及各大利益集团领导人到他的乡间别墅"哈普森"，通过政府的非正式主持促进各方共商国事。社会民主党政府与各个政党和利益集团之间的这种非正式合作"使得非劳工利益集团得以施加它们的影响，保护它们的利益，因而实现权力的平衡"[1]。而这也"使各派政治势力在议会表决之前，该问题实际上早已定好了"[2]，确保了政策的顺利出台和有效实施。

同时，社会民主党政府也注意发挥传统优势，加强与各利益集团在立法方面的合作，政府在对重要的立法和决策做出决定以前，要先征求相关利益集团的意见，利益集团会派代表参加议会为有关问题设立的调查委员会，从而影响政府决策；政府的内阁成员也会参加由利益集团代表组织的各种会议并经常进行接触，以争取各方力量对政府决策的支持。这种通过正式途径和非正式途径形成的默契和统一，避免了各派在政治利益角逐中出现对抗和纷争，有效维护了瑞典政坛的稳定和秩序。

二、帕尔梅政府时期

1969 年埃兰德遇刺身亡后，年富力强的奥洛夫·帕尔梅出任社会民主党主席和政府首相，帕尔梅出身于上层阶级家庭，青年时代受过良好的教育，对经济学颇有研究；他曾留学美国，美国社会的两极分化现象是促使他加入社会民主党并形成社会主义思想的重要原因。帕尔梅进入政界后很快成为埃兰德的得力助手和亲密伙伴，先后在埃兰德领导的政府中担任交通大臣、教会与教育大臣，素以精明干练著称。

（一）施政理念

帕尔梅认为资本主义和共产主义制度都不能解决贫困、饥饿、非正义和不公平现象，而瑞典的社会主义运动是一场解放运动，它将实现人类自由的理想。对于怎么样实现这场解放运动，帕尔梅坚持保持和发扬民主和自由传统，认为如果没有民主和自由，那么任何变革会变得毫无意义。他指出：社会民主党选择的是一条"和平的、渐进的变革社会的道路"，力图"实现自由、让每一个人自由的发展个性，允许每个人自由的选择个人的生存方式"，并"最终废弃阶级社会"。他推崇和宣

---

[1] 袁群著：《瑞典社会民主党的历史、理论与实践》，云南人民出版社 2009 年版，第 12 页。

[2] 向文化：《斯堪地那维亚民主社会主义研究》，中央编译出版社 1999 年版，第 160 页。

扬民主社会主义，因为"无论共产主义还是资本主义都不会给欧洲人民带来自由，只有民主社会主义才真正代表广大人民的自由愿望和追求。"[1]因此，在历次竞选中，他的竞选口号是："增进平等，建立更加正义的社会"。

帕尔梅担任政府首相时面对的是复杂的经济社会形势，70年代初西方开始兴起所谓的"新左派"思潮，世界性经济危机爆发导致瑞典福利社会政策在实践中出现普遍的滞涨现象，福利社会主义理念显然无法克服不断扩大的贫富差距和社会矛盾问题。

面对理论的困境，社会民主党不得不通过调整寻找新的出路，经过酝酿、辩论，"职能社会主义的理论"应运而生，这一理论最先是由瑞典经济学家阿德勒·卡尔松在1969年出版的《职能社会主义——瑞典的民主社会化理论》一书中提出的。相对于"福利社会主义"而言，其新颖之处在于：不再回避生产资料所有制问题，主张利用"职能社会化"的方式在资本主义所有制结构内部进行改革。[2]即在保留生产资料仍归资本家私人占有的前提下，通过对所有权中最重要的职能实行某些有利于全社会利益的限制，或者在不同程度上将这些职能分配给其他不同的主体，以保证在现有的体制内，既保留资本家的生产资料占有实质，同时赋予个人大量的权利，实现社会权利的平衡。

职能社会主义理论既是对人民之家思想和福利社会主义理论的继承和总结，又是一次意识形态的再创造，它把社会改良的政策由分配领域扩展到所有制领域，并通过对所有权的部分职能化来实现对社会的改造，从而摆脱生产资料必须社会化的理论束缚，有效应对各种现实问题。

执政的帕尔梅政府试图运用功能社会主义的理论挽回社会民主党的颓势，并根据现实要求继续创新功能社会主义的理论内容，提出了瑞典发展应当走一条介乎苏联东欧社会主义和西欧北美资本主义之间的第三条道路。这表现在70年代中期，帕尔梅在谈到瑞典社会的前途时曾经尖锐指出，"要么转向斯大林和列宁（的道路），要么走那条社会民主主义的传统道路。"[3]在历次讲话和纲领中帕尔梅都声称社会民主党坚持的是后一条道路，也即"中间道路"。

在新的理论指导下，帕尔梅政府执政期间致力于推动社会民主党的自我革新，

---

[1]　金重远：《战后欧洲社会民主党》，上海人民出版社1997年版，第164页。

[2]　黄安淼。张晓进编：《瑞典模式新探》，黑龙江人民出版社1989年版，第56页。

[3]　张契尼、潘琪昌编：《当代西欧社会民主党》，东方出版社1987年版，第190页。

甚至制定了更为激进的新党纲，激烈批评瑞典社会，认为它虽然经过了不少变革，但却依然"保持着资本主义许多原来的特征，存在着收入和财产的不平等，必须改造社会，以使人民享有最后决定权，由按照自由平等原则进行合作的共同体，代替建立在阶级基础上的社会秩序"[1]。党纲还强调只有通过平等公民之间的团结和合作，才能使瑞典社会摆脱危机。但是由于国家经济情况没有根本好转，帕尔梅政府的这些努力没有达到预期的结果。

（二）政策主张

帕尔梅执政的20世纪70年代，正是瑞典经济发展的高峰时期。到1970年，瑞典以世界0.2%的人口的创造出了世界1.4%的经济总产值，其出口量占到世界总出口量的2.2%，瑞典人均年收入达到4600美元，在欧洲居首位。1974年瑞典人均年收入突破6720美元，高于美国1%，名列世界第一位。[2]作为一个北欧小国，雄厚的经济实力使得帕尔梅能够施展手脚推进各方面改革，促成了"瑞典模式"的最终形成。

一是在经济政策上，帕尔梅政府继续加强政府对于经济的干预和控制。到70年代，国家控制了90%～95%的铁路网，控制着电力生产的50%左右[3]，此外还占有一部分森林、矿产资源和部分银行。在农业中，集体经济所占成分不断提高，全国1/2到1/3的食品、99%的牛奶和80%的食用肉均由农业合作社提供，一种国有、集体和私有企业并存的混合经济体制在瑞典初步形成。在实现经济腾飞的同时，社会民主党政府继续将"充分就业"的作为经济发展的核心政策，70年代起帕尔梅政府提出了"人人有工作"的奋斗目标，应对失业问题的消极措施转变为积极措施，政府投入大量资金到职业培训等方面，为解决失业问题政府还建立了24个地区一级的劳工市场委员会和300多个职业介绍所。

二是在社会政策方面，政府继续加大在社会服务方面的开支。到1975年社会服务开支数额占到国民收入总额的24.8%，这些资金主要用于扩展社会福利项目。这一时期帕尔梅政府继续增加养老金种类和数额，进一步完善国民健康服务，加大对家庭和教育津贴的补助力度。为了保障劳工权利，1974年7月帕尔梅政府开始实行"就业保障法"，规定资方不能随便解雇工人，即使确有必要解聘员工，也要遵循"最

[1] 金重远著：《战后西欧社会党》，上海人民出版社1997年版，第164—165页。
[2] 陈华山著：《独特的瑞典经济模式》，《国际观察》1994年第3期，第23页。
[3] [苏]犹达洛夫：《西欧小国》，中国社会科学出版社1980年版，第117页。

后进来的，最先被解雇"的顺序原则。

在加大社会服务投入的进程中，帕尔梅政府注意发挥立法的重要作用。到 70 年代中期社会民主党政府以法律的形式在全国建起了包括儿童补贴、免费教育、疾病保险、失业与劳动保险、人民养老金与附加退休金、妇女产假、社会救济与社会服务等在内的一整套社会保险和社会福利，其覆盖的广泛性和条件的优惠性在西方国家居于前列。

同时期的西方各国对瑞典福利社会建设取得的成果纷纷予以高度评价，英国学者库尔特·萨缪尔森这样描绘瑞典："人们常把瑞典看成是异乎寻常的国度。因为他有很高的生活水平，发达的福利政策，劳动市场的安稳与和谐，和平政策，一致与妥协。这是一个田园诗般的国家。"[1]

三是在政治政策方面，瑞典社会民主党政府继续奉行阶级合作和阶级妥协政策。执政的社会民主党政府非常重视阶级和谐问题，1975 年修改的党纲甚至把"自由、平等、团结、民主和劳动"作为社会民主主义的基本原则，其目的在于使每个瑞典公民"都能有机会享有丰富而有意义的生活"，"让全体人民参与社会发展的进程"。[2]

帕尔梅曾多次强调，社会民主党发生了不少变化，但其核心没有变，那就是憎恶阶级社会，争取平等和团结，渴望建立在合作与团结基础上的解放。瑞典社会民主党执政期间，政治妥协和合作延伸到瑞典社会的每一个领域，逐渐形成了政党合作、劳资合作、政府与各大利益集团合作的各项机制。1976 年帕尔梅政府还制定了新的旨在解决劳资矛盾的"第 32 款"，取消原来雇主拥有优势地位的规定，要求以劳资公决方式处理工人就业和劳动、工资待遇等问题，使劳资关系在有利于工人利益的前提下形成更高层次的合作。

三、帕尔梅、卡尔松政府时期

1976 年 10 月，竞选获胜的非社会主义政党集团组成了三党联合政府，但是新政府拿不出好的措施挽救糟糕的经济形势，政府内部由于意见分歧使得所有的政策都南辕北辙，联合政府很快陷入四面楚歌的危局中。而下野后的社会民主党吸取 1976

---

[1]　[英]库尔特·萨缪尔森：《从列强国家到福利国家：瑞典社会发展三百年》，人民出版社 1972 年版，第 225—226 页。

[2]　金重远著：《战后西欧社会党》，上海人民出版社 1997 年版，第 160 页。

年和 1979 年两届竞选失败的教训，开始着手对党的政策进行调整，赢得了选民的支持和同情。1982 年 9 月，社会民主党以"和平和工作"、"包围福利，重建经济"的口号赢得了大选的胜利，1985 年社会民主党再次获得议会选举的胜利，帕尔梅得以蝉联首相职位。1986 年帕尔梅遇刺身亡后，副首相英瓦尔·卡尔松继任首相职位，继续推行帕尔梅制定的各项政策，使社会民主党轻松赢得了 1988 年的选举，并持续执政到 1991 年。

（一）施政理念

进入 20 世纪 70 年代后，贸易和资本的自由化、信息技术的发展使瑞典的产业结构进入深度调整期，人们的生活习惯和思想观念发生改变，以凯恩斯主义为基础的瑞典模式遭受严峻考验。

面对上述危机和挑战，帕尔梅领导的社会民主党清醒地认识到，"根本的原因就是人们对所公认的政党（即社会民主党）的批评……人们对单纯的经济增长表示不满，他们面临着日益尖锐的具体问题"[1]。为了走出危机，1984 年社会民主党制定了党的《思想纲领》，宣传社会民主党是以"民主社会主义为基础的政治活动"，旨在"扩大个人的自由权利"，"使每个人有更大的可能了解个人的价值并实现它"，提出政党今后的任务是"消除国民经济中的不平衡因素"，"对企业施加民主影响"，"维护和发展福利政策"，"扩大公民在发达福利社会中的选择自由和影响"。[2] 为此，帕尔梅呼吁革新社会民主党，并主持制定了以经济民主化为核心内容的新纲领，认为实现经济民主化的重要途径是建立"雇员投资基金"。为此，帕尔梅系统接受了"基金社会主义"方案，将这一理论视为现阶段最合理的理论模式。

"基金社会主义"理论的奠基人是瓦尔特·科皮、约翰·斯蒂芬斯和伍尔夫·希莫尔斯特兰。他们的代表作分别是《福利资本主义国家的工人阶级》、《从资本主义到社会主义的过渡》《超越福利资本主义》[3]。"基金社会主义"理论认为，资本主义向社会主义过渡有两种形式，一种形式是资本主义成熟的自然过程，另一种形式是资本主义自身的崩溃。过去社会民主党提出的"福利社会主义"由于没有破坏资本主义体制的结构，因而仅仅是向社会主义过渡的一种必要准备，而"基金社会

---

[1] 袁群：《瑞典社会民主党的历史、理论与实践》，云南人民出版社 2009 年版，第 122 页。

[2] 李兴耕主编：《当代西欧社会党的理论与实践》，黑龙江人民出版社 1989 年版，第 270 页。

[3] 刘成、马跃生：《欧洲社会民主主义的缘起与演进》，重庆出版社 2006 年版，第 256 页。

主义"的最大特点是，在现存体制内通过工人集体控制企业利润和股份，进而逐渐控制资本所有权，扩大投资，增加就业和福利，实现经济民主，最后进入社会主义，这一过程能够为社会主义提供主客观条件。

"基金社会主义"理论的核心是把争取经济民主权利看作未来社会主义的最高目标，同时也坚持认为福利社会主义是基金社会主义的前提，后者将在前者的基础上不断"成熟"。1983 年 10 月，帕尔梅在瑞典议会正式提出"雇员投资基金方案"，开始将这一理论付诸实践，政府通过向企业征收利润税和附加养老金作为基金，再将基金用来投资以取得收益，促进经济发展，减少财政赤字。1984 年 1 月瑞典正式实施"雇员投资基金"政策，在短时期内就使国内失业率下降，预算赤字减少，原有瑞典模式的弊端受到有效控制。帕尔梅的这一套基金社会主义理论也被人们视为是凯恩斯正统主义和新自由主义之间的"第三条道路"[1]。

（二）政策主张

瑞典社会民主党在这一时期对政党的传统政策进行了系统反思，并对各方面的政策进行了探索和创新，尽管这些探索没有从根本上扭转社会民主党的颓势，但为后来社会民主党走出危机、连续执政积累了宝贵经验。

在经济方面，瑞典社会民主党在吸取以往经验教训的基础上，开始着手实行介于"膨胀"和"紧缩"之间的第三种选择，即在压缩政府开支、减少政府干预和私人消费的同时，通过刺激工业生产、增加公共投资带动以出口为导向的经济复苏。一方面，社会民主党政府着手启动税收改革，降低个人和企业的税收负担，使最高收入者的所得税率降至 45% 左右，企业名义税率降至 28%[2]，以此刺激社会经济增长。另一方面，社会党政府着手改造国有企业，对经过改造不能扭亏为盈的企业，政府将其关闭和转售私人，使它们在竞争中得到发展。再一方面，社会民主党政府还通过修订法律，逐步取消了政府对外汇交易、金融市场的长期管制，为外国资本进入瑞典打开大门，同时将克朗贬值 16%，以提高经济的竞争力。这些措施迅速收到立竿见影的效果，在 1984 年瑞典取得了自 1972 年来首次外贸顺差；仅仅经过一年的努力，瑞典造船总公司、国营钢铁公司等国有企业相继扭亏为盈，社会民主党政府

[1]　袁群：《瑞典社会民主党的历史、理论与实践》，云南人民出版社 2009 年版，第 258—259 页。

[2]　高锋：《瑞典社会民主党的理论、政策创新与瑞典历史变迁》，载《当代世界社会主义问题》2002 年第 4 期。

在 1982 年到 1987 年还创造了 15 万个工作岗位，凭借其在经济领域取得的成就，社会民主党重新赢得了人民的信任。

在社会领域，社会民主党政府对其建立的社会福利制度进行了温和调整。一是 1990 年社会民主党政府出台财政紧缩的一揽子方案，将疾病津贴的补偿率从前 3 天的 90% 降到 65%，将 4 ~ 90 天的补偿率降到 80%。二是政府在实施紧缩政策的同时，开始进行社会福利制度的地方化改革，主要内容是中央政府向地方政府提供一些财政资助，但是具体的使用权属于地方政府，同时把一些社会福利方面的责任交给地方政府，明确瑞典各郡政府应当承担规划社会福利服务的责任，使地方政府在提供社会福利和公共服务方面享有自主权。三是在瑞典公共服务中引入市场模式，推行公共服务部门的私有化和引入竞争机制，在 80 年代初，瑞典职业养老金制度获得重大发展，形成了工人、白领、中央政府雇员和地方政府雇员四大职业养老团体，同时私人经营的健康保险业也开始兴起，80 年代中期接受私人医疗保健机构服务的非住院病人占到全国成年医疗保健服务市场的一半左右 [1]。

在外交领域，这一时期社会民主党的和平中立政策得到进一步发展，极大提升了瑞典的国际形象。帕尔梅作为西方第一个谴责南非种族歧视，支持南部非洲民族解放斗争的领导人，其领导的社会民主党政府也第一个实施了对南非种族歧视政府的经济制裁措施，同时在财政上给予南非解放运动以每年 5.4 亿美元的资金支持。社会民主党政府尤其关注裁军问题，大力呼吁普遍的全面裁军和禁止生产及使用核武器，建议在欧洲建立无核走廊。帕尔梅政府在各国关系上坚持世界大小国家一律平等的观点，反对倚强凌弱。这一时期，帕尔梅政府多次在瑞典召开以和平和安全为主题的论坛会议，帕尔梅本人积极担任斡旋者和发起人，外交方面取得的突出成绩为身处危局的社会民主党赢得了社会的称赞。

四、卡尔松、佩尔松政府时期

冷战结束后，瑞典社会民主党开始进入"方向迷茫和自我怀疑时期"，其福利国家建设的可行性受到新自由主义者的抨击。1991 年瑞典社会民主党失去政权后，

---

[1]　Sven E. Ollson，Social Policy and Welfare State in Sweden, London,1993, p268—280.

许多西方人士甚至断定 20 世纪蓬勃发展的瑞典左翼政治进程已经画上了句号[1]。但是，保守党、基督教民主党、人民党、中央党以及新自由党组成的执政联盟推行以自由化和私有化为特点的新自由主义政策，反而使瑞典经济社会局势愈加恶化。1994 年大选中瑞典的政治钟摆迅速向左，社会民主党以高得票率取得近十年来的最好成绩，再次夺回政权，凭借良好的政治表现社会民主党又取得了 1998 年和 2002 年大选的胜利，取得了同时期在欧盟诸国中绝无仅有的三连胜。

（一）施政理念

英瓦尔·卡尔松曾任帕尔梅政府副首相，1986 年帕尔梅遇刺身亡后，卡尔松被任命为社会民主党主席，随后被议会选举为首相，出掌政权的卡尔松是帕尔梅政府政策的主要制定者和坚决执行者，作为 1986 年至 1991 年社会民主党的主席和国家首相，卡尔松经历了回天无力，丧失政权的痛苦，同时主导了社会民主党的调整过程，并在 1994 年大选获胜后再次出任国家首相，到 1996 年 3 月英瓦尔·卡尔松自动告退，其社会民主党主席和首相职位均由佩尔松接任。这一时期社会民主党施政理念也在形势变化中以反思和改革为主要特征。

面对社会民主党改革的两难困局，从 20 世纪 90 年代起社会民主党意识到只有坚持社会民主主义的核心价值观，不断调整纲领政策，推进社会变革，才能保障社会民主党的长期利益。鉴于社会民主党下野后的质疑声，社会民主党在 1990 年召开党的三十一次代表大会，通过了《瑞典社会民主党纲领》，为社会民主党的继续执政提供理论支持。《纲领》对当时的瑞典社会进行了批评，指出虽然在社会民主党领导下瑞典社会虽然取得了长足的进步，然而"资本主义的许多原始特征依然存在，其表现形式是收入和财政的不平均分配及经济权力的集中化。""影响整个国家发展和每个公民生活条件的决定仍旧由少数人根据资本主义的利润原则做出"，"新型的投资机会主义已经出现，它是在牺牲绝大多数人的利益基础上，不去创造新生产或其他社会价值来摄取财富"。[2]

同时，《纲领》也把瑞典社会民主党与苏联和东欧的共产党划清界限，强调瑞典社会民主党的宗旨是"平等、民主和团结"，因而"有义务去消除残存的新出现

---

[1]　林建华、张有军、李华锋等：《冷战后欧盟诸国社会民主党政坛沉浮研究》，人民出版社 2010 年版，第 230 页。

[2]　《社会党国际和社会党主要文件选编》，中央党校出版社 1993 年版，第 131—140 页。

的阶级差别"。《纲领》重申了社会民主党一直推崇的改良主义道路,指出改良主义的社会主义道路尽管颇费时间和精力,但最大的优势在于社会变革的过程可以获得公民的极大支持,所以有着牢固的民众基础。对于实现的目标途径,《纲领》表示社会党要继续进行"彻底变革瑞典社会的斗争,这场斗争旨在使政治生活民主化,继续实施社会的平等,并在越来越大的程度上实现经济生活的民主化"[1]。在1994年大选中,瑞典社会民主党提出"瑞典可以更好些"的口号,重申了解决失业、紧缩开支、提高福利、改善环境和防止两极分化的内容,颇具吸引力的纲领帮助社会民主党一举获得大选胜利。

执政初期的社会民主党面对并不乐观的执政形势,经过痛苦的思考和反复权衡,下决心加快改革力度转变执政思路,在传统民主社会主义和新自由主义之间走出一条"第三条道路",这一执政思想在意识形态问题上更加强调思想的多元性,认为社会民主主义有着多种思想渊源,执政的社会民主党根据新形势重新理解自由、平等、公正、互助的核心价值观,赋予其新的内涵;在所有制问题上社会民主党放弃原来的社会化提法,不再提所有制的重要性,认为起决定作用的不是所有制本身,而是对经济的民主决策权;在对待资本主义问题上,表示资本主义是利润先于利益的权利制度,市场经济是分配商品和服务的制度市场,无所谓善恶;在实践方法上重申社会民主党实现社会主义的根本方法不是阶级斗争,而是依靠政治变革和技术发展扩大民众对工作场所和政治生活的参与。适时的理论和纲领调整赋予了社会民主党新的活力,瑞典社会民主党执政期间国内的经济和政局保持相对稳定,经济社会等方面成就斐然。

(二)政策主张

面对瑞典经济增长缓慢、失业率增加、社会福利水平下降的社会现实,1994年重新上台的瑞典社会民主党在经济、社会等政策方面采取了一些改革措施,这些政策调整收到了良好的效果。通过政策调整,瑞典社会民主党领导的瑞典模式再次焕发出新的活力。

在经济政策方面,社会民主党将新自由主义和凯恩斯主义结合起来,着手探索实现瑞典经济持续增长的科学路径。社会民主党政府执政期间放弃了右翼政府执行

---

[1] 《社会党国际和社会党主要文件选编》,中央党校出版社1993年版,第200—206页。

的国有企业私有化方案，同时加大国有企业的改革力度，推动国企为社会创利。政府出台文件在国企中引入竞争机制，以优化资金配置、提高管理水平、加强管理效率。同时鼓励企业开展大规模的改组和重组以增强生命力。据统计，这一时期国有企业利润大幅增加，到 2000 年时国有企业产值更是达到国内生产总值的 1/4。此外，政府牢牢把握知识经济时代科技发展的契机，大力推动科技发展和提高劳动者素质，加大对重点领域的科技资金投入。到 1997 年国内科研开支占 GDP 的比例跃居世界第一位，2000 年更是达到了 GDP 的 3.8%[1]；这些措施有力支持了高技术产业的发展。针对瑞典能源短缺和经济发展造成上台恶化的现实，社会民主党政府还制定了以"人与自然和谐发展"为最终目标的 15 项新的环境保护目标，以提高人们的绿色意识，实现经济可持续发展。

在社会政策方面，社会民主党政府保留了右翼政府的一些改革措施，同时注重维护完善福利制度的总体框架。社会民主党政府一方面强调满足医疗、教育和老幼护理等民众基本需要，另一方面加大了对社会福利的调整力度，打破了社会福利只增不减的刚性发展惯例。比如社会民主党政府上台后不顾工会的强烈反对，将社会保险的补偿程度由 80% 下调到 75%，其他福利补贴也全线下调。在制定社会政策时，社会党政府把消灭财政赤字作为首要政策目标，改变过去保险费用几乎完全来自国家和雇主的做法，加大个人缴费力度。经过几年努力，个人缴费占瑞典社会保险基金的比例由 1994 年的 1% 提高到 2000 年的 7%[2]。在实施社会政策时，社会民主党政府把促进就业放在首位，鼓励中小企业发展以增加就业门路，加大对职工技能培训的资金支持力度，增加劳动市场弹性，放宽就业规定。通过采取相关措施，社会民主党从 1994 年到 2001 年执政期间共计增加就业岗位 30 万个。[3]

在外交政策方面，社会民主党政府领导的外交政策开始从中立主义转向"后中立主义"[4]政策。长期以来瑞典一直奉行中立外交政策，各届政府都积极参与国际事务，主张建立国际新秩序；在国际矛盾和争端中始终站在小国或弱者的立场上，旗帜鲜明的伸张正义。但是 90 年代后这一情况发生了变化，1991 年 7 月瑞典政府打破

[1] 高锋：《90 年代瑞典社会党的政策变革及其效应》，载《国际政治研究》2003 年第 2 期。
[2] 丁建定：《瑞典社会福利的发展》，中国劳动出版社 2004 年版，第 177 页。
[3] 本书编写组：《兴衰之路：外国不同类型政党建设的经验和教训》，当代世界出版社 2002 年版。
[4] 金日：《从中立主义到后中立主义：瑞典外交政策之嬗变》，载《欧洲研究》2003 年第 1 期。

不结盟的中立外交政策提交了加入欧共体的申请，1995年瑞典正式成为欧盟成员国。在加入欧盟的同时，瑞典于1994年4月同北约签署了和平合作关系框架协议（PFP），使瑞典可以有选择地加入到北约的活动中，打破了瑞典"不参加军事联盟"的承诺，从1997年起瑞典的战斗机还参加了北约军事演习。不仅如此，原来瑞典在面对国际冲突中的鲜明立场也在改变，比如社会民主党政府在科索沃战争、巴以冲突等问题上开始采取沉默或者模糊的态度。尽管瑞典并没有完全放弃了中立外交政策，但其外交政策的传统色彩开始逐渐淡化。

五、瑞典社会民主党执政历程评析

综观瑞典社会民主党战后的执政历程，我们看到，瑞典社会民主党之所以能够成功缔造"瑞典模式"，首先得益于瑞典良好国内外环境，以及社会民主党对适合本国国情发展道路进行的理论探索和实践努力，最终走出了一条"瑞典式社会主义"的发展道路。

战后瑞典社会民主党建设瑞典模式的成功经验和一些特殊做法，对瑞典经济、政治和社会发生了深刻的影响，即便右翼政党上台以后，也对这些政策予以认可。瑞典模式也引发了外界的广泛兴趣，许多发展中国家向瑞典派驻观察员，实地考察和学习它的经验。西欧各国社会民主党普遍认为，瑞典社会民主党建成了"理想的社会主义国家"。

但是，瑞典社会民主党的成果具有独特的社会历史条件，它领导的"瑞典国家制度是由特殊材料和例外匀称的阶级结构形成，任何试图抄袭的打算都是荒谬的。"[1]瑞典社会民主党的成功，还有着更为深刻、更为特殊的社会条件，瑞典工人阶级的力量强大且具有比大多数西方国家工人阶级队伍更为团结的特点，使得瑞典社会本身就呈现强烈的阶级制衡性，这为社会民主党的阶级合作政策提供了社会土壤。同时，瑞典社会的民主传统悠久，各民族及其意识、语言具有统一性，国家又有着丰富的自然资源，这就使垄断资本可以在不影响扩大再生产的前提下，通过国家扩大消费支出比例，以提高各种社会福利待遇。再次，自拿破仑战争以后的170年间，瑞典在列强争雄、战火不断的欧洲，始终不渝地奉行严格的中立外交政策，避免了战争

---

[1] ［美］熊彼特：《资本主义、社会主义和民主主义》，商务印书馆1979年版，第405页。

的浩劫，为国内经济建设稳步发展提供了必不可少的外部条件。

正是这些因素的作用，使社会民主党的主要政策得以顺利实施。同时，以改良和合作为特点的"瑞典模式"也并非完美无缺，瑞典社会民主党一开始就面临诸多矛盾和无法解决的难题，其提出的"中间道路"也并不是一条通向理想社会的金光大道，而是一条寻求改良和妥协的道路，帕尔梅自己也承认："中间道路实际上意味着我们社会党人在一定程度上处于与资本主义的共生状态。"[1]

进入全球化时期后，瑞典模式的各种弊端开始浮出水面，面对矛盾和困境的挑战，瑞典社会民主党始终紧扣时代发展需要进行改革和调整，坚持以实用主义理念着力解决瑞典社会的突出问题，并且不断根据形势发展需要，修正、更新其理论并调整其政策，这才使瑞典社会民主党在 90 年代末依然保持执政的强劲动力，取得了显著的执政成效。

成就之一：瑞典经济与社会发展获得强劲的活力。瑞典社会民主党的成功首先体现在经济方面：战后 30 年的时间里瑞典经济发展迅猛，国内生产总值年均增长率达到 3.3%，人均年收入在 1974 年位居世界第一位。支持瑞典经济发展高速度的是企业活力的迸发，据世界银行公布的资料，到 80 年代世界 500 家最大的公司中，瑞典就占到了 22 家。与此同时，由于阶级妥协政策实施和福利国家建设持续推进，在战后相当长的一段时间里，瑞典的年均通胀率约为 3% 左右，年均失业率还不到 2%，就在西方国家在 60 年代开始面对一轮接一轮的罢工浪潮时，瑞典社会则呈现出相对稳定的状态，自 1955 年至 1964 年，以千人为计算单位，瑞典每年因罢工而损失的工作日仅为 0.3 至 6.6 天，而英国为 30 至 100 天左右，至于美国则高达 89 至 100 天以上，在当时的西方世界中，瑞典可以称得上一块"世外桃源"。20 世纪 50 年代至 70 年代，瑞典社会和谐、劳资关系平静，这样突出的执政业绩使得社会民主党在历次议会大选中的选票都达到 40% 以上，并连选连任，社会民主党进入了历史上的鼎盛时期。

到 20 世纪 80 年代瑞典经历了 20 年经济萧条期，"1991 年至 1993 年间出现了战后首次负增长，3 年下降共约 5%，公开失业率由 5% 升到 8%，政府财政收支由 1990 年的盈余，迅速变成 1993 年的赤字"[2]。但从 1994 年社会民主党执政开始，

---

[1] 金重远：《战后西欧社会党》，上海人民出版社 1997 年版，第 162 页。

[2] 高锋：《90 年代瑞典社会民主党的政策变革及其效应》，载《国际政治研究》2003 年第 2 期。

1995 年至 2000 年瑞典年均增长率达到 3%，这相对于同期经济萎靡的欧洲是很好的成绩。同期，瑞典国家债务占 GDP 的比例也由 76.2% 下降至 55.6%，社会福利开支占 GDP 的比例也由 1993 年的 38.6% 下降至 1999 年的 32.7%，公共开支占 GDP 的比例由 67.3% 下降到 55.4%，右翼政府留下的巨大财政赤字在社会民主党政府手中变成了财政黑字。与经济发展一致，国内消费物价指数在社会民主党执政期间基本保持平稳，没有出现大的波动，失业率也出现下降趋势，2000 年初瑞典的失业率约为 4%，中青年中 80% 的男性和 78% 的妇女充分就业。此外，社会民主党政府还高度重视保护环境的问题，强调经济发展不能以忽视消耗自然资源为代价，"这一代人没有权利为了自己的福利而把下几代人的自然资源和地理环境消耗尽。从这个角度上讲，社会民主党是一个环境党。"[1] 社会党政府提出建立"绿色的人民之家"，运用科技手段创建绿色经济，实施战略性的环保政策。

成就之二：瑞典社会民主党组织适应力不断增强。瑞典社会民主党一直高度重视党的组织建设，尤其是进入 90 年代以后，社会民主党根据社会的发展变化，开始改造党的组织构成和活动方式，努力建设一个开放型、多元化和能够在信息社会条件下生存和发展的党。90 年代初，社会民主党着手取消工会集体党员制，实行个人党员年度登记制，这种做法摆脱了工会对政党的制约，明确了党员个人对党的义务和责任，加强了党的活力。同一时期，瑞典社会民主党利用国家对政党的补助，培训专门的党务工作者，加强党内基层干部轮训，在中央党的总书记之外分设两名负责国内联系、组织工作和国际工作的副总书记，这些措施吸引了相当一批献身精神较强的青年专心从事党务管理工作。瑞典社会民主党还十分重视基层党组织建设，在第三产业、小企业广泛建立了党组织，积极吸收知识分子和妇女加入党组织，并开展有效的活动，提高党员参加党内生活的兴趣，增强了党的凝聚力。社会民主党有着直接安排党的领导和专家与民众交流的传统，90 年代中期它又开通了互联网主页，利用网络平台发布党的文件，加强和党员的交流沟通，致力于将社会民主党建设成为一个现代媒体党。

成就之三：瑞典人民生活水平得到提高，民众对执政党的认同度增强。战后执政的瑞典社会民主党始终致力于通过建设福利社会，提高人民的生活水平，增强人

---

[1]　《瑞典社会民主工人党党纲》，载《当代世界社会主义问题》2003 年第 1 期。

民的幸福感。根据联合国开发计划署公布的《2002 年人类发展指数》，瑞典的人类发展指数为 0.941，仅次于挪威；基尼系数为 0.250，也就是说，如果将中等收入指数定为 100，则最高收入指数为 175，最低收入指数为 65，将最富的 10% 人群的收入下限与最穷的 10% 人群上限相比较，差距为 3 ：1。[1] 全球化时期面对福利制度表现出来的种种弊端，瑞典社会民主党也进行了相应的改革，但是改革的目标始终是集中在健全完备的社会保障体系方面。1994 年社会民主党重新执掌政权以后，衡量福利的标准开始从单一的社会消费转向医疗保健、福利、长寿，就业条件和劳动条件，生活水平，受教育的机会和文教水平，生命财产的安全和犯罪状况，家庭关系和社会关系，文化娱乐活动，对政治生活的参与和关心，住房和地方所提供的各种服务等七个方面，社会民主党政府致力于打造普惠型的福利体系，有效解决人民生活中遇到的切身问题，推动社会全面、协调、有序发展。这一时期，社会民主党政府紧跟科技发展步伐，注重将科技成果运用于社会生活方面。比如在 2000 年度的政府预算报告中指出："在全球经济的条件下，知识和教育对于增长、就业及社会公正是十分重要的。从长远的观点来看，教育是公正和工作的关键……为了纠正现存的分配不公平，更公平的分配受教育的机会和知识比事后对财富进行分配更有效"[2]。

尽管瑞典社会民主党执政期间取得了斐然政绩，但是自 1976 年以后瑞典社会民主党在政坛表现得磕磕绊绊，失去了长期执政时的稳定和从容。尤其在 2006 年大选中遭受了过去 80 年中最惨重的打击，仅获得了 35.2% 的选票；2010 年社会民主党再次遭遇大选失败。这种反常情况的出现，很是耐人寻味，这表明瑞典社会党的改革依然处于瓶颈期，其未来发展历程也必将充满挑战。

反思之一：左右翼政党特性日益模糊对社会民主党的执政不利。为了迎合执政的需要，全球化时期的社会民主党开始在纲领、组织等方面向中间阶层靠拢，在策略上既巩固和左翼党（共产党）与环境党（绿党）的关系，也发展和中派以及右派的合作。但是面对共同的社会环境，右翼政党也在向中间靠，他们常常提出许多和社会民主党相近的政策主张，宣称自己代表中间阶层、产业工人的利益。比如右翼的温和党宣称自己上台后不会改变社会民主党的政策框架，也要为中下层民众服务，

---

[1] 中科院北欧考察团：《全面认识北欧模式：芬兰、瑞典、挪威三国考察报告》，载 http：www. china reform. org. cn。

[2] 顾俊礼：《欧洲政党执政经验研究》，经济管理出版社 2005 年版，第 211 页。

温和党领导人林菲尔德被媒体称为"变得比社会民主党人还要社会民主党人"[1]。瑞典主流政党的中间趋向对执政的社会民主党无疑是不利的,加上 90 年代以来的瑞典社会民主党的基本理论已经改变,改造社会和抵制资本主义等主张已不再提及。甚至有人指出,瑞典左右政党特征已经模糊,社会民主党之所以在 1994 年的选举中获胜,恰恰是因为它没有做出改革或改善的承诺。[2] 政党身份模糊的直接后果是吸引力下降,党员人数减少,1990 年瑞典社会民主党改组前的党员人数有 120 多万,此后一直出现下降趋势,到 2000 年人数已不足 18 万。如何在不断按照现实需要调整政策的同时,保持社会民主党的基本价值观,即在变化的社会环境中如何维护社会民主党的身份(属于社会民主党)与地位(得到民众拥护的执政党),越来越成为决定瑞典社会民主党前途命运的一项关键问题。

反思之二:长期执政产生的执政倦怠现象损害了社会民主党的形象。瑞典社会民主党一个拥有百余年历史的老党,也是一个长期执政的大党,但是长期执政的历史容易使社会民主党的领导层和各级官员滋生骄傲自满情绪,认为自己的所作所为绝对正确,仿佛瑞典没有社会民主党便无法生存下去。政党的政策日趋僵硬,对民众利益要求缺乏回应,这破坏了社会民主党在人民心中的美好形象。社会民主党长期掌权积累的不满情绪一旦爆发,往往容易诱发一系列连锁反应:主要反对党就会起来攻击,选民甚至工会通过投票给右翼政党发泄不满,党内的组织面临尖锐矛盾甚至会走向分裂。

同时,长期执政的社会民主党党内也出现了一定程度的官僚化倾向,执政过程中丑闻不断。比如 2004 年南亚发生海啸时五百多名瑞典人丧生,但是社会民主党政府反应迟缓,甚至在灾难发生后不久,当时的卫生部长威尔·琼森就去度假,这就更给民众留下自满和不负责任的印象。当傲慢轻视、不负责任的情绪在全党蔓延时,即便社会民主党在经济社会政策方面拿到了高分,选民还是出于个人的好恶义无反顾地将选票投给了右翼政党。

反思之三:经济社会发展中形成的深层矛盾危及社会民主党的执政基础。尽管

---

[1] 林建华、张有军、李华锋等:《冷战后欧盟诸国社会民主党政坛沉浮研究》,人民出版社 2010 年版,第 238 页。

[2] [英] 斯图加特·汤姆森著,贺何凤,朱艳圣译:《社会民主主义的困境:思想意识、治理与全球化》,重庆出版社 2008 年版,第 114 页。

战后瑞典社会民主党在执政期间不断对经济政策进行调整，但由于没有触及资本主义经济体制的根本，其主导的混合经济体制依然以私有制为主体，面对世界经济的起伏趋势社会党表现出更多的是无奈和束手无策。从 60 年代开始，瑞典国民经济的增长速度开始放缓，国民经济的年均增长率 1960—1965 年为 5.7%，1965—1970 年为 3.8%，1974—1978 年下降为仅 0.3%，从 1973 年开始的十年间瑞典国民生产总值的年均增长率仅为 1.5%，在经济合作与发展组织中属发展速度最慢的国家之一。同时国内通货膨胀开始加速，从 1973 年到 1984 年间，通胀率年均达 10.2%，最严重的 1979 年竟高达 13%，瑞典开始陷入战后西方国家常见的"滞涨"困局中。

一旦国内经济呈现下行趋势时，瑞典深层的社会矛盾开始显露出来，原来一整套合理的福利制度越来越成为国家财政一个难以承受的负担。1950 年时，瑞典的福利开支占到当年国民生产总值的 25%，但自 1970 年开始福利开支年均增长达到了 6%，1981 年时占到了国民生产总值的 66%，这样瑞典经济就被大量公共开支捆住了手脚，工业设备疏于更新，扩大再生产难以持续。一些瑞典经济学家反思这段历程颇有感慨："一些二次大战的战败国，却因祸得福，而瑞典工业却因福得祸，躺在各项福利设施上坐失大好时机，耗费了巨额财力和物力。"[1]

此外，瑞典社会民主党政府建设的福利国家中主要采用高税收和高赤字为主要手段，社会中贫富差距的现象依然存在，穷人也无法和富人平等分享社会福利，到 70 年代，大约 90% 的家庭根本没有股票，而占总数 0.2% 的家庭却拥有股票数额的 42%。虽然瑞典工人的名义工资自 1965 年到 1976 年年均增长为 9% ～ 10%，但企业的利润年均增长却达到 20% ～ 30%，可见工人劳动所得的大部分成果都落入了企业主的腰包。在这种情况下，社会民主党逐渐失去了工人阶级这一"传统票箱"，社会民主党支持率不断降低，在瑞典政坛的优势地位慢慢丧失。

尤其在进入全球化时期以来，瑞典社会民主党至今仍没有找到有效的政策措施应对全球化的挑战。比如，资本的国际化、金融的全球化、商品的世界化无疑会削弱瑞典产品的竞争力，在世界经济发生危机时瑞典根本无法独善其身。再如，全球化推动了成员国的人才流动，这一方面使企业和高收入者会迫于瑞典的高税收政策外流，另一方面由于受到高福利的诱惑，大批非法移民的涌入也会对国家的经济、

---

[1] 黄范章：《瑞典福利国家的实践与理论——"瑞典病"研究》，上海人民出版社 1987 年版，第 137 页。

福利、安全等方面产生负面影响。瑞典社会民主党在处理上述问题时，会同时面临中下层群众和中右翼政党两方面的压力，调和的态度会使社会民主党两边不讨好，倒向一边的政策又会使社会民主党面临另一方面的巨大压力，这给瑞典社会民主党的执政能力提出了新的挑战。

第四章 西欧社会民主党治国理政的主要经验

战后西欧社会民主党逐渐发展为西欧政治舞台中的一支重要力量，并以良好的执政成效赢得了选民的信赖和支持。纵观西欧社会民主党的执政历程我们不难发现：西欧社会党之所以能够多次突破困境走上执政舞台，根本原因还是其不断根据现实环境变化进行调整、改革和转型，以新的政党面貌、价值纲领、政策体系和政治承诺获得选民的认可。"调整、改革、转型"既是战后西欧社会民主党取得执政地位的关键因素，也构成其执政经验的主要内容。

第一节 意识形态的中间化调整

社会民主主义是西欧社会民主党共有的思想理论体系，各国社会民主党都把社会民主主义奉为自己的指导思想。从与科学社会主义同根同源，到与马克思主义分道扬镳，逐步融入资本主义的价值体系，再到根据目标价值另辟蹊径提出"第三条道路"。尽管各国社会民主党对于社会民主主义的认识过程历经曲折，认识结果也不尽相同，但是这一理论形态总能在沉沦中崛起，危机中重生，焕发出强劲的生命力。可以说，社会民主主义的发展历程就是一部向中间地带不断"变革"的历史。

一、社会民主主义理论的形成

作为意识形态层面的社会民主主义，与马克思主义和社会主义的历史传统有着紧密的联系，但主要渊源还是国际工人运动史上出现的一些改良主义和修正主义的思潮。正是由于这一理论形态的复杂性，使得它在二战结束前一直没有形成完全独立的体系，直到 1951 年社会党国际通过《法兰克福宣言》后，才真正成为一股现代意义上的欧洲政治思潮。

（一）社会民主主义的理论发端

社会民主主义一词最早出现在欧洲 1848 年革命时期，当时的马克思、恩格斯都自称是社会民主主义者或社会民主党人，提出了要进行彻底的资产阶级民主革命，从而为过渡到社会主义革命创造条件的策略。到 19 世纪 40—70 年代社会民主主义逐渐成为工人阶级同情者和社会改良者的共同称谓。比如，法国的社会民主主义者是指"对工人阶级怀着或多或少持久的但总是捉摸不定的同情的民主共和主义者，""在德国，自称为社会民主主义者的是拉萨尔派"[1]。

当不同政治倾向的人都使用这一概念时，其涵义就被打着民主和社会主义旗号的各种小资产阶级改良主义思潮扭曲。为了驳斥那些自诩为社会民主主义者的小资产阶级右派的改良本质，马克思、恩格斯开始对社会民主主义理论赋予无产阶级革命的含义，并强调"我们处处不把自己叫作社会民主主义者，而称作社会主义者，这是因为当时在各个国家里那种根本不把全部生产资料转归社会所有的口号写在自己旗帜上的人自称为社会民主主义者"，虽然"他们中间的许多人已愈来愈深刻的意识到生产资料归社会公有的必要性，但是道地拉萨尔式的由国家资助的生产合作社仍然是他们纲领唯一被正式承认的东西。因此对马克思和我来说，用如此有伸缩性的名称来表示我们特有的观点是绝对不行的"[2]。

巴黎公社运动失败后，国际工人运动转入低潮，这要求工人政党的中心工作是训练群众采取灵活的策略，善于在斗争中运用"选举"和"议会"等合法手段，这种新的形势使得社会民主主义在国际工人运动中迅速流行起来；同时马克思主义在工人运动中得到广泛传播，一些社会民主主义者也开始接受科学社会主义的基本原理，这就使马克思、恩格斯对社会民主主义一词采取容忍的态度。在这样的背景下，社会民主主义成为科学社会主义者、激进民主主义者和小资产阶级社会主义者的共同旗帜。

这一时期马克思、恩格斯及其战友也采取各种措施克服非马克思主义思想对工人运动的影响，科学社会主义对各国社会民主党的影响逐渐扩大。到 19 世纪 80 年代社会民主主义的概念逐渐具有了科学社会主义的内容，欧洲各国的社会民主党人

---

[1] 《马克思恩格斯全集》第 22 卷，人民出版社 1965 年版，第 489—490 页。
[2] 《马克思恩格斯全集》第 22 卷，人民出版社 1965 年版，第 489—490 页。

都把社会民主主义视为科学社会主义的同义词，欧洲各国陆续成立的工人政党，大部分都以社会民主党或社会民主工人党命名。1889 年恢复重建的国际工人运动组织 —— 第二国际也在"一切重大问题方面都站到马克思主义立场上来了"[1]，社会民主主义和马克思主义成为同义词。

（二）改良主义对马克思主义的全面修正

1895 年恩格斯逝世以后，由于资本主义经历了较长时期的和平发展，垄断资本主义开始形成，中产阶级不断扩大，这就使资本主义有了自我调节能力和适应能力，工人阶级通过议会斗争实现社会主义成为可能。同时，第二国际强调各国政党运动的独立性，西欧各国社会民主党都着眼于本国的实际进行党纲和政策的调整。在这样的背景下，各国党内改良主义活动加剧，结果导致第二国际内多数政党陷入了机会主义的泥坑，社会民主主义的内涵开始发生变化。在 1896 年召开的第二国际伦敦代表大会上，改良派开始把夺取政权采取的措施歪曲为一系列有关普选权的要求，各党内部机会主义思想开始蔓延。到 1899 年，伯恩施坦出版了《社会主义的前提和社会民主党的任务》一书，认为随着资本主义民主机构的增加，"在一百年以前需要进行流血革命才能实现的改革，我们今天只要通过投票、示威游行和类似的威逼手段就可以实现了"[2]。进而提出了一套对马克思主义进行系统修正的改良主义理论体系。

指导思想的扭曲势必引发理论和实践的二元对立，这要求社会民主党以"通过民主改良和经济改良的手段来实现社会的社会主义改造"[3]为基本前提，对原有的理论体系和纲领政策进行全面改造。第二国际的中右派开始把社会民主主义定义为一种反对无产阶级革命和无产阶级专政的社会运动，将社会民主主义的目标界定为在资本主义制度范围内通过和平和合法的议会手段使资本主义进化为社会主义，社会民主主义的理论内涵全面改变。

尽管正统马克思主义者对于伯恩施坦的观点进行了批判，但是由于没有关注到社会环境的变化，批判缺乏实践材料的支持，结果越来越多的人倒向改良主义一边，

---

[1]　《列宁选集》（第 2 卷），人民出版社 1972 年版，第 2 页。

[2]　《爱·伯恩施坦声明》，载《德国社会民主党关于伯恩施坦问题的争论》，三联书店 1981 年版，第 71 页。

[3]　[德] 爱·伯恩施坦：《社会主义的前提和社会民主党的任务》，三联书店 1965 年版，第 239 页。

伯恩施坦的主张逐渐成为社会民主主义的主流立场。俄国革命期间，马克思主义者与社会民主主义者之间展开了新一轮的理论斗争，列宁曾一针见血地指出"我们党的旧名称便于人们欺骗群众，阻碍运动前进……现在已经是丢掉肮脏的衬衫，穿起整洁的衣服的时候了"[1]。俄国党率先抛弃了被玷污的社会民主党称号，接着第二国际所属各国的左派党纷纷改名为"共产党"，十月革命胜利后，在共产国际及其所属各党眼中，社会民主主义成为修正主义和右倾主义的同名词，共产主义开始和社会民主主义划清界限。

而原第二国际及其所属的各国社会民主党则坚持用和平手段和渐进方式向社会主义过渡，反对暴力革命，反对无产阶级专政，用社会民主主义同布尔什维克主义或共产主义对抗。随着共产国际和社会主义工人国际的先后成立，欧洲社会主义运动一个中心和一种运动的时代一去不复返，取而代之的是两种社会主义理论和运动之间的长期对立和斗争。在这一时期，西欧社会民主党通常用"社会民主主义"一词来称呼自己的思想体系，借此突出自己是"民主的"，攻击共产党是"反民主的"或"专制的"。社会民主主义理论开始在明确的西欧地理界限内发展，实现理论转变的社会民主党开始参与各国议会民主进程，但对于何谓社会民主主义的问题上各国社会民主党都从本国的实践出发进行自由的阐释，一直没有形成统一的完整的理论体系。

（三）民主社会主义理论的确立和形成

第二次世界大战期间，西欧各国社会民主党在反法西斯斗争中和共产党进行了合作，两党在意识形态方面的对立也有所缓和。由于遭法西斯政权的迫害，这一时期社会民主党的思想发展呈现一片空白。战后初期西欧国家的一些社会党和共产党继续在国家重建和社会改革中合作，部分社会民主党领袖甚至建议两个政党重新合并，建立统一的国际组织。但是由于诸多原因，社会民主主义理论的第二次"马克思主义化"没有出现。

冷战开始后，西欧各国社会民主党纷纷在理论上和科学社会主义划清界限，指责苏联模式的社会主义是"极权主义"，以此为前提开始了社会民主主义的理论重建。1951年6月各国社会民主党在联邦德国法兰克福举行了重建社会党国际的代表会议，

---

[1] 《列宁全集》第29卷，人民出版社1964年版，第178—182页。

并通过了题为《民主社会主义的目标与任务》的原则声明，全面阐述了民主社会主义在政治、经济、社会、文化和国际关系等方面的主张，宣告社会民主主义的理论体系最终确立。

《民主社会主义的目标与任务》的声明首先标榜社会民主主义的价值就是既反对资本主义、帝国主义，也反对共产主义，认为"未来既不属于共产主义，也不属于资本主义"，只有民主社会主义才是"成为代替资本主义和一党制国家共产主义的第三种力量"[1]。声明初步确立了民主社会主义的基本观点：一是在对待马克思主义的问题上采取实用主义态度，强调"社会主义是一个国际的运动，它不要求在处理问题的方法上严格一致。不论社会党人把他们的信仰建立在马克思主义的分析社会的方法上，还是建立在其他方法上，不论他们是受宗教原则的启示还是受人道主义原则的启示，他们都是为了共同的目标而奋斗"[2]，既对马克思主义持肯定立场，又不把它作为指导思想，明确了意识形态上的多元主义。二是在对待资本主义问题上，谴责资本主义"使阶级之间的斗争尖锐了"，"无法避免灾难性的危机和大批失业"，"产生了社会的不安定和贫富之间明显的对立"[3]；主张以改良、和平的手段使资本主义演变为社会主义。三是在对待社会主义的问题上，声称"社会党人的奋斗目标，是以民主方法建立一个自由的新社会"，认为"走向社会主义的道路不止一条"，可以有"适应各自环境需要的各种不同形式的民主社会主义"[4]，坚持社会民主主义核心是坚持自由、民主的基本价值。

如果说战前共产主义和社会民主主义的理论矛盾焦点集中在实现社会主义的道路和手段方面，即应当采取革命还是改良的途径上，那么社会党国际《声明》宣布以"民主社会主义"取代"社会民主主义"的称谓，则意味着社会民主主义理论体系的一次蜕变。《声明》中主要理论观点全面背弃马克思主义，修正主义的社会改良方案充斥全文，各种虚无的人道主义、宗教伦理的价值观成为民主社会主义的理论渊源，

[1] 社会党国际文件集编辑组：《社会党国际文件集》，黑龙江人民出版社1989年版，第8—16页。

[2] 社会党国际文件集编辑组：《社会党国际文件集》，黑龙江人民出版社1989年版，第8—16页。

[3] 社会党国际文件编辑组：《社会党国际主要文件选编》，当代世界出版社2005年版，第3—5页。

[4] 社会党国际文件编辑组：《社会党国际主要文件选编》，当代世界出版社2005年版，第7—8页。

这标志着社会民主党非意识形态化潮流的形成。此后，社会党国际和各国社会民主党逐渐用民主社会主义一词取代社会民主主义，使之成为各党普遍认可的意识形态准则。

二、战后社会民主党意识形态的"多元化"

战后社会民主党的意识形态困境，就是指社会民主党所持有的社会民主主义价值观和资本主义体制中发展的价值体系之间的不匹配甚至相互矛盾的情况。[1] 在原有体制内，旨在变革现有社会经济体制的马克思主义理论为执政者所不容。要在体制内走改良主义道路，势必要求社会民主党能够通过自身转型融入资本主义体制中，一旦社会民主党成为资本主义体制中的一种政治力量，就必须调整其意识形态取向，吸引民众的眼球，取得选民的支持，已达到合法执政的目的。

（一）意识形态"多元化"的由来

二战前的西欧社会民主党注重维护意识形态的独特性，尽管19世纪90年代以后西欧社会民主党在实践中逐渐背离了马克思主义，但多数社会民主党在纲领中和理论上依然以马克思主义者自诩，马克思主义基本原理的影响在各党纲领中更是广泛存在。社会党与共产党之间的争论和斗争，本质上并非是目标和方向之争，斗争的焦点始终集中在实现目标的道路和手段上，双方都把产业工人作为自己组织基础，两者都是欧洲工人运动和世界社会主义运动的重要力量，两者同处于政党光谱的左翼。

如1920年瑞典社会民主工党十一大党纲中提出要通过阶级斗争剥夺对生产资料的所有权，以社会控制和管理取而代之。1948年英国工党理论家拉斯基还在为纪念《共产党宣言》发表100周年新版本的序言中写道："工党承认它要感谢马克思和恩格斯，他们两个人是整个工人阶级运动的推动者"[2]；法国社会党领袖居伊·摩勒战后反思纲领发展历程时指出："法国整个党——盖得、饶勒斯、莱昂·布鲁姆和亚历山大·布拉克——毫无保留的主张对资本主义进行马克思主义的分析……法国社会党人都把

---

[1]　[英]斯图加特·汤普森著，贺和风、朱艳圣译：《社会民主主义的困境：思想意识、治理和全球化》，重庆出版社2008年版，第18页。

[2]　王捷、杨祖功：《欧洲民主社会主义》，社会科学文献出版社1996年版，第161页。

历史唯物主义看成研究人类社会史的最好的方法"[1]。

二战结束后，社会民主党人对待马克思主义的态度和看法开始发生根本的转变，正像社会党国际领导人尤利乌斯·布劳恩塔尔在马克思诞生 150 周年纪念会上指出的："马克思主义曾是第二次世界大战前在第二国际占主要地位的意识形态"，而在战后，"改良主义成了在社会党国际占统治地位的意识形态"[2]。从《民主社会主义的目标与任务》的声明开始，西欧各国社会民主党纷纷开始重写或修订政党纲领，这些纲领毫无例外的都坚持"多元化"的原则，强调除马克思主义以外，还有其他一些学说同为社会民主党意识形态的组成部分。社会民主党以强调各种思想、理论的平等性为借口，用"意识形态多元化"来取代马克思主义作为党的指导思想的方针，通过贬损马克思主义在工人运动中的历史地位和现实影响，最终使社会民主主义的理论彻底"脱离马克思主义"。

（二）理论困境直接诱发了意识形态"多元化"调整

西欧社会民主党战后开始进行意识形态"多元化"调整，有着特定的背景因素。这些背景因素源于西欧政治生态的变化，造成了社会民主党的理论困境，进而催发了意识形态的"多元化"发展。

首先，意识形态的困境源于社会民主党政治地位变化的现实需要。第二次世界大战后世界反法西斯战争任务基本完成，社会主义国家和资本主义国家的矛盾迅速显现出来。随着 1949 年北大西洋公约组织和 1955 年华沙条约组织的建立，全球形成了帝国主义阵营和社会主义阵营全面对抗的两极格局，而西欧诸国刚好处于资本主义阵营的核心区。防范共产主义极权政治在欧洲影响已经成为北约各国执政集团的共识，执政的资本主义政府对各国左翼势力持敌视态度，这给社会民主党施加了巨大的压力。

战后初期西欧社会民主主义运动经历了蓬勃发展，各国社会民主党在阵营对立中坚定地站在西方阵营的立场上，实践中越来越认同资本主义的价值观。面对社会民主党的妥协，各国统治集团也在承认社会民主党的基础上，开始采取措施将社会民主党拉入资本主义政党体制。在西欧各国，社会民主党与资产阶级政党相比较开

---

[1]　刘成、马约生著：《欧洲社会民主主义的缘起和演进》，重庆出版社 2006 年版，第 62 页。

[2]　程玉海、林建华：《共产国际与当代西欧社会民主党若干问题研究》，中国工人出版社 2000 年版，第 308 页。

始被称为代表"左"派的政治力量，一些社会民主党人开始以现有政治体制中的"左"翼自诩。此时，如果社会民主党继续坚持以马克思主义作为党的指导思想，就会在"行动的基本依据和政治行为本身之间出现鸿沟"[1]，在其指导理论和政治实践之间产生了这样的矛盾：争取成为资本主义社会执政党的实践和自己所宣称的"政治理想"之间根本不合拍，各国社会民主党迫切需要一种可以自圆其说的理论。

其次，意识形态的困境源于政党竞争的强大压力。战前工人阶级和资产阶级两极对立，社会民主党作为工人阶级利益捍卫者，毫无疑问不会放弃马克思主义作为政党的指导思想。正如英国《经济学家》在1954年3月的一篇文章指出的那样："在社会民主党那里，马克思主义的作用要比党的宣言对马克思的虚伪称赞小得多。实际上，那些虚伪的称赞与其说是出于对马克思主义理论的信仰，或者对于这种理论的重视，倒不如说是由于害怕共产党人在知识分子和工人中间成为马克思威信的唯一继承人"[2]。

二战后西欧各国迎来了经济的黄金发展期，随着各国经济的强劲复苏，西欧各国社会阶层格局发生了变化，传统劳工阶层的人数开始减少，贫困现象普遍消除，国内出现了要求稳定和发展的共识，反对任何过激的政治运动。面对这些问题，右翼政党凭借其自由主义的理念纷纷上台执政，而西欧各国社会民主党经历了战后组织重组后面临着理论的困惑，这直接影响到社会民主党能不能和右翼政党平等竞争并获得执政机会。典型的是德国社会民主党重建后由于迟迟没有完成纲领的变革，在50年代的历次选举中连续被右翼政党所击败，得票率始终超不过选民总数的三分之一。政治参与的现实压力促使西欧各国社会民主党正视固有理论给政党带来的负面影响，最终选择放弃马克思主义，走上了价值观多元化的道路。

再次，意识形态的困境源于民主社会主义理论的欧洲传统。社会民主主义最初就是一种欧洲小资产阶级的社会主义理论，一方面这一理论形态与马克思主义和社会主义的历史传统有着紧密的联系，同时它也在不同历史阶段和不同程度上吸收了其他欧洲文明的养分。基督教宗教思想、人道主义哲学和法国大革命后的启蒙主义思想都曾对社会民主主义理论发展产生过影响，直接作为西欧社会民主党理论渊源的是欧洲工人运动中的一些改良主义和修正主义思潮，如蒲鲁东主义、工联主义、

---

[1] [德]维·勃兰特、[奥地利]布·克莱斯基、[瑞典]欧·帕尔梅：《社会民主与未来》，重庆出版社1990年版，第60页。

[2] 徐崇温著：《民主社会主义评析》，重庆出版社1995年版，第410页。

拉萨尔主义、伯恩施坦主义和考茨基主义的理论观点。在发展过程中，社会民主党一直强调其思想理论渊源的多元性，马克思主义充其量只是它们用来装点门面的其中一件装饰物而已。同时，各国社会民主党地位相对独立，各党都以实用主义的手法任意摘取理论的个别语言和片段为己所用，这更使社会民主主义成为一个模糊不清的思想体系。结果，战后西欧各国社会党党内派别林立、观点不一，这影响了政党的组织战斗力，损害了政党在公众面前的政治形象。面对这种现实，各西欧社会民主党都致力于实现理论的基本统一，通过新的纲领阐述以争取更多的选民。

可以说，正是战后国际和国内环境的变化，使得社会民主党原有理论的实践环境发生转变，既有纲领和理论已经无法适应社会民主党参与议会斗争、改良资本主义的现实要求，战后的社会民主党先后陷入意识形态的困境之中。为了摆脱困境，西欧社会民主党开始"有意的拒绝使自己从属于一种统一的、无所不包的理论和哲学"[1]，在纲领中公开强调指导思想的多元性，篡改甚至取消马克思主义的科学理论体系，以自由、平等、公正等抽象概念代替马克思主义的制度替代理论，开始实施"放弃一种真理，转而与多种真理共存"[2]的理论纲领改革，

（三）意识形态的"多元化"过程及其影响

战后社会民主党的意识形态调整以德国社会民主党在1959年通过的《哥德斯堡纲领》最具代表性，作为传统的工人阶级政党，战后初期的德国社会民主党在理论方面吸收了《法兰克福宣言》的思想，"采纳了一个排除马克思主义学说的改良主义纲领，包括放弃对大工业的国有化措施和实行国家计划的方案"，但它仍然"把自己定性为一个意识形态化的政党，代表工会和工人阶级的利益"。正是由于"社会民主党的纲领代表了工人阶级的利益，没有扩大到更宽泛的社会结构层面上来"[3]，这使它没有获得更多的其他社会阶层选民，直接导致其在战后三次大选中相继遭遇惨败；同时，被社会视为陈旧的纲领在组织内部也失去了吸引力，在1947年，社会民主党还有党员87.5万人，到1958年时，下降为62.4万人[4]。

面对这样的现实，德国社会民主党的领导人认识到："如果不深入地改变它的

[1]　[德]维·勃兰特、[奥地利]布·克莱斯基、[瑞典]欧·帕尔梅著：《社会民主与未来》，重庆出版社1990年版，第68页。

[2]　张契尼、潘琪昌编：《当代西欧社会民主党》，东方出版社1987年版，第397页。

[3]　Russell J·Dalton，Politics in Germany，Scott，Foresman and Company，1989，p.259.

[4]　王学东：《评德国社会民主党的转型》，载《当代世界社会主义问题》2002年第1期。

方法和它的政治主张，它将永远不可能在选民团体中重新打开局面；为了突破百分之三十的选票界限——取得执政的必要条件——一场彻底的变革是十分必要的"[1]。在这样的历史背景下，德国社会民主党在 1959 年召开特别代表大会，以 324 票赞同，16 票反对通过了《德国社会民主党的基本纲领》（即《哥德斯堡纲领》）。

《哥德斯堡纲领》对社会民主党进行了重新定位，原来德国社会民主党主张生产资料归社会占有、按照预定计划进行社会生产、阶级消灭和国家消亡等词句完全看不到了，纲领强调"社会民主党是一个由不同信仰和思想的人们组成的团体，他们的一致性建立在共同的、道德上的基本价值观念和共同的政治目标的基础上。社会民主党努力追求符合这种基本价值的生活制度"，社会党的目标和任务是"社会党人努力建立一个使每个人得以发展自己的个性并作为公共生活中服务性的一员负责地参加人类政治、经济和文化生活的社会"[2]，而社会主义是"一项持续不断的任务——为自由和公正而斗争，捍卫它们并对它们身体力行"。通过把社会主义建构在伦理道德基础上，德国社会民主党摒弃了马克思主义论证的社会主义最终目标及其历史必然性的理论体系，认为社会主义的实现不是客观规律决定的，必须通过一步一步的民主和改良，通过必要的妥协才能实现；强调"社会主义只有通过民主才能实现，民主只有通过社会主义才能完成"[3]。

《纲领》同时抛弃了马克思主义的意识形态，指出"社会民主主义在欧洲植根于基督教伦理、人道主义和古典哲学"，谈到思想渊源只字未提马克思主义，这其实就是全面否定了马克思主义的指导思想，实现了指导思想的多元化，从而使德国社会民主党成为"一个思想自由的党"，为社会民主党融入资本主义的执政体制开辟了通道。

不难看出，哥德斯堡纲领不仅从实质内容上完全抛弃了马克思主义，甚至在语言形式上也完全抛弃了原来尚存的一些马克思主义词句，这使战后德国社会党与魏玛共和国时期的社会党彻底决裂，德国社会民主党从反对资本主义体制的政党变成一个体制内的政党。纲领的调整很快收到了好的效果，社会民主党的社会基础和阶

---

[1] [法]乔治·埃斯蒂厄弗纳尔著，上海师范大学外语系法语专业 1975 届工农兵学员及部分教员译：《德意志联邦共和国政党》，上海人民出版社 1976 年版，第 20 页。

[2] 中央党校科学社会主义教研室编：《社会党重要文件选编》（内部资料），中共中央党校科研办公室 1985 年发行，第 149—151 页。

[3] 中央党校科学社会主义教研室编：《社会党重要文件选编》（内部资料），中共中央党校科研办公室 1985 年发行，第 149—151 页。

级基础迅速扩大，在 1957 年以后的历次大选中的得票率日益上升。其他国家的社会民主党也纷纷仿效德国社会民主党，"摒弃了以往那种从马克思主义的认识中得出的关于社会主义最终目标的观点"[1]，开始推行指导思想的多元化改革。如法国社会党在继承法国大革命传统基础上，提出社会党的意识形态建立在"西方各种意识形态的轨迹上"，忠于西方固有的"道德理念、伦理观念和基本价值观念"[2]，形成了"法国式社会主义"的系统理论。瑞典等北欧社会党在进行社会改革中，不断改革战前激进的理论纲领，形成了以合作和妥协为特点的"中间道路"理论。

战后西欧社会党将原有的"社会民主主义"概念改为"民主社会主义"，以此为形式展开理论调整，这次理论调整以放弃马克思主义为主要特点，将自由、公正、互助正式确定为民主社会主义的目标，并把欧洲的基督教伦理学、人道主义和古典哲学确立为民主社会主义主要的思想根源，对社会民主党的伦理价值观做多元主义的论证，自此多元主义成为民主社会主义理论的重要特征。

西欧社会民主党以抽象的伦理观点代替马克思主义的传统价值，不可否认具有一定的积极意义。通过理论调整，西欧各国社会民主党有效填补了理论和实践中一直存在的"二元化"鸿沟；多元价值观为社会民主党推行务实政策提供了理论前提，此后多数社会民主党都在国内积极实施改良主义政策，实行社会经济改革，有力推动了西欧各国"福利社会建设"。社会民主党的理论转型还适应了社会阶级结构和选民心理变化趋势，扫清了社会民主党参与资本主义政府执政的意识形态障碍，保障了战后西欧社会民主党顺利进入执政的黄金时期。

但是，社会民主党的"多元化"调整实质上还是改良主义路线的进一步发展，意识形态调整的过程中各国党内的传统左派始终是持批评态度，理论的调整也引起了各国传统工人阶级的不满。正是为了调和这种矛盾，多数社会民主党在纲领中依然将马克思主义继续作为党的指导思想之一，社会党国际甚至坚持声明自己是第一国际、第二国际的正统继承者，马克思主义依然还在对社会民主党产生影响。而马克思主义作为一种科学理论，有着自己系统的分析工具和分析方法，这些改良主义都无法取代。社会民主党的意识形态调整说到底还是对于资本主义价值观的妥协，妥协中形成的政策工具只能在一定程度上暂时缓解资本主义造成的严重后果，根本

---

[1]　[德] 苏珊·米勒等著，刘敬钦等译：《德国社会民主党简史》（1848—1983 年），求实出版社 1984 年版，第 234 页。

[2]　王捷、杨祖功著：《欧洲民主社会主义》，社会科学文献出版社 1996 年版，第 216—217 页。

无法改变社会民主党自己批评的资本主义的"两大不公正"（财产占有的不公平、权力支配的不公平），一旦改良主义触及资本主义许可的边界，就会使政策实施达到极限，这就意味着社会民主党的意识形态改革必然遭遇瓶颈，陷入新的困境中。

更为重要的是，社会民主党的意识形态"多元化"调整其实得益于战后资本主义处于发展期的环境支持。世界经济整体复苏带动欧洲经济快速发展，引发了西欧社会价值观和阶层结构的变化，阶级斗争趋向缓和，人们的政治态度趋向温和，这样的环境使传统两极化的意识形态失去市场，迫使左右政党政治观念趋向中间，推动了社会民主党的理论调整。而一旦资本主义遭遇危机时，人们又会对整个社会体制和价值观念进行反思，进而引发"重新意识形态化"的浪潮，此时社会民主党内的左派势必会重新提出将马克思主义置于意识形态的首位，以推动政党力量向左转。比如20世纪70年代由于受到经济危机的影响，英国工党、法国社会党等社会民主党都在党内左派和工会力量的推动下，发生了意识形态的左转，一些政党开始重新审视和解读马克思主义，甚至提出了"和资本主义决裂"的口号。所以战后社会民主党在执政时期大都处在资本主义经济的繁荣时期，而对民主社会主义理论的质疑大都是在资本主义的危机时期提出的。从这个角度看，战后社会民主党的意识形态调整已经使政党的地位发生了改变，由社会主义的实践者沦为"资本主义病床边的医生"。相对于右翼政党理论的连续性和清晰性，民主社会主义理论就显得晦涩和模糊，何况这一理论很多内容本身也是左右摇摆甚至相互矛盾的，单纯多元化的意识形态显然无法适应实践的发展要求，社会民主党只有提出更加系统和科学的理论才能有效应对未来的挑战。

三、全球化时期超越左与右的"第三条道路"

随着全球化的发展以及社会结构的变化，社会民主党的战后政策遭受冷遇，执政的各国社会民主党声望下降，在大选中纷纷落马。西欧社会民主党开始对战后形成的民主社会主义理论进行反思和调整，以适应不断变化的政治环境，带动政策、组织等其他方面的改革。

（一）全球化对民主社会主义的挑战

全球化作为一种不以人的意志为转移的历史趋势，既为人类发展、国家治理提供了催化剂，也带来了世界性的贫富差距、生态灾难等问题。尤为重要的是，全球化意味着社会思维方式和个人价值观念的全面转变，这就给战后形成的民主社会主义价值观形成冲击。

1. 全球化凸显出民主社会主义价值观的内部矛盾

战后民主社会主义以多元化的价值观为主要特点，自由、公正、平等和互助是社会民主党奉行的核心理念。但是，在自由的资本主义社会中推行公正、平等和互助的政策本身就充满矛盾，为此战后各国社会民主党在纲领中都把社会公正作为社会主义的核心内容，执政的社会民主党将推进社会福利、实现社会公正放在重要的位置。

从二战结束到20世纪70年代中期，社会民主党的国家干预理论有力地促进了战后资本主义经济的恢复与发展，国内经济得到持续增长，这使公私部门的同时扩张成为可能。各国通过推行高税收、高福利的政策，建设福利国家，实践的成就使民主社会主义理论赢得了民众的信赖。

但是在经济全球化时代，跨国公司在逐利原则的驱使下，开始将资本向那些资源丰富、劳动力低廉、税收优惠的发展中国家转移，大量企业和资本的出逃使社会民主党奉行的劫富济贫的社会福利政策面临窘境。如果继续坚持公平至上，实行高税收和高福利政策，势必降低经济的国际竞争能力，而如果听任资本的摆布，社会福利体系势必瓦解，社会民主党的政策理念必然被实践否定。面对这样的两难困境，西欧各国社会民主党从20世纪80年代起着手进行理论调整，一些社会民主党理论家不惜借用新自由主义理论内核，推动社会民主党向右转。建构于新自由主义之上的经济政策虽然取得了一些成效，代价却是牺牲社会公正、形成社会鸿沟、引发社会不稳定。面对全球化，新自由主义理论和民主社会主义理论都无法解决这些问题，中和价值观矛盾必须寻求新的道路和方法。

2. 东欧剧变和欧洲一体化进程引发了对民主社会主义的信任危机

和全球化进程同时发生的重大事件是苏联解体和东欧剧变，作为长期的意识形态对手，西欧社会民主党对东欧剧变普遍持支持的态度，自认为这是民主社会主义理论的胜利。如时任社会党国际主席的莫鲁瓦就说："共产主义的垮台使社会党人为其过去 70 年与之进行的意识形态斗争所取得的胜利而骄傲"[1]。但是，本来指望在对手的失败中分享"政治红利"的社会民主党很快开始品尝苦果，因为在西方资产阶级眼中，苏联的失败就是共产主义的失败，就是西方对社会主义的胜利，民主社会主义作为社会主义理念一部分，同样应该走向终结。

在共产主义运动遭受挫折时，西欧社会民主党人也失去了那种在本国工人阶级和资产阶级之间、在西方集团和东方集团之间左右逢源的空间和舞台。冷战结束后最初几年，整个欧洲都在疏远社会民主党和民主社会主义理论，1991 年西欧社会民主党执政和联合执政的国家有 9 个，到 1993 年只剩下 6 个，社会民主党的政治空间全面收缩。

作为全球化一部分的欧洲一体化对建构于民族国家基础上的民主社会主义理论也形成了挑战。欧洲一体化的发展，造成了传统工业的衰落，使欧盟各国传统的工业区成为失业的重灾区，社会民主党长期依赖的选民基础大大削弱。同时，欧盟共同市场的建立，使大量移民纷纷涌入，西欧国家选民在阶级、阶层、社会背景、个人生活方式以及文化价值等方面呈现出空前的多样性和复杂性。在他们面前，民主社会主义作为某种过时的价值观已经失去了吸引力。

由于新的政治环境中左右对峙的格局已经结束，各种理念和价值观相互交织，界限趋向模糊，在左右之间走灵活务实的"中间路线"，无疑成为社会民主党理论调整新的方向。

3. 知识经济发展暴露出民主社会主义相对现实环境变化的滞后

全球化进程推动欧洲国家进入"后工业时代"，突出的特点是知识经济的迅猛发展。科学技术促进了经济发展，但付出的代价是环境的污染、生态的破坏等，冷战结束后西欧意识形态普遍淡化，但与之形成鲜明对比的是人们对自然环境和生态问题的关注与日俱增。在这样的背景下"生态主义""社群理论""全球化理论"等新的理论形态的影响力持续扩大，这使社会民主党的理论日渐成为"过时的口号"，因为"充分就业、社会保障、国家干预和工会力量为基础进行改革等社会民主党的信条，根本无法解决失业上升、环境恶化、某些阶层的人日益脱离社会等新问题"[2]。

---

[1] 刘成、马约生著：《欧洲社会民主主义的缘起和演进》，重庆出版社 2006 年版，第 273 页。
[2] 徐崇温：《民主社会主义评析》，重庆出版社 1995 年版，第 63 页。

（二）社会民主党的反思和调整

进入全球化时代后，西欧社会民主党为了走出意识形态困境，对其坚持的民主社会主义理论和纲领进行了全面反思。冷战结束之初，社会党国际在柏林"十九大"上就回避"民主社会主义"一词，重提将"社会民主主义"作为社会民主党的指导思想，以表明在意识形态方面和"社会主义"划清界限。西欧各国社会民主党都在认真总结经验教训，着手对政党的纲领进行了调整。

1. 理论调整立足于对基本价值观的继承和发展

战后社会党国际提出了自由、公正、团结互助的三大价值观，并将其作为社会党的旗帜和"社会主义的本质"[1]。冷战结束后，这些基本价值观也面临危机，但是西欧各国社会民主党认识到：只有继续坚持三大价值观，才能维护社会党在政治光谱中的独特地位，如果取消三大价值观，那就意味着意识形态独立性的丧失，社会党将无法抵御新保守主义和新自由主义的攻击。

正是因为有着清醒的认识，西欧社会民主党在冷战后尤其强调坚持基本价值的重要性。社会党国际前主席莫鲁瓦更是一针见血地指出："社会党国际之所以赢得反对共产主义的胜利，是因为从未放弃它的价值和意识形态斗争。今天，它继续投入到反对所有形式的极权主义的斗争和反对金钱奴役的斗争中，这场斗争只能在意识形态领域获胜。"[2] 各国社会民主在历次召开的大会中都强调基本价值的重要性，指出本党取得的成绩就是坚持基本价值观的结果，强调自己会继续坚持下去。在坚持基本理论的基础上，社会民主党根据形势变化联合起来开始对价值观进行完善。在社会党国际十八大上，和平被概括为社会民主主义所追求的基本价值之一，和平、发展和保护环境被列为新的三大目标，与传统的奋斗目标——自由、公正和团结相提并论。社会党国际二十二大通过的《道德宪章》特别规定："我们，社会党国际的成员党，重申我们将致力于构成民主社会主义基础的价值观——平等、自由、公正、团结和和平。我们庄严的承诺：在社会党国际基本宣言和运动的精神指导下，尊重、捍卫和促进这些基本价值。"[3] "平等"和"和平"被扩充到基本价值观体系之中，

---

[1]　《社会党国际重要文件选编》，当代世界出版社 2005 年版，第 7 页。

[2]　《莫鲁瓦谈社会党国际改革和创新》，载《国外理论动态》1999 年第 2 期。

[3]　林建华、张有军等：《冷战后欧盟诸国社会民主党政坛沉浮研究》，人民出版社 2010 年版，第 70 页。

进一步丰富了价值体系的主要内容。

2. 理论目标对"未来社会主义"的展望更具开放性

面对苏联社会主义模式的失败，西欧社会民主党开始对传统社会主义的目标模式进行反思，开始探讨一种"新社会主义"远景模式。社会民主党认识到，建设社会主义首要的任务就是进行理论的反思，苏联社会主义模式之所以失败，就因为意识形态方面忽视了资本主义的当代变化。西欧社会民主党开始将其传统的社会主义目标，不再视为社会民主党的终极目标，而是看作人类进步和社会动态发展的一个基本组成部分。认为真正的社会主义应当是开放与多元、自由与团结、公正与安全的社会，实现这一目标的中心任务是放弃强调阶级利益和公有制的社会主义，从现实问题着手解决市场经济中的各种残酷和非人道现象，以维护多数人的经济利益，建立社会伙伴关系。这意味着社会民主党彻底放弃了社会主义制度对资本主义的整体替代，仅仅把社会主义理解为一种社会运动和一种社会实践。

重新定义社会主义概念以后，西欧社会民主党从分析现实资本主义入手探讨实现社会主义的可能性，它们深信资本主义制度是不公正的，资本主义的逐利性引发了严重的社会危机和生态灾难，资本主义的固有矛盾和问题依靠自身根本无法克服，社会主义必将代替资本主义。进而指出：新型的社会主义的实践途径应该是社会主义的基本原则与本国国情相结合，建立具有本国特色的社会主义体制，社会主义的模式可以多种多样，各有各的特点。这意味着社会民主党可以根据本国的特点和本党的实践，采取灵活的措施，实现本党理想中的社会主义目标，充分显示出社会民主主义理论的开放性和包容性。

3. 理论创新更关注具体问题

传统的社会民主主义理论坚持全面制度替代的观点，在经济方面奉行凯恩斯主义的政府干预政策，在社会方面全面推行福利社会主义，立足经济民主、政治民主、社会民主和国际民主，建立了一套具体的制度体系，从而体现出社会民主主义的优势。进入20世纪90年代后，基于改良主义的各种政策开始面临各种考验：制度化的替代选择忽视了个性的发展，福利社会主义政策面临两难，产业结构变化弱化了社会民主党固有的执政基础。

在全球化向全面规制型改良主义发起冲击后，西欧社会民主党对其思维理念进行了调整，把注意力集中到把政治的基本价值作为规范的理念用于经济和社会的改造方面，即解决现实政治的具体问题上。譬如在经济方面社会民主党认为公有制只是获得自由与平等的手段之一，主张建立多种所有制共存的混合经济模式；在福利社会建设上开始从消极福利政策向积极福利政策转变，力图在平等与效率的两难选择中找到最佳的平衡点；生态、移民、反恐怖等问题都成为 21 世纪社会民主党关心的问题。

（三）"第三条道路"理论的形成和嬗变

1. "第三条道路"的理论源起

"第三条道路"主要特指以布莱尔为首的英国工党在全球化时期提出的一套理论，这一理论成为工党制定各项方针政策的思想基础。在社会民主主义的思想发展史上，最早提出在社会主义和资本主义之间走"第三条道路"的是伯恩施坦，所以至今一些学者还把"第三条道路"看成是修正主义的一次复兴运动。在 20 世纪 30 年代，奥地利社会民主党人奥托·鲍威尔曾提出了整体社会主义的概念，主张走一条介于改良和革命之间的"第三条道路"；战后各国社会民主党也宣传要走一条既不同于社会主义也不同于资本主义的"第三条道路"，以指引各国社会民主党努力探索中间化的发展模式。

所以"第三条道路"并非一个全新的概念，被人们称为工党精神领袖的吉登斯也承认"第三条道路的术语本身并不具有特别重要的意义"，因为"这一术语已经被使用过多次"[1] 但是，20 世纪 90 年代英国工党提出的"第三条道路"却具有全新的内涵，因为原来社会民主党所走的第三条道路意味着对社会主义和资本主义的双重否定，其理论语言含混不清，而新的第三条道路则强调自我革新和意识形态方面的超越，以建立明确清晰的社会民主主义理论体系。

布莱尔担任工党领袖之初，提出了"新工党、新英国"的革新口号，力图抛弃那些陈旧、僵硬的信仰。布莱尔领导的新工党以修改党章第四条为起点，拉开了意识形态改革的大幕。英国工党党章第四条源于 1918 年颁布的第一个党章，其中第四条第四款明确规定："在生产资料公有制和对每一工业和行业所能做到的最佳民众

---

[1]　[英] 安东尼·吉登斯：《第三条道路：社会民主主义的复兴》，北京大学出版社 2000 年版，第 2 页。

管理和监督的基础上，确保体力劳动者或脑力劳动者获得其辛勤劳动的成果和可行的最公平的分配。"[1]1929年工党年会将条款中的"生产资料公有制"改成"生产资料、分配和交换公有制"，这就是著名的工党社会主义信仰条款，这一条款也被工党左派视为工党的图腾。战后工党历届领导人都想通过修改第四条以转变工党形象，但是由于左派和工会的坚决反对，修改动议都未成功。

1994年10月布莱尔再次在工党年会上再次提出修改动议，认为修改党章第四条不仅是经济社会变化的客观要求，更是防止工党被曲解和误读的需要，将第四条的修改视为工党现代化的一个重要标志。同期，布莱尔采取措施拉远工党和工会的距离，以减少意识形态调整的阻力，工党将工会在工党年会上的投票权从原来的70%减少到50%，并开始实行一人一票制[2]，结束了工党受工会支配的局面。1995年4月工党特别代表大会终于以绝对多数（65.23%赞成，34.77%反对）同意对党章第四条进行根本性修改，新的党章第四条表述为："工党是一个民主社会主义的党。它相信，依靠共同努力，我们能够实现比我们单独所能实现的更多的目标，以便为我们每一个人创造实现我们真实潜能的手段，并为我们所有人创造一个权利、财富和机会掌握在多数人而非少数人手里的社会。在这个社会里，我们享有与我们承担的义务相适应的权利，在这个社会中，我们本着团结、宽容和尊重的精神，共同自由的生活。"[3]新的第四条用公共服务代替老条款中的公有制内容，用人们之间的伦理关系来代替社会主义目标，使工党对价值目标的表述发生了根本转变，这意味着工党彻底甩开了意识形态包袱。

就在英国工党对价值观革新的过程中，标榜新自由主义的撒切尔主义开始在英国遭受失败，而美国克林顿政府也展开了关于"介于自由放任资本主义和福利国家之间的第三条道路"[4]的探索，这对英国工党的意识形态调整提供了正反对比的参考和借鉴。在这样的背景下，英国工党对其理念进行了全面的反思，详细阐明了工党第三条道路的新思想。

---

[1] 刘成著：《理想与现实—英国工党与公有制》，江苏人民出版社2003年版，第10页。

[2] 陆梅：《从英国工党与工会关系看工党职能的变化》，载《南通师范学院学报》，2002年第1期。

[3] [英]斯图加特·汤普森著，贺和风、朱艳圣译：《社会民主主义的困境：思想意识、治理和全球化》，重庆出版社2008年版，第252—253页。

[4] 傅殷才、文建东：《凯恩斯主义复兴与克林顿经济学》，《武汉大学学报》1994年第1期。

2. "第三条道路"的主要内容

就像布莱尔所说："第三条道路力图吸取反对派和中左翼的基本价值，把它们运用于社会经济发生了根本变化的世界中，而这样做的目的是摆脱过时的意识形态"[1]。作为一种新的思想理论，"第三条道路"对传统的社会民主主义进行了创新，这些创新构成了"第三条道路"的主要理论内容。

首先，"第三条道路"声称要彻底告别过时的意识形态，走一条"非左非右非中间"的新道路。这彻底颠覆了战后西欧社会民主党致力于社会主义改良主义发展路径，意味着工党对传统社会主义理论的整体放弃。新工党宣言中通篇没有出现"社会主义"一词，而是用"过时的教条""旧左派"等名词暗指。"第三条道路"提出后，西欧各国社会民主党纷纷仿效，着手修改党章，剔除带有社会主义色彩的内容，表达了同社会主义划清界限的坚定立场，实现了社会民主党意识形态的进一步右转。

其次，"第三条道路"将社会民主主义和自由主义都归属为西方的价值观，区别只是侧重点不同。前者强调社会公正，后方突出个人自由，两者之间并不存在必然的冲突[2]。"第三条道路"明确其基本价值观是"民主、自由、正义、相互的责任和国际主义"，这就在继承传统社会民主主义"自由、公正和互助"的基本价值观基础上，融合了新保守主义和新自由主义的有益成分，同时超越了传统左派专注于公正而右派迷信市场自由的意识形态，适应了全球化和知识经济发展的要求。

再次，"第三条道路"在纲领政策层面宣称要为实现社会公正而奋斗，但在实践中却坚持以实用为导向，较多的采用新自由主义政策。正像布莱尔说的："没有意识形态的先决条件，能够实施的也就是行得通的"[3]。与传统的社会民主主义相比，"第三条道路"对那些美妙动听、虚无缥缈的目标闭口不提，坚定的奉行实用主义哲学，更多的关注解决实际的问题。"第三条道路"成为英国工党的指导思想后，工党开始以一个包容各方利益群体的"全民党"面目出现，不再固守阶级政治和传统左右两分法的逻辑，不再将工人阶级和工会视为主要依靠力量。在应对全球市场、生态环境保护、国际安全维护、福利社会改革等问题上都采取超越左右对立的思维方式，

---

[1]　[英]托尼•布莱尔：《第三条道路》，载杨雪东、薛晓源：《"第三条道路"与新的理论》，社会科学出版社 2000 年版，第 25—27 页。

[2]　陈林、林德山：《第三条道路——世纪之交的西方政治变革》，当代世界出版社 2000 年版，第 6 页。

[3]　区冰梅：《当前欧美"第三条道路"刍议》，载《现代国际关系》1998 年第 12 期。

在兼顾公平和自由基础上，构建工党的政策体系，并在实践中取得了较大的成就。

3. "第三条道路"的嬗变与影响

各国西欧社会民主党基本都接受了工党倡导的"第三条道路"理论，并结合本国的实际情况进行了调整，比如德国社会民主党称为"新中间道路"、法国社会党称为"现代化和共和主义"。

尽管各国社会民主党的认识不尽相同，但是第三条道路确实为解决全球化时期的资本主义弊病提供了全面医治的方案，帮助社会民主党实现了战后西欧社会民主党的神奇复归。到1998年止欧盟15个成员国中，除了西班牙和爱尔兰外，其他13个国家都是社会民主党执政或联合执政，这样在欧洲形成了"第三条道路""中间的政治"或"超越左与右"的公共话语体系，社会民主党走出了20世纪80到90年代初的阴霾，进入一个新的发展期。

西欧社会民主党在执政以后，坚持以"第三条道路"为施政思想，在制定具体政策中把经济效率与社会平等结合起来、把经济现代化与生态现代化结合起来、把社会竞争、个人创业精神与社会团结互助结合起来，致力于创造一种能够缓解大规模失业危机与贫富严重分化局面的新的资本主义模式，取得了良好的执政效果。

作为一种探索，"第三条道路"只是一个不成熟的理论和治国方略。首先，这一理论仍存在诸多不足之处，即便在西欧社会民主党提出将第三条道路作为党的指导思想后，各党内部依然存在着争论和分歧。比如英国工党内一部分人质疑"第三条道路"的具体可行性，甚至指责布莱尔借意识形态改革在党内搞个人专制。其次，"第三条道路"提出要在诸多矛盾之间选择平衡的解决方案，但在具体问题上怎样平衡，却提供不了明确的答案。比如工党强调政府在全球化中应是"有活力的政府"，这样的政府究竟怎样定位却始终没有明确的界定；再如在对待棘手的经济问题上，第三条道路始终没有形成系统的理论。最后，纵观"第三条道路"的发展历程，各党之所以提出将"第三条道路"作为指导思想，直接的目的还是为了取得和保持执政地位，这注定它只能为资本主义寻求"治病的良方"。而"第三条道路"彻底改变社会民主党的核心理念其实非常危险，这使社会民主党在政策方面与右翼政党趋同，导致具有鲜明风格的传统民主社会主义的生命力、感召力明显衰退，社会民主党更深地陷入了身份认同危机的泥潭。对此，英国工党著名理论家克罗斯兰曾不胜唏嘘地感叹道："选民们知道我们反对什么，他们不知道我们要什么……他们问我们现在代表什么。"[1]

第二节　政党组织的开放性转型

作为传统的工人阶级政党，工人阶级一直是西欧社会民主党的组织基础和力量源泉。西欧工会力量一直非常强大，工会作为工人政党和工人之间联系的桥梁和纽带，是社会民主党的重要同盟者，在社会民主党增强组织力量、赢得执政地位的过程中发挥着重要作用。随着战后西欧社会阶级结构的变化，西欧各国社会民主党的组织建设陷入危机：党员人数持续下降、组织吸引力减弱、组织运行速度缓慢、组织形象僵化落后。直面这些挑战，西欧社会民主党开始以扩大组织的包容性和开放性为核心，从各个层面展开对组织的革新，由阶级党转变为全民党，又由全民党转变为全方位党，为社会民主党扩大执政基础、获得执政地位提供了保证。

一、战后西欧社会民主党从阶级党向全民党的转型

（一）战后西欧的社会结构变迁

"国际环境直接决定着执政党的态度和政策选择。"[2] 二战期间尽管西欧大陆各国社会民主党在组织方面遭受了严重损失，但是经历了严酷斗争的社会民主党组织的凝聚力得到增强，社会影响力不断提高。二战结束后，社会民主党的各级组织先后得到恢复，党员人数不断增加，党的组织迎来了大发展时期。英国工党在1944个人党员人数为266000人，1945年增加到487000人，到1952年时，工党的个人党员数量已经突破100万，达到历史最高点。[3]法国社会党在战争中党组织丧失殆尽，到1947年党员人数迅速恢复到27万人。组织的恢复使社会民主党能够扩大政治影响，在议会角逐中获得更多的支持和帮助，社会民主党依靠普选获得的选票数量直线上升。

二战以前，整个社会分裂为资产阶级和无产阶级两大阵营，由于阶级结构相对

[1]　林建华、董全增著：《当代西欧社会民主党论纲》，中国工人出版社1995年版，第133、239页。

[2]　王长江著：《现代政党执政规律研究》，上海人民出版社2002年版，第93页

[3]　李媛媛著：《英国工党地方性组织嬗变研究》，中国社会科学出版社2009年版，第118页。

单一，社会民主党一直把无产阶级作为自己的组织基础，坚持称自己是一个"工人阶级的党"，认为只有依靠工人阶级，推行生产资料社会化，才能克服资本主义的经济危机、克服社会异化现象和阶级的不平等。

这种状况在二战结束不久迎来了新的变化，美国的经济援助扶持了欧洲国家的复兴，资本主义国家迎来了一个经济快速发展的时期，随着经济的持续快速发展，技术密集型和高科技产业逐渐取代了传统以重工业为特征的产业模式，以服务业为代表的第三产业所占比例大幅提高，西欧各国传统产业工人的人数逐渐减少，而新型雇佣劳动者则日益发展壮大。

首先是大批公司职员的出现。为了有效解决生产社会化与资本主义生产无政府状态的矛盾，战后西欧新成立的公司大都采取股份制形式，股份制公司在管理体制方面实行多层结构，管理权层层分割。随着生产的扩大和分工的细化，在这个生产体系中开始出现新型的公司职员，他们的工作不是直接操作机器，而是致力于科学管理、情报分析处理、协助经营决策、开发新产品、扩大经营范围等专业事项。由于工作的专业性强，公司职员的工资比普通工人一般都高出几倍。职员的出现替代了原来资本家对生产的组织管理和监督的职能，"实际担负职责的资本家，转化为单纯的经理人、别人所有的资本的管理人，资本所有者则转化为单纯的所有者，单纯的货币资本家。……资本所有权已经和它在现实再生产过程中的功能完全分离，像那种加在经理人身上的职能已经和资本的所有权完全分离一样。"[1]

其次是政府公务人员人数大量增加。垄断资本主义的出现，进一步加剧了生产发展的无限扩大趋势和消费落后之间的矛盾，战后西欧各国都注重发挥政府对于宏观经济运行的调控作用，并成立了各种从事管理监督职能的经济、社会、文化和科技的部门。而"大规模官僚机构的发展是与现代化企业和政府的膨胀相关联的。这种倾向增加了对经理、某些如会计这样的专业人员以及最主要的是对公务员的需求"[2]。这样国家开始成为最大的雇主，国家机构和公共机构越来越庞大，对公职岗位的分类越来越细，各国公务员的人数也越来越多。

再次是随着战后各种高技术部门相继出现，商业管理机构、工艺控制业和娱乐业、大众传播机构、法律机构、医院和学校等专业化部门大量涌现，在这些领域工作的

[1] 马克思：《资本论》（第3卷），人民出版社2004年版，第495页。

[2] Denllis Gilbert and Joseph A·Kahl，The American Class Structure，Wadsworth Publishing Company，1992，P73.

科技工作者、医务工作者、文学工作者、新闻工作者、社会福利人员、艺术人员、教师、律师等专业技术人员也随之增加。这部分人过去大都以自由职业者的面目出现，在私立机构接受雇佣，但是战后他们开始抛弃那种无保障的独立专业人员的工作，开始以专业特长参与政府管理工作，到地方当局、政府部门或国营公司中谋求薪金和津贴，从而转化为领薪的雇佣专业人员。

战后西欧国家现代公司股份制的发展，造就了庞大的经理阶层；公共部门的扩展则为自由职业者提供了广泛的就业机会；国家垄断资本主义的发展培养出大批行政管理人员和专业技术人员。如在战后的联邦德国，工程师、技术员和特殊专业人员人数在 1950 年到 1980 年增加了 107 万，相当于在 30 年里增加了 2.45 倍，从事文化卫生教育事业的人员从 1970 年到 1980 年也增加了 67 万，几乎等于前 20 年的增长总数[1]。在英国，经理、行政管理人员、自由职业者和科技人员在 1911 年仅占全国就业人口的 7.5%，到 1971 年上升为 20.1%[2]。战后法国高中级专业管理人员随经济的发展不断增加，1954 年约有 81 万，到 1982 年达到 218 万。[3]。

这样，西欧开始出现一个庞大的新中间阶层，这一社会阶层尽管组成极其复杂，但他们一般受过良好的教育，具有一定的专门技术或专门知识，拥有较高的社会地位，参与政治生活更具有独立意识和民主意识。尤为重要的是，这一阶层在价值观、人生观、意识形态以及对待社会的态度等方面与传统产业工人存在极大的差别。他们所关心的是国家的繁荣和经济的稳定，以及由此给他们所带来的经济收益和社会地位的提高，所以他们大都对社会改革充满热情，而对阶级斗争的观点不屑一顾，政治观点偏向温和，这种变化与马克思和恩格斯在《共产党宣言》中指出的阶级分化的方向恰恰相反。新兴的中间阶层还有着广泛的政治影响，他们的政治选择决定着社会政治的方向，这就为西欧各国的政党发展提供了新的机遇和挑战。面对这些机遇和挑战，法共等对社会变革持激进观点的政党由于没有及时进行调整，结果在政治上陷于孤立，失去了人民的支持；而西欧各国社会党通过及时地调整组织策略，最终成就了执政的辉煌。

---

[1]　刘敬钦：《在技术进步过程中联邦德国的白领状况》，载《共运史资料选译》1987 年 5 月。

[2]　刘慧华：《论战后西欧阶级结构的变化》，载《西欧研究》1990 年第 2 期。

[3]　刘慧华：《论战后阶级结构的变化对法国政党政治的影响》，载《西欧研究》1991 年第 2 期。

（二）战后西欧社会民主党跨阶级的组织转型

战后初期西欧主要社会民主党通过放弃暴力革命道路，高举福利社会的大旗纷纷走上了执政舞台，但此时的社会民主党还是坚持自己的政党定位——代表产业工人阶级利益，单纯地强调依靠工人阶级使社会民主党难以适应二战后西欧社会结构变迁的事实。进入20世纪50年代后执政的西欧社会民主党纷纷丧失政权，各国社会民主党甚至无法在议会选举中获得一个有号召力的多数。如英国工党1951年下台后在三次大选中连续失利，主要原因就是无法获得中间阶层的支持。法国社会党1945年拥有选民460万，占有效票数的24%，到1962年获得的选票仅占12.6%，达到历史最低点。德国社会民主党在战后选举中也屡屡遭遇了"33%的阶级屏障"，即其获得的选票始终难以突破1/3。大选的失利以及组织力量的变化，终于使社会民主党认清了现实，开始了从阶级党向全民党的组织转型。

1. 社会民主党的组织转型

因为传统产业工人人数的萎缩，仅仅依靠传统工人阶层选民的支持已经不能获得选举的胜利，这要求社会民主党适应这种变化而对党的组织纲领进行调整，以赢得中间阶层的支持。但是，有着悠久左翼传统的社会民主党，要适应阶级结构变化实现组织转型，首先要克服的还是自身的障碍，因为"社会民主党为了要成为多数党，争取越来越多、越来越广泛的人民各阶层的必要性，就和不减弱它的社会主义的坚定性发生了矛盾"[1]。只有通过组织的转型很好地解决这个矛盾，社会民主党才能真正克服危机。

最早开始实现这一转变的是瑞典社会民主党，战前瑞典社会民主党就曾提出了"人民党"的概念，把为人民建立一个民族之家作为自己的目标。以"人民"概念取代"阶级"概念，这意味着社会民主党突破阶级政治的限制，为瑞典社会民主党与其他政党和社会阶层的合作开辟了道路。

战后率先实现从阶级党向人民党转变的是德国社会民主党。在1959年《哥德斯堡纲领》中德国社会民主党公开宣称"社会民主党已经从一个工人阶级的政党变成了一个人民的政党"，表明了其向社会各个阶层开放的姿态。此后，各国社会民主

---

[1] ［法］乔治·埃斯蒂厄弗纳尔著，上海师范大学外语系法语专业1975届工农兵学员及部分教员译：《德意志联邦共和国政党》，上海人民出版社1976年版，第16页.

党都以"全民党""人民党""民族的党""群众的党""领薪者的党"自居，强调党的组织要向全社会开放，党的政策要以争取多数人为目标，党内事务只有在绝大多数党员同意时才能实现，社会民主党开始了从阶级党向社会党的整体转型。

一方面，为了适应社会结构的整体变化，各国社会民主党都认识到工人阶级萎缩的现实，着手修改党的组织纲领。德国社会民主党《哥德斯堡纲领》的通过标志着德国社会民主党率先完成了组织的根本性转折，"人民的政党"意味着党组织向工人阶级以外的劳动群众敞开了大门；同时纲领中"拥护自由竞争"和"保护生产资料私有制"的新提法也使资产阶级感到放心，这使社会民主党成为各个阶层都完全可以接受的政党。从 20 世纪 70 年代开始，瑞典社会民主党开始以社群理论替代传统的阶级或阶层理论作为社会分析的基础，以更为确切地反映社会结构和社会意识的多元化特征，进一步促进了组织的深层转型。

另一方面，各国社会民主党着手改革党的组织方式，以扩大党的组织覆盖面，保持对社会群体的吸引力。传统的社会民主党主要通过扩大党员队伍来增强组织基础，社会民主党和共产党都形成了垂直的组织结构。两者区别在于社会民主党的组织结构相对共产党来说更为松散，党的组织不固定，党员参与组织活动具有随机性，这显然不利于在新的社会条件下组织多层次发展的需要。为了实现组织的转型，各国社会民主党都进行了程度不一的组织改革。如法国社会党 20 世纪 60 年代决定不再称为工人国际法国支部，以保持党的组织独立性；并将党的基层组织设在工厂和大学，以使党面向全社会扩大组织影响；同时，将党的总书记改名为党的第一书记，加强党的集体领导，吸引党员民主参与党内事务。

西欧社会民主党战后从阶级党向人民党的组织转型，充分体现了社会民主党拉拢除新中间阶层选民的良苦用心。从总体上看，经过组织转型以后的社会民主党虽然仍代表工人阶级的利益，但各党普遍通过放弃意识形态旗帜和激进的政策，从自由中间阶层选民那里吸引到新的支持。

2. 战后社会民主党组织转型的效果和影响

战后社会民主党从阶级党向人民党的组织转型，实质是社会民主党为了吸引尽可能多的支持者集团，不惜放弃以往的意识形态立场和传统的组织形式，甚至改变党的性质，以减少对某一特定社会阶级阶层或社会集团的依赖，谋求在更广泛的社会阶层中吸引支持者。社会民主党的转型直接目的是为了扩大组织影响和取得议会选举胜利，从转型的结果看，社会民主党确实实现了上述两个目标。

比如德国社会民主党通过从工人党向人民党的转型，最终实现了政党的"非意识形态化"，转型后大量的年轻人、妇女、农民、职员、公务员和独立经营者等社会成员加入了党组织，使党员人数迅速回升，党的队伍不断壮大。在 1958 年党员人数为 623816 人（比 1957 年减少 2373 人），1959 年增加到 634254 人，1960 年持续增至 649578 人，1964 年底党员人数为 678484 人，1965 年突破 70 万大关，执政期间党员人数持续增长，仅 1972 年一年社会民主党党员人数就增加了 10 万，到 1973 年，党员人数达到了近 100 万人，成为联邦德国第一大党。[1] 从 1959 年到 1972 年增加的党员人数中，三分之二是哥德斯堡会议以后加入的 [2]。更为重要的是，党员人数增加的同时组织开始走向年轻化和中间化，在 1965 年德国社会民主党 64% 的党员年龄在 40 岁以下，到 1972 年 40 岁以下的党员占到 75.2%，其中 19.7% 的党员年龄在 21 岁以下。在新党员中，1960 年有 55.7% 是工人，21.2% 是官员和职员，而 1972 年的新党员中，工人仅占到 27.6%，职员和官员人数比例高达 34%；在 1960 年时，大学生和专科学生加入社会民主党还寥寥无几，至 1972 年他们已经占到党员人数的 15.9%。[3]1975 年新中间阶层的党员首次超过工人阶级党员，成为党的组织结构的主体，这使德国社会民主党摆脱了老化僵硬的形象，焕发出新的活力，随着力量的增强和影响的扩大，社会民主党在"各地区和中产阶级的选民中获得了具有重要意义的支持"[4]，在选举中跨过了 33% 的选票瓶颈，1966 年社会民主党参加了大联合政府，1969 年开始作为主角执掌政权。

但是，社会民主党从阶级党向全民党的转型同样面临着诸多的挑战，首先是各国社会民主党要面对内部左派的反对和工会的指责。比如 20 世纪 60 年代英国工党领袖盖茨克尔紧跟德国社会民主党脚步，提出了工党要放弃生产资料公有制、摘下体力劳动者"布帽"、树立"人民党"形象的主张，但由于工会派的抵制，这一主张最终没有得到实施，工党的组织转型直到 20 世纪 90 年代后才重新启动。其次，由于西欧国家工业化的进度不尽一致，工人阶级尽管总体萎缩，在西欧社会中还是

---

[1]　[英]佩特森等编，林幼琪等译：《西欧社会民主党》，上海译文出版社 1982 年版，第 168—169 页。

[2]　王捷，杨祖功著：《欧洲民主社会主义》，社会科学文献出版社 1996 年版，第 196 页。

[3]　张契尼，潘琪昌主编：《当代西欧社会民主党》，东方出版社 1987 年版，第 153—162 页。

[4]　[英]威·佩特森等编，林幼琪等译：《西欧社会民主党》，上海译文出版社 1982 年版，第 176 页。

有着广泛的影响。比如英国工党直到 1966 年工人党员仍占党员总数的 69%，挪威工党战后长期执政依靠的选票 2/3 来自工人阶级。

各国社会民主党都很清楚，尽管声称自己代表各阶层的利益，实际上根本不可能获得所有社会集团的支持。所以，这一时期以工人阶级为主体的中下层社会力量仍是社会民主党主要的社会基础，社会民主党也没有放弃工人阶级代言人的角色。到 20 世纪 70 年代，由于新左派运动和经济滞胀危机的影响，西欧社会民主党中甚至出现了一股"重新意识形态化"浪潮，党组织也呈现左转的倾向。

二、全球化时期社会民主党从全民党向全方位党的转型

全球化、信息化的时代大背景使各国政党都共同面临着前所未有的机遇和挑战，为了打牢组织基础，扩大社会支持，赢得执政地位，西欧不同类型政党都在进行组织变革。在新一轮的政党组织变革中，"党的改革"或"党的现代化"口号喊得最响、心情最迫切、行动最积极的 —— 还是西欧国家的社会党[1]。

（一）全球化时期社会民主党组织面临全面危机

20 世纪 70 年代后西欧工业化完成，各国相继进入到后工业时代，后工业社会主要特征是信息和知识的传播、使用。随着全球化进程中知识、资本、人才等要素的自由流动，西欧国家原有的社会结构开始发生变化，新的社会阶层进一步分化且结构越来越复杂，这一时期社会结构的调整主要表现在以下几方面：

第一是中产阶层党员在数量增加的同时，其政治兴趣和观点发生了改变。战后入党的社会民主党中产阶级党员大都成长于资本主义黄金时期。这些"收入丰厚、教育水平较高、并通过勤奋努力和才干而在职业生活中成为佼佼者的职员和公务员，不再了解那种集体主义经历，他们经常发展一种明显的个人主义意识，把他们本人看成自己的成就和生活状况的创造者"[2]。由于较少背负传统的束缚，又具有一定的反叛意识，他们敢于打着各种旗号挑战现存的制度。当以布莱尔、施罗德为代表的新一代政治家开始在社会民主党内崭露头角时，就意味着党整体变革成为社会民主党发展的必然趋势。

---

[1]　王长江：《政党现代化论》，江苏人民出版社 2004 年版，第 90 页。
[2]　[俄]戈尔巴乔夫等著，中央编译局国际发展与合作研究所编译：《未来的社会主义》，中央编译出版社。

第二是各国社会民主党和工会之间的关系日益疏远。传统的社会民主党一直和工会之间有着紧密联系，20世纪70年代后西欧各国的蓝领工会数量继续减少，组织规模不断萎缩。工会影响力的减小和结构的变化直接影响到社会民主党的组织政策，各国社会民主党纷纷开始了旨在摆脱工会控制，实现自主独立的组织机构变革。如英国工党从70年代开始，就针对长期制约工党发展的工会集体党员制度进行改革，扩大个人党员的比例，以保持和工会的距离。

第三是新兴的政治力量、政治观点和政治工具对政治领域形成了全面的冲击。战后面对工人阶级数量的减少和中产阶级人数的增加的现实，社会民主党致力于采取措施增加组织的包容性和开放性来应对危机。但是，全球化条件下发生的社会阶级阶层变革远不止如此，原来存在的两方面特点继续深化的同时出现了更多新的特点，这些特点逐渐成为社会民主党不得不面对的棘手的难题，使得"社会民主党派不再拥有一个可以为其提供稳定支持的'阶级集团'"，"由于它们无法依赖自己以前的阶级认同，因此不得不去寻找适应于社会和文化上更具有多样性的环境的新的社会认同。"[1]

面对社会结构出现的新变化，西欧各国社会民主党陷入了新一轮的组织危机中。一是表现为党员人数的持续减少。以四国社会民主党为例，80年代英国工党主要由左翼把持，但是经历了连续两次选举失败后，党内的士气普遍低落，党员人数的减少也十分惊人。观察战后英国工党的发展历程，我们看到一条工党实力不断减弱，社会影响不断降低的下降曲线。70年代英国工党没有对集体党员制度改革前，工党党员数量高达700万人，1983年降至645万，到了90年代初锐减至300多万。其中个人党员人数在1952—1953年曾超过百万，到1979年只有66万人，1980年锐减到34万人。[2]德国社会民主党在20世纪70年代鼎盛时期，党员人数超过了100万，1989年东欧剧变前还有92万人，到了1995年只剩下82万，1996年仅剩79万人，2002年社会民主党的党员首次减少到70万以下[3]。瑞典社会民主党50年代党员人数曾经达到120万人，到了1989年下降为60万人，90年代以后人数迅速锐减到26万人左右。法国社会党在1981年时党员数量曾高达21万人，1989年党员人数为20.4

---

[1] ［英］安东尼·吉登斯著：《第三条道路——社会民主主义的复兴》，北京大学出版社2000年1月版，第21—25、39页。

[2] 金重远著：《战后西欧社会党》，上海人民出版社1997年版，第32页。

[3] 王学东著：《当代西欧民主社会主义的危机及其原因》，载《教学与研究》1997年第12期。

万人，但是 1999 年下降到 16 万人，到 1995 年只有 11 万人。[1] 其他国家社会民主党的情况也是大致如此，这一时期社会民主党的组织力量受到极大削弱。

二是社会民主党的组织构成结构也呈现出了恶化的趋势。党内有党、党内有派一直是西欧社会民主党党内存在的普遍现象。当各国社会民主党处于上升时期时，党内各个派别之间的矛盾还容易得到化解。但只要党的生存环境发生改变，或者社会民主党的执政遭遇挑战，各党之间势必产生严重的组织离心倾向，甚至造成党的分裂。20 世纪 70 年代后由于社会民主党面临的政治生态环境的改变，英国工党、法国社会党等主要西欧社会民主党党内都面临着严重的派别斗争，英国工党中的左派和右派长期在一些重要问题上扯皮、争吵；法国社会党在 20 世纪 90 年代初党内派别争权夺利的现象尤为严重，在 1990 年的雷恩代表大会的代表比例上，莫鲁瓦、若斯潘派占 28.9%，法比尤斯派占到 28.8%，罗卡尔派占 24.5%，舍韦内芒派占 8.5%，其他各派占 9.2%，党内的分歧之大可见一斑。

三是在新的条件下社会民主党如何与传统的阶级盟友 —— 工会进行合作也成为头痛的问题。从 20 世纪 70 年代起各国社会民主党为了应对财政危机开始实施紧缩的财政和货币政策，大规模的削减社会福利，这些措施不可避免的引发了工会和社会民主党之间的冲突，曾为政治盟友的各国工会甚至带头反对社会民主党的政策。如瑞典总工会和社会民主党之间在 1989 年 5 月 1 日甚至爆发了所谓的"玫瑰战争"，这标志着瑞典社会民主党传统组织结构体系的崩溃。

四是社会民主党的政治影响力不断下降。组织实力的削弱对西欧社会民主党的政治地位开始产生不利的影响，在 20 世纪 90 年代后期西欧国家议会大选和地方选举中，社会民主党获得选票的降幅普遍达 5% ～ 15%，有的甚至全军覆没。1990 年 12 月，德国举行统一后的第一次大选，社会民主党的得票率由 1987 年的 37% 下降到 33.15%，降到 60 年代以来该党在大选中得票率的最低点。法国社会党在 1992 年市政选举中得票率仅为 18.13%，在 1993 年 3 月立法选举中得票率仅 17.16%，成为建党以来的最低点。瑞典社会民主党在 1991 年大选中仅得到 38% 的选票，创下了 1932 年以来的历史性新低。英国工党在 1992 年大选中连续第四次失利，党首金诺克被迫引咎辞职。这标志着欧洲政党政治进入了一个"右翼"占主导地位的时期，欧洲一度出现了右翼势力膨胀和"社会民主党衰落"的态势。

---

[1]　金重远著：《西欧的左翼政党》，载《探索与争鸣》1997 年第 8 期。

五是绿党和极端性政党兴起对社会民主党组织优势的冲击。战后社会民主党与各国右翼政党的政治角逐使西欧形成了有趣的"政治钟摆"现象，从而奠定了社会民主党在整个政治体制中的地位。随着社会阶层分化的持续发展，各种政治思潮和价值观都开始在政治舞台上传播。战后出生的年轻人与持传统思想的父辈相比，他们更愿"摆脱战后时期占支配地位的物质主义价值体系，转而信奉后物质主义的价值"[1]，他们很少进行远景的展望，而是将关注点集中在环境保护等具体政治问题上。20 世纪 70 年代后绿党作为一种新的政治组织开始兴起，由于绿党同社会党在价值倾向，政治主张方面具有一定的相似之处，很快在左翼中掀起了"弃红投绿"的浪潮。到 90 年代，绿党的发展彻底打破了西欧传统的政党模式。1998 年德国社会民主党组成首次红绿执政联盟，在瑞典、英国、法国，绿党同样发挥着举足轻重的作用。

同处左翼的绿党兴起无疑会影响到社会民主党的组织实力，因为绿党的党员与选民主要来自社会民主党的传统选民，甚至直接来自社会党党员。正如德国社会民主党前主席奥斯卡·拉封丹反思轻视绿党发展带来的教训时所说的："有些绿党的领导成员曾是社会民主党党员，我党内部关于扩军和核能源的争论导致了党的分裂和绿党的成立。"[2] 同时，中产阶级扩大过程中社会下层工人日益贫困化、边缘化，使得两极矛盾日益加深，加之移民、种族的问题的催化，就给极端政党提供了发展的土壤。在一些西欧国家中"右翼民众主义党钻入到工人阶级选民中，凭着它们粗野的社会批判，它们把外国人做敌人对待的态度，它们提出的一举解决大批失业的办法以及它们的把社会弱者排挤出福利社会的主张，争取到不久以前还把希望寄托在共产主义的或社会民主主义的政党身上的那些选民的很大部分"[3]。极端政党那些具有蛊惑性的宣传夺走了原属于社会民主党的大批选民，法国的勒庞和奥地利右翼党甚至在选举中获胜，削弱了社会民主党的传统组织实力。

六是媒体发展威胁着社会民主党的组织结构和活动方式。发达的媒体提高了信息流动的速度，使人们参与政治的途径更加直接，人们开始直接借助于媒体了解政治信息，采用网络论坛等灵活的形式进行参与政治事务，这实际上在许多方面取代

---

[1] [英] 佩里·安德森、帕屈克·卡米勒主编：《西方左派图绘》，江苏人民出版社 2002 年版，第 93 页。

[2] [德] 奥斯卡·拉封丹著，周惠译：《心在左边跳动》，社会科学文献出版社 2001 年版，第 134 页。

[3] [德] 托马斯·迈尔著，殷叙彝译：《社会民主主义的转型—走向 21 世纪的社会民主党》，北京大学出版社 2001 年版，第 112 页。

了过去由政党来体现的某些功能。进入媒体时代后，社会民主党在组织运作中越来越多的借助于媒体，依靠网络、电视等媒体工具募集竞选资金、和党员保持联系、宣传党的政策主张，这使媒体社会对社会民主党的传统组织策略形成了强大冲击。社会民主党的党员开始热衷于对政治问题的网络讨论而不是组织表达，参与组织生活的党员人数下降。此外，传统社会民主党组织结构由于存在沟通时间长、信息传递慢等问题变成了社会民主党的劣势，在现代媒体和网络的冲击下，西欧各国社会民主党基层组织、党员个人作用不断弱化，政党纲领对公众的感召力和影响力急速下降，而西方社会"迪恩式选举"[1] 的出现，彻底颠覆了传统的议会选举模式，直接冲击到传统政党的影响力。

面对严峻的现实，西欧社会民主党要想不被边缘化，必须全面开展党的组织改革，通过改革拓展组织的空间功能，进而实现组织活动方式和交往方式的更新，以在日益失去稳定性和预测性的竞选市场中取得主动。

（二）社会民主党全方位的组织转型

"全方位政党"的概念最早是由德裔美国学者奥托·基希海默尔（Otto Kirchheimer）提出的，一般指那些摒弃了塑造大众的知识框架和道德框架的任务，而把注意力更多的集中到选举事务上，努力地争取范围更广的选民，以使自己能在选举中获得胜利的政党。和传统政党相比，"全方位政党"淡化了意识形态和阶级属性，和社会不同利益集团能够建立普遍联系，政党活动的目标单一，能够及时根据环境变化进行有效调整。由于全方位政党具有这些方面的特征，所以西方政治理论一般认为政党的发展会经历四个阶段：即权贵型政党（精英、中产阶级）、大众型政党（以大众为基础）、全方位型政党和卡特尔型政党（寡头）。

"一个政党有没有变革愿望和能力，以及变革的方向和形式都与组织制度有着密切的关系。"[2] 西欧社会民主党在战后完成向人民党的组织转型后，很快发现组织陷入新的危机中，为摆脱整体困境，各国社会民主开始实现新的组织转型。这一时期，西欧社会民主党致力于在组织形式上从人民党向选举党转变，在组织活动方式上从

---

[1]　2003 年美国民主党人，时任佛蒙特州州长迪恩充分运用因特网参加民主党总统初选的案例。在不到一年的时间里，迪恩及其支持者（3 个全职的网络工程师，100 多个维护网站的自愿者）利用网页成功进行电子动员，筹集到四千多万美元的竞选资金，争取到一百多万支持者，其做法在西方后来风靡一时。

[2]　王凤鸣著：《"新工党"新在何处？》，载《当代世界与社会主义》2002 年第 5 期。

纲领党向政策党转变，在组织运作上从群众党向媒体党转变，开启了对社会民主党组织体系的全方位改革，力图建立一个能够在各方面有效应对各种挑战，更具整合性和开放性的"全方位政党"。

1. 组织形式

西欧社会民主党面对碎片化的社会结构，以选举为核心进行了全面改革。西欧各国社会民主党深刻认识到，在多党竞争体制下选民支持的数量和质量就是政党力量强弱的标志。面临社会结构的碎片化格局，社会民主党的组织应该对所有的社会群体开放，既将工作重点放在争取新中间阶层支持上，同时还要将宗教群体、特权阶层、年轻人和妇女作为重要的力量来争取。

各国社会民主党大胆创新组织设置机制，力图通过创新党内的组织和机构形式反映社会结构变化。如德国社会民主党在党内普遍建立了"项目党籍"制度，这种制度打破原来的地域格局，允许党员按照自己感兴趣的问题或项目设立党组织，允许那些对党的部分政策主张持赞成态度的人在一段时间里入党，并随时退党，增加了组织的灵活性。法国社会党提出了建设"跨阶级政党"的目标，为了实现这一目标甚至修改党章规定的各种限制，规定非党人士可以参加党的会议。法国社会党要求各级组织每年必须组织一次入党运动，想方设法动员人们参加社会党的组织活动，并鼓励青年人和外籍移民参与党的活动并在党内担任领导职务。英国工党领袖金诺克在20世纪80年代提出使工党成为拥有百万党员的真正的大众党的目标，在工会和选区工党在领袖选举和议会候选人选举时实行"一人一票制"，从而结束了工会集体党员左右工党人事及工会享有特权的传统，增加了选民对政党的认同。

2. 组织机构设置

西欧各国社会民主党针对党内的派系斗争、纪律松弛、机构松散的现实，使组织结构在"垂直模式"的基础上向"扁平式的网络结构"发展。如在德国社会民主党内部，其中上层领导结构中曾长期存在着"三个中心"和"两驾马车"的状况，"三个中心"即党的联邦理事会，联邦议会党团和各州领导机构各形成一个权力中心；"两驾马车"即指党的联邦理事会，联邦议会党团在对一些政策表态时，往往各唱各的调，使社会民主党党内领导层之间的团结性和协作程度差，同时领导层同下层和基层组织之间的关系也日渐疏远。为此，从拉封丹开始对社会民主党进行了党内组织结构的调整，一方面德国社会民主党通过加强联邦理事会在中上层领导间的主导作用，使权力的中心牢牢控制在联邦领导人的手中。另一方面，德国社会民主党注重发挥党的基层组织的作用，增加基层组织与党员的对话和联系，允许各级党组织成立各种论坛，还要求各个层次的党内组织必须向党外开放，同党外人士交往，有效解决了上下层组织脱节的问题。

再如英国工党和法国社会党，工党在 1993 年对党的组织机构进行了重大改组，形成了以党的大会、全国执委会、联合政策委员会、全国政策论坛为核心的中央领导机构，再通过推进党内民主，建立了个人党员制度，形成了完善的自上而下的党内权力结构，在改革中重塑了领袖的权威、恢复了议会工党的权力、边缘化了党内左派，使工党得以脱胎换骨，以一个崭新的面貌出现在英国的政治舞台上 [1]。法国社会党注重以发展党内民主为中心加强组织调整，在党内从第一书记到各级议员候选人都由组织选举产生，并对召开党内代表大会的问题进行了制度规范，疏通了上下沟通渠道，重塑了组织权威。

3. 组织运行

欧洲社会民主党主动利用信息技术来推进党的各项工作，有效扭转了作用萎缩的被动局面。德国社会民主党最早开始运用信息手段推动组织建设，该党明确运用信息手段的目标是要建成"网络党"，提出要把党从"新闻报告对象"变为"影响新闻报告的主体"，把拥有"适合媒体社会的交流能力"视为党的工作的重要目标之一。通过运用互联网建设"网上社会民主党"，德国社会民主党以网络为平台联络 6000 多个党的基层组织，打破了参加党内生活的时空限制。世纪之交时德国社会民主党还启动 "红色电脑"计划和"红色手机"计划，明确要建立涵盖 125000 多个基层组织的内部信息网，并运用移动通讯终端向所有党员发布有关消息。英国工党也认识到了媒体和网络对于组织的重要性，80 年代中期工党内就成立了"选举运动和联络委员会"和影子联络机构专门负责与媒体打交道，同时建立了自己的网站。工党尤其注重在大选中加强与媒体的联系，利用网络等新兴媒体广泛宣传工党的选举议题，打造工党蓬勃向上、团结一致和充满现代化气息的组织形象。法国社会党将网络等媒体手段运用于组织建设实践，2000 年率先在因特网上创建了全国所有省

---

[1]　王长江：《八十年代中后期以来英国工党的组织改革》，载《当代世界与社会主义》2002 年第 4 期。

委和总支的社会党人都能共享的"法国社会党网络"，实现了党的中央机构与各省委、总支之间在虚拟空间中平等对话。同时，法国社会党还定期或不定期地组织网上见面会，让党的领导人同党员和党的同情者之间能直接通过网络进行交流。在这一过程中，西欧各国社会民主党组织运行更具有开放性和灵活性，党内民主渠道更为通畅，社会动员能力进一步增强。

（三）组织转型的主要影响

以 1993 年 4 月长期执政的法国社会党在大选中惨遭失败为标志，西欧社会民主党在各国普遍丧失了执政地位，当时的新自由主义者、新保守主义者甚至断言欧洲政局向右转的趋势不可抗拒。但是西欧各国社会民主党以党的组织转型为基础，进而开展了理论上的创新和政策上的调整，使几乎一度被边缘化的政党重新焕发出生机和活力。瑞典社会民主党率先崛起，在 1994 年 4 月的大选中重新上台执政，继而各国社会民主党在西欧政坛的"神奇回归"，到 1998 年时西欧政坛主要由社会民主党把持。社会民主党还在 1999 年占据了欧洲议会 626 个议席中的 180 个，成为议会内的第二大党。

但是，西欧社会民主党在组织转型过程中依然面临着全球化、信息社会变化、保持自身特性、妥善处理来自党内阻力、应对右翼政党的挑战等因素的深层影响。一方面，社会民主党在组织覆盖上一直向着全方位党的标志看齐，但随着西欧社会阶级和群体的分化加剧，不同阶层之间的利益往往难以在一个政党的组织内部得到调和。这使社会民主党内部的组织成员混杂，原来的社会矛盾开始转变为组织内的矛盾，结果反而分化组织的力量，使社会成员的不满集中到政党自身来，导致社会民主党在各个方向出现支持力量的流失。如 2000 年后德国社会民主党丧失了 1000 万支持的选民，有 40% 转向左翼党，有 20% 的中间阶层流向右翼的联盟党和自由党 [1]。此外，社会民主党运用新媒体和互联网等手段推动组织建设的确增强了组织的活力，但却使组织出现了"媒体化"甚至"娱乐化"特征，政党的功能完全被媒体和网络功能所取代，一些党的组织甚至沦为了大选的拉票工具，由此带来了党纪松弛、党的组织动员能力下降等问题，导致社会民主党的凝聚力下降。

另一方面，尽管组织的调整保障了党员民主权利、增强了组织活力，但是从党

---

[1] 石晓虎：《对欧洲社会党进一步衰退的几点看法》，载《当代世界》2010 年第 8 期。

员人数看，西欧社会民主党的组织依然处于衰退期。以英国工党为例，英国工党党员人数的减少十分惊人，取消集体党员制后，工党在 1997 年赢得大选时有 40 万党员，但 2002 年人数则不到 25 万；德国社会民主党同样面临党员人数减少的困局，2003年施罗德提出改革纲领《2010 年议程》由于触及劳工阶层的根本利益，此后 1 年之内就有 4.3 万人退党。法国社会党 2000 年后党员人数基本在 12 万人左右徘徊，当前社会民主党的组织的影响十分有限。

最后，社会民主党参与选举过程中得票率也呈现持续下降趋势。2000 年后，社会民主党在奥地利、意大利、丹麦、葡萄牙、荷兰、法国相继失去执政地位，2002年时社会民主党只在德国、希腊、英国和瑞典四国继续执政，欧洲政治右倾趋势明显加强；[1] 到 2009 年西欧社会民主党在欧洲议会选举中受挫并在德国失去执政地位，2010 年又在英国选举失利，并在比利时、荷兰等国大选中弱于右翼力量。社会民主党不仅在西欧主要国家中全部失去政权，而且在欧洲绝大多数国家都处于在野地位，西欧社会党的组织力量仍处于持续衰退期。

第三节　福利政策的适应性调整

战后西欧社会民主党执政的政策体系主要由改良主义、凯恩斯主义和福利国家三者组成，改良主义是全部政策的思想基础；凯恩斯主义是具体的政策工具，福利国家是政策的落脚点。社会民主党在实践中把建设福利国家作为实现社会民主主义基本价值的一个阶段，福利政策成为西欧社会民主党战后全部执政政策的中心。在战后西欧社会民主党执政的黄金时期，各国福利建设都取得了辉煌的成就；但是这一政策在 20 世纪 70 年代以后陷入全面危机，尽管社会民主党进行了政策的反省和艰难的调整，但时至今日依然没有拿出一套完整的政策更替方案，这成为制约社会民主党执政的重要因素。

一、政府供给式福利政策的主要特点

二战以后，社会民主党领导下的西欧各国率先实现了资本主义福利体制从一般

---

[1]　舒新：《冷战后欧洲社会党政坛沉浮的原因及其启示》，载《湖北行政学院学报》2005年第 2 期。

社会福利向"福利国家"转变，进而使得福利政策成为左右翼政党执政的普遍共识。以 1948 年英国首先宣布建成"福利国家"为起点，到 60 年代多数西欧国家都相继宣称本国建成"福利国家"，福利政策逐渐发展成为由一系列社会福利措施和项目组成的制度体系。尽管西欧各国在实现福利国家的政策手段方面各有特点，但是在政策的基本特征和主要内容方面还是一致的，总体看来福利政策有以下主要特点：

1. 以凯恩斯主义的经济手段为主要工具

凯恩斯主义的经济理论是在对战前资本主义的反思中形成的，资本主义进入垄断阶段后，生产的高度社会化和资本主义私人占有制之间的矛盾日趋激化，结果引发了资本主义经济危机的频繁爆发和社会矛盾的急剧尖锐，1929—1933 年经济危机震撼了整个西方世界，成为导致第二次世界大战爆发的主要因素。危机期间，整个资本主义世界的失业人数达到 3000 多万，工业生产指数下降了 44%，这种情况下继续使用原来的自由主义经济理论解决垄断资本主义条件下的大量失业和社会贫困问题已经不成立了。

在这样的背景下，以凯恩斯为代表的经济学派主张摒弃建立在个人主义原则基础上自由放任的经济政策，转而强调国家义务和国家责任，加强对经济的国家干预和宏观调控，并以"逆经济风向行事"原则扩大政府公共开支，增加"有效需求"（社会总需求），保障实现充分就业。可见凯恩斯主义的核心是将公平放在价值选择的首位，力图通过国家力量调节资本主义体制中的混乱秩序，这与民主社会主义的基本理念不谋而合。

面对战后西欧经济困境和社会危机的困局，西欧社会民主党纷纷选择凯恩斯主义作为经济政策手段，在自由竞争的资本主义经济体制中尽一切可能掺入国家因素，对经济体制和经济运行进行了全面的改造。如德国社会民主党响亮地提出了"尽一切可能开展竞争，按一切需要实行计划"[1] 的口号。在公正的旗号下社会民主党开始将执政重点放在整合经济资源，以创造更大社会价值，实现社会的稳定方面。这一时期，执政的西欧社会民主党采用了公私结合的混合经济体制，并普遍实施了国有化政策。如 1946 年英国工党政府掀起了战后第一次国有化浪潮，使国有企业在整个工业部门的比重达 20%；1974 年工党又在英国掀起了第二次国有化浪潮，进一步优化了工业产业布局；1981 年法国社会党上台执政后开展了规模巨大的国有化运动，

---

[1] 《社会党重要文件选编》，中央党校出版社 1985 年版，第 154 页。

使法国成为西方国家中国有化程度最高的国家；即便相对保守的瑞典社会民主党到1971 年执政时，国有经济占整个国民经济的比重也达到了 25%[1]。在整合经济资源的基础上，社会民主党加强了对国家的宏观管理，执政的西欧社会党采用"计划化"的手段，通过计划、预算、信贷等手段调节引导企业合理的使用生产资料。

西欧社会民主党对凯恩斯主义经济工具运用最终体现在社会充分就业上。社会民主党在执政的过程中更加深刻地认识到，充分就业与选民利益密切相关，与社会稳定相辅相成，从某种意义上保障充分就业已经不局限于经济层面，而是需要向社会层面延伸。在全面扩张性经济政策的支持下，战后西欧资本主义经济迎来了 20 年的飞速发展期，这为社会民主党政府实施经济政策和社会政策整合提供了缓冲的空间，各党开始从凯恩斯主义的立场出发思考国家对于市场、社会的整体作用和功能，凯恩斯主义逐渐融入福利国家建设的实践体系中，重点为福利国家建设提供有序的经济秩序、稳定的社会环境和巩固的财政支持。

2. 以"高税收、高工资、高福利"为运行轨迹

凯恩斯主义强调经济发展中的国家作用，西欧社会民主党主导下的福利国家建设就是通过发挥国家财力的优势，为社会弱势群体提供全面、平等的生活保障，福利建设主要依赖于国家财政的投入，而赋税正是国家财政收入的主要来源。

战后西欧各国建立了从摇篮到坟墓的系统福利制度，各种保险、救济和救助的标准不断提高，这使财政收入和社会福利发展之间出现剪刀差。确保福利制度体系的运行，必然要求各国增加税收来弥补财政的亏空状况，采取较高的税收标准成为执政的西欧社会民主党的共同选择。以瑞典社会民主党为例，其建立的社会福利体系以覆盖面广、保障水平高著称于世，但也是建立在高负担税收的基础上，据 20 世纪 50—60 年代的统计资料表明，瑞典财政收入的 90% 来自于税收，每年的税收总额一般要占到国民生产总值的 53%。[2] 这一时期西欧社会民主党政府着手实施了累进税的税制改革，规定对高收入者增加附加税，同时对低收入者免税，增加了能源税、环保税等新的税种，但是财政收入始终赶不上社会福利的发展步伐，这种矛盾反过来又促使各国不得不增加税收的比例和份额。到 1973 年，西欧国家税收（包括

---

[1]　[巴西] 彼得·斯坦：《瑞典：福利国家失败的教训》，载《当代世界社会主义问题》1989 年第 4 期。

[2]　金重远：《战后西欧社会党》，上海人民出版社 1997 年版，第 52 页。

直接税、间接税和社会保险税）在国内生产总值中所占的比重分别为瑞典39.18%，英国31.36%，联邦德国37.19%，法国34.73%，1973年到1982年间这一数字逐年上涨，到1982年时瑞典为49.16%，英国为38.48%，联邦德国为39.80%，法国为42.25%。[1] 这就形成了高税收支持高工资、高工资保障高福利，高福利、高工资刺激税收进一步提高的恶性循环。

3. 以整合利益、凝聚共识为核心

福利政策实质上是对资本主义危机进行有效预防的手段和方法，社会民主党把福利国家建设作为战后的执政政策，根本还是为了维护有利于资本主义发展的稳定社会环境，同时以社会改革的口号为自己的执政提供保障，以体现民主社会主义的价值目标。

福利国家的特点就是把大量的财富从就业者方面向正在成长的一代和老的一代再分配，从高收入者向低收入者再分配，从强者向弱者再分配，体现了一种国家"强制下的"团结。[2] 从实践过程看，西欧的福利国家建设以独立的民主国家为实施载体，通过国家的强力推动建立惠及所有公民的福利制度体系，增强了社会中下阶层抵御社会风险的能力，保障了公民个人的基本权利和自由，战后资本主义国家稳定发展建立了一道坚固的"防火墙"。在这样的环境中，从资本家到个人、从富人到穷人都把关注的焦点集中到福利政策方面，怎样在制度体系中最大可能的维护自身权益成为社会运动的主流。资产阶级及其保守政党也对社会民主党主张的福利国家建设理论予以认可，甚至成为这项政策的积极推广者。

其他政党也认识到福利国家制度本身有利于社会弱势群体的这一特性，为了获得选民支持，各个政党多把增加福利作为吸引选民的法宝。这样在战后西欧逐渐形成了超越阶级、阶层和政党差别的"福利共识"，奠定了"福利国家"存在与发展的思想文化基础，社会民主党的福利国家建设理论成为主宰战后西欧政党竞争的共同价值选择。正像费舍指出的，在两大政治派别经济和社会政策日渐趋同的基础上，战后欧洲国家基本上形成了"民主左派"和"民主右派"的政治分工，即"右派所关心的是财富的生产，左派则关注公正的分配。"[3]

---

[1] 高鹏怀：《历史比较中的社会福利国家模式》，中国社会出版社2004年版，第44—45页。

[2] 周宏：《从消极福利国家到积极福利国家——民主社会主义探索新福利制度》，载《当代世界社会主义问题》2001年第1期。

[3] 张世鹏，殷叙彝：《全球化时代的资本主义》，中央编译出版社1998年版，第157页。

"1945 年以后西欧的历史是福利国家稳定发展的历史"[1]，从战后到 20 世纪 70 年代，西欧各国已经建立起较为发达的、覆盖面较广的、规范化的社会福利制度，从而为社会民主党长期执政提供了重要保证。

但是，社会民主党的国家供给式的福利政策无疑受到以下三方面因素的限制：第一是由于凯恩斯主义理论以独立民族国家内部经济运行为前提，这要求福利国家建设必须以国家的独立为前提，在政府的主导下进行。第二是福利国家建设必须建构在整体经济形势上行的基础上，即以社会总需求不足为前提，而且经济发展还要满足一定的速度要求。据专家估计，只有经济增长率达到 4.5% 左右，才能维持福利国家的正常运作。[2] 第三是福利建设具有不可逆的特点，在一项社会福利确定和实施后，政府最佳的选择就是在现有标准基础上增加，而一旦决定缩减或者取消福利，执政当局就要承担极大的政治风险。当这些保障福利政策稳定运行的环境发生变化时，社会民主党赖以执政的福利国家理论就会面临危机，社会民主党的执政就将遭遇挑战。

二、福利政策的两难困境

进入 20 世纪 70 年代以后，社会福利制度的消极影响日益显现，各国政府陷入社会福利发展和经济滞涨现实等重重"福利困境"，这些困境主要表现在以下几方面：

一是经济困境。强劲的经济发展支撑是福利社会建设的基础，也是衡量西欧国家政权稳定程度的晴雨表。1973 年第四次中东战争爆发引发了全球性的石油危机，使西方国家的经济从此进入生产停滞和通货膨胀并存的"滞涨"阶段。石油危机严重影响了世界经济形势，1974 年夏资本主义世界的全球性经济震荡来临，发达资本主义的工业生产在 1974 年 7 月到 1975 年 4 月间下降了 10%，1975 年上半年的国际贸易额相比前年下降 13%，世界外汇贸易从 1974 年的 1000 亿美元下降到 1975 年的 400 亿美元。[3] 这标志着战后资本主义的黄金时代已经结束，福利建设赖以立足的宏观经济背景不复存在。

由于"经济的全球化，使以往社会民主主义经济政策最喜欢的工具 —— 凯恩斯

———————————

[1] 李踪：《西欧社会保障制度》，中国社会科学出版社 1989 年版，第 35 页。

[2] Mark Kleinman: A European Welfare State? Palgrave Press.2002.p 106.

[3] 向文华：《斯堪的纳维亚民主社会主义研究》，中央编译出版社 1999 年版，第 59 页。

主义的宏观经济调控现在已经失灵"[1]，同时各国社会福利开支依然持续增加，这使各国政府财政赤字剧增，债台高筑，出现巨大的财政黑洞。以英国为例，从20世纪50年代到70年代，英国的社会福利开支增长了2.7倍，从占国内生产总值的14.4%上升到29.4%，80年代，这一比重继续升高，1983年，已增至527亿英镑，占政府财政总支出的38.2%[2]。1975年时英国的通货膨胀率就高达27%，工党政府面临着巨大的压力。

在福利建设方面成绩最为突出的瑞典社会民主党同样面临糟糕的情况，瑞典国民经济在1961年至1971年间年均递增6.7%，而政府的社会保障津贴和社会救济款开支每年递增9.2%，国民经济与社会福利开支增长速度的对比为1∶1.37。同一时期，联邦德国、法国、英国、意大利和丹麦的这一对比分别为1∶1.28、1∶141、1∶1.21、1∶2.02和1∶2.17，西方福利国家支出的增长速度仍普遍高于GDP的增长速度。

到了70年代末，经合组织的欧洲成员国在福利国家方面的开支平均占GDP的25%，占公共支出的60%，开支的增加部分全部花在了社会福利方面。[3]巨大的福利开支增大了财政赤字，高筑了政府债台。英国在1955—1980年间财政赤字由83.06亿英镑增至111.56亿英镑，法国从43.01亿法郎增至380亿法郎，瑞典从75.5亿克朗增至430.3亿克朗。20世纪90年代社会民主党再度上台执政时，社会保险费占财政收入的比重法国为40.7%（1997），德国为40.5%（1998），瑞典为27.2%（1994），英国为17.7%（1997），荷兰为41.1%（1994）[4]，这样庞大的开支无疑是给衰退的经济形势火上浇油。

因此，有人嘲讽福利国家是靠借贷度日的"安乐国"。严峻的经济现实使执政的社会民主党面临两难，坚持原有的政策不动摇，在恶劣的经济环境中继续扩张社会福利，只会进一步恶化经济状况，而为了缓解经济危机，采取通货紧缩政策，既会疏远部分选民和固定阶层，付出丧失执政地位的代价，更会违背战后形成的那套成熟理念和政治承诺，背弃社会民主党一直坚持的纲领目标。

二是运行困境。"全球化浪潮首先冲垮了凯恩斯主义福利国家抵御贫困的第一

[1] [德]托马斯·迈尔：《现代社会民主主义：共同的基础和争论的问题》，载《当代世界社会主义问题》2003年第1期。

[2] 王振华等：《重塑英国：布莱尔"第三条道路"》，中国社会科学出版社2000年版，第107页。

[3] 经济合作与发展组织秘书处：《危机中的福利国家》，华夏出版社1990年版，第89页。

[4] [德]沃尔夫冈·麦克尔等著，童建挺译：《社会民主党的改革能力：西欧六国社会民主党执政政策比较》，重庆出版社2009年版，第41页

条防线，既充分就业和高薪的全日制工作，更为全面的开放和更加激烈的竞争给资本以更高的自由度去寻求'灵活'的劳动市场和低廉的工资。"[1] 全球化使资本主义诞生了新的劳动生产率法则："数量越来越少的、受过良好的高等教育、可以在全球范围内流动的人们却可以创造出越来越多的效益和服务。经济增长不再保证失业率的减少，而是相反，要以劳动岗位的减少为前提条件——这就是高失业率的增长"。[2] 福利政策运行的直接目的是为了实现充分就业，维护社会公平，但是随着科学技术的发展，机器的智能化水平大大提高，使知识和技术陈旧的工人和教育不足的青年都成了这种转型换代的失业者。此外，妇女在战后开始进入职业劳动领域与男子竞争工作岗位、劳动力的自由流动促使跨国公司将大量的劳动岗位向第三世界劳动力成本低廉的国家转移，劳动力的老龄化现象出现，这些因素的复合作用使失业现象迅速在西欧国家蔓延。

尽管各国政府开始采取措施缓解失业问题，但是在高福利的社会背景下，社会民主党政府只能使用提高在业工人税收标准的办法以增加失业工人福利待遇，在这样的政策悖论中社会民主党根本无法有效解决问题。到90年代中后期，欧盟15国的失业率始终在10%左右摆动，失业者总数达1800万人左右，其中25岁以下年轻人的失业率更是达到惊人的20%以上。[3] 曾被誉为"就业者天堂"的英国，也仅有1/3具有就业能力的居民处于传统意义上的就业状态。[4] 在法国，年轻人失业率已接近20%，数百万年轻人面临着"毕业即失业"的窘境，在一些糟糕的夕阳产业失业率高达80%。[5] 高失业率引发了大量的社会问题，这意味着传统的福利政策已经走到死角。

此外，福利政策运行中社会贫富两极分化也呈现扩大趋势。福利政策的目的是为了实现社会公平，但社会中下阶层越来越明显地感觉到，所谓通过从社会领来的福利，实际上只不过是自己用来交给国家的税金，福利政策的运转不仅没有解决贫富分化的问题，而且他们还得承担供养一个臃肿的社会福利机构的义务。1997年在

[1] Ramesh Mishra，Globalization and the Welfare State，Edward Elgar Publishing Limited1999，p4—5.

[2] 张世鹏、殷叙彝编译：《全球化时代的资本主义》，中央编译出版社1998年版，第26页。

[3] 张明军：《全球化与第三条道路的兴起》，载《国际观察》1999年第6期。

[4] 张世鹏：《关于80/90年代西欧资本主义研究的若干问题》，载《欧洲》1997年第3期。

[5] 周穗明：《全球化的矛盾与"第三条道路"的失败》，载《当代世界社会主义问题》2002年第3期。

欧盟内部 10% 最富有的居民收入占到欧盟全体居民收入的 25%，而 10% 最低居民收入仅占欧盟全体居民收入的 3%；在德国，占居民人数 6% 的最富有德国人拥有的货币财富占到全体居民财富的 1/3，而占居民人数 50% 的低收入者只占 10% 的货币财富。[1] 贫富分化的加剧使西欧社会种族主义和排外主义思想抬头，极左极右势力重新登上政治舞台，工会与政府之间关系紧张。正像吉登斯指出的，"被大多数人看成是社会民主政治之核心的福利国家如今制造出来的问题比它所解决的问题还要多。"[2]

三是体制困境。社会民主党"阶级合作"政策的推行，是福利社会建设的体制环境。从福利政策运行看，民族国家是福利社会模式发展的主要场所。福利政策是资本主义民主国家中阶级斗争和阶级妥协的产物，其精髓是在工人阶级和资本家阶级两极对立的体制中对工人阶级提供社会保障，福利政策因而被资产阶级看作是一种消除革命的"投资"和"解毒药"[3]。如吉登斯所说，在出现全球化趋势之前，西方社会是一个政治化的阶级体系，而福利国家基本上是"劳资双方之间阶级力量的一种平衡"[4]。

社会民主党将国家作为福利社会建设的主体，强调摒弃个人主义的经济观念，通过在民族国家中调节经济活动，确保经济增长、充分就业和社会福利。但是，经济全球化的加速推进使产品、技术等生产要素在全球范围内自由流动，打破了民族国家的界限，美籍日裔学者大前沿一曾在《民族国家的终结》一书中断言：民族国家已经淹没在一个"无边界的世界"里，随着全球经济的形成，独立的民族国家乃至各国的国民经济管理战略越来越失去意义。[5]

对民族国家冲击最大的是跨国公司的发展和扩张，当跨国公司带着资本、技术、人才摆脱民族国家的传统控制时，势必削弱国家的影响力和调控力，使福利国家面临两难困境：如果继续增加税收和提高福利，企业的利润就会降低，跨国公司就会

---

[1] 王振华、陈志瑞主编：《挑战与选择——中外学者论"第三条道路"》，中国社会科学出版社 2001 年版，第 343 页。

[2] [英] 安东尼·吉登斯著，郑戈等译：《第三条道路——社会民主主义的复兴》，北京大学出版社 2000 年版，第 17 页。

[3] [英] 安东尼·吉登斯等著，尹宏毅译：《现代性——吉登斯访谈录》，新华出版社 2001 年版，第 38—39 页。

[4] [英] 安东尼·吉登斯等著，尹宏毅译：《现代性——吉登斯访谈录》，新华出版社 2001 年版，第 38—39 页。

[5] Kenichi Ohmae: The End of the Nation State, Harper Collins, 1995, p11—13.

将产业和资本转移到成本低的国家和地区；而如果听任资本摆布，社会福利建设取得的成果就会受到威胁，两极分化等社会问题将进一步加剧。

和全球化同时发生的还有民族国家内部阶级阶层的多样化，这使福利社会中的阶级结构彻底改变，原来资本和劳工之间的利益平衡被彻底打破。一方面是资本的转移空间越来越大，另一方面是劳工的力量日渐萎缩，已经失去了对资本的制约作用，资本的自由发展甚至使它无暇顾及各个社会阶层包括中产阶层的利益，国家和劳工发现自己已经失去了对资本的约束和讨价还价的能力，只能眼睁睁看着"社会福利国家妥协"走向"终结"。[1]

四是价值困境。社会民主党执政期间建立的高福利是以高税收支撑的，高税收意味着追加的劳动生产物大部分落入了政府手中，这就使社会福利收入同劳动收入的差距逐渐缩小，最终打击了人们的劳动积极性。比如联邦德国在 20 世纪 70——80 年代建立了系统全面福利保障体系，一个在政府登记的失业者，每月可以拿到平均 3 400 马克的救济金，而一个普通的政府职员月收入也就是 4 000 马克左右。也就是说，德国一个失业者每月的收入往往比在职的人少不了多少，以致相当一部分人宁愿赋闲在家。也不愿寻找新的就业机会。[2] 当时西欧各国存在着 100 多万失业人口，却有几十万个空闲的工作岗位没人愿干，"英国病""瑞典病"等懒汉现象开始出现，造成了一批寄生于福利制度体系的社会"食利者"阶层。

这些现象背离了福利制度建立的初衷，诱发了对福利国家建设的社会认同危机，"这种国家包办的、通过福利制度体现出来的、不附带任何条件和要求的个人权利绝对化具有明显的腐蚀性，这不仅在相当程度上造成了依赖、道德风险、官僚主义、形成既得利益群体等问题，使权利和机会变成了自私和贪婪的动力，而且还生成一种与传统集体主义愿望相悖的左派个人主义或曰社会个人主义，把尽享社会和集体带来的好处看作是理所当然的，承担义务和责任则是额外的、多余的。"[3] 当"不劳而获""人人为自己，国家为人人"等极端利己主义思想在社会中蔓延时，就会引发诸多的"道德公害"现象，使福利政策陷于价值认同危机中。

---

[1]　[德]乌·贝克等著，王学东、柴方国等译：《全球化与政治》，中央编译出版社 2000 年版，第 77 页。

[2]　艾森：《失业压弯了欧洲福利的背》，载《新闻周刊》2002 年第 9 期。

[3]　[英]布莱尔：《新英国——我对一个年轻国家的展望》，世界知识出版社 1998 年版，第 54 页。

作为福利国家建设样板和橱窗的瑞典同样深陷价值危机中，20世纪70年代瑞典工厂的职工为了使自己保持较低收入以规避高税收，取得较多的福利收入，采取休病假的方式逃避正常工作，许多工厂缺勤率高达20%以上，创下了欧洲最高的旷工率。英国的问题也相当普遍，20世纪末英国5800万人口中有100多万人从未工作过，但依靠国家救济仍然生活的逍遥自在[1]。高福利同样养懒了德国人，好逸恶劳、追求享受的风气在德国较为突出，施密特曾结合德国的实际指出：在经济全球化进程中，西欧已经成为一个充满"恐惧"和道德走向"瓦解"的大陆："在我们这个社会的边缘和某些角落，肆无忌惮的利己主义、私欲和贪婪正以前所未有之势蔓延"，"公共利益、博爱、团结、义务思想和责任观念都是过时了的理想，人人都应当以自我为中心，公共利益只是一种空话。"[2]面对价值体系的坍塌，福利政策明显的背离了其设定的初衷，并对市场经济发展运行的核心价值造成了极大地损害，因为"它削弱了个人的进取和自立精神，并且在我们这个自由社会的基础上酝酿出一触即发的怨恨。"[3]

福利政策作为战后社会民主党的主要身份特征和价值符号，曾经为社会民主党取得政权和巩固执政地位发挥了重要的作用，这一政策的影响覆盖了西欧社会的各个角落。随着执政环境的变化，福利政策逐渐成为制约社会民主党执政的瓶颈。正如1997年西欧10国社会民主党的理论和政策研究机构在出版的论文集序言中所说：面临全球化的挑战，社会民主主义的传统范式即"以凯恩斯主义福利国家模式为基础，提倡充分就业，扩展社会公正，谋求资本与劳动之间的一种平衡，那样的日子已经一去不复返了"。[4]

三、福利政策的全面调整

20世纪70年代以后西欧社会民主党陷入执政低谷，以"撒切尔主义"为代表的新自由主义开始主导西欧的政坛格局，新自由主义政党上台后，开始推行福利制度

[1] 邹根宝：《当代英国社会保障制度改革》，中国社会科学出版社2000年版，第100页。
[2] [德]赫尔穆特·施密特著，柴方国译：《全球化与道德重建》，社会科学文献出版社2001年版，第76、79页。
[3] [英]安东尼·吉登斯：《第三条道路——社会民主主义的复兴》，北京大学出版社2000年版，第14页。
[4] [德]托马斯·迈尔著：《社会民主主义的转型：走向二十一世纪的社会民主党》，北京大学出版社2001年版，第19—20页。

的"社会化""市场化"改革，通过削减福利开支、摒弃国家管制等措施以最大限度的激发经济活力，提高经济的国家竞争力。这些措施有效化解了西欧各国普遍存在的滞涨问题，推动了各国经济的强劲复苏。这一时期执政的社会民主党也开始采取私有化、市场化等政策大力幅削减福利国家开支等措施，以有效扭转经济的颓势，挽救社会民主党的执政危机。但是，政策一味右转反而使社会民主党丢掉了福利国家这一身份符号，也使选民在不同政党几乎完全相同的政策纲领面前感到疑惑，结果社会民主党陷入更深的信任危机中。

经历了福利国家建设的执政困境，也目睹了右翼政党后期对福利政策的改革教训，以英国工党提出系统改革福利政策的"第三条道路"为标志，西欧社会民主党开始评估新的社会环境对福利政策的影响，试图将福利国家发展模式和新自由主义的发展模式有效结合起来，在政策的理念、途径、措施、目标等方面对福利国家模式进行全面的调整，以适应经济全球化影响下国际国内环境变化的要求。

（一）从福利国家到福利社会。

传统福利国家最基本的特征就是政府负责，其实质是通过国家采取立法的手段和行政化的管理模式对国民收入实行再分配的一种形式，传统的模式加重了国家财政负担，也难以克服效率低下的弊端。而自由主义政党所倡导的以社会、家庭、个人替代国家作用的福利国家模式又加剧贫富分化、导致社会危机。西欧社会民主党在综合上述两种理念的基础上，开始探索如何在坚持政府主导下，更好地发挥社会的作用，以建立一种国家和家庭、企业、社区等平等合作的新的福利建设模式。1998 年安东尼·吉登斯对这一转变进行了阐释，"社会民主主义者必须改变福利国家所蕴涵的风险与安全之间的关系，以形成这样一个社会：在政府、企业和劳动力市场中的人是'负责任的风险共担者'。"[1] 从这一思路出发，执政的社会民主党对福利国家建设的模式进行了整体创新。

1. 投资主体的多元化

为了减轻政府的财政，西欧社会民主党开始放弃高税收政策，改变原来单一的筹款模式，实行较为公平的"累进税制"制度，要求社会中的多元主体承担相应责

---

[1]　[英] 安东尼·吉登斯著：《左派瘫痪之后》，载《"第三条道路"与新的理论》，社会科学文献出版社 2000 年版，第 104 页。

任以减轻政府在福利投入方面的负担。1997 年上台的工党政府一改 "提高税收和扩大支出" 的传统形象，在新的预算中提出为期 5 年的削减公共支出赤字方案。工党政府 1998 年公布了福利改革绿皮书《我们国家的新动力：新的社会契约》，明确在新福利制度的融资问题上政府希望未来福利支付的增加通过私营部门来提供，而不是靠增加个人税收来扩大公共福利支付。政府通过积极发动个人、企业、社会组织对福利事业的参与，实现了英国养老金的筹资 60% 来自国家，40% 来自私营部门的目标。[1]2003 年德国施罗德政府正式推出针对传统社会福利体系的一揽子改革方案，核心是大幅削减现有的社会福利开支，减轻政府的福利支出负担，提高企业和个人的积极性。

西欧社会民主党政府通过实施财政紧缩政策实现对政府财政的减压，同时进一步明确了企业、个人和其他社会主体的责任和作用。这一时期，执政的西欧各国社会民主党政府普遍建立了政府、企业、个人三位一体的福利主体投资模式，分摊了高额福利费用带来的社会风险，增加了国家、企业、个人的责任感。

2. 关注对象的中间化

传统福利国家制度主要关注下层社会群体，针对传统福利国家建设中富裕阶层离群索居、不愿意参与社会福利保障体系造成的 "社会排斥" 的现象。社会民主党开始把福利关注对象从社会下层转移到中间阶层身上。

这一时期社会民主党将具体政策的设计由原来追求的结果公平转变为机会公平，强调社会福利建设的重心在于为风险社会中的人们提供平等的抵御风险的机会。比如施罗德就指出，在德国进行福利体制改革 "不仅要致力于各种抵御风险的保障，而且还在努力进行'机会管理'，谁出现了中断职业生活的风险，谁就可以把职业劳动时间换成学习与继续提高熟练技术的时间，他不仅遭遇到一种风险，对此社会国家应该尽可能地提供相应保障，他还抓住了一个机会，社会福利国家必须尽可能地提供这种机会。"[2] 这样，西欧社会民主党的福利政策改革开始关注富裕人士尤其是中间阶层的福利需求，一方面，政府通过修改税收政策，不再向富人征收高额税收，同时减轻中产阶级的税收负担，以增强中产阶层的社会安全感；另一方面与原来主

---

[1] 罗云力：《建立社会投资型国家—欧洲社会民主党第三条道路对福利国家制度的变革》，载《国际论坛》2002 年第 3 期。

[2] 杨雪冬等：《第三条道路与新的理论》，社会科学文献出版社 2000 年 1 月版，第 37 页。

要保证人的基本生存权利的福利模式相比，社会民主党新的福利政策在制度安排上更加注重事前预防，将关注点集中在保障人的尊严和提高人的幸福感方面。

3. 福利运行的"准市场化"

为了克服传统福利模式效率低下的弊端，西欧社会民主党吸取撒切尔主义在社会福利私有化、市场化改革方面的有益经验，在福利政策的运行方面进行了"准市场化"改革。1999 年英国著名社会政策和社会福利问题学者罗伯特·平克就指出："随着福利改革的进展，普适性的法定社会服务正被福利混合经济所取代。残存的法定服务正按准市场形式重新组织，并按照竞争性市场理性标准来管理。据称，这些占支配地位的趋势带给我们的将是更少的普适性和更多的选择性，更少的集中性和更多的分散性，以及更少的单一性和更多的多元性。这些政策变化的目的是要鼓励福利中的多元性和选择性，强调消费者利益而不是公民资格。"[1] 通过在福利政策领域推行"准市场化"运行方式，西欧社会民主党打破了原来一体化的福利保障模式，福利建设开始向多层次、多领域铺开。

如英国工党提出了"为能够工作的人服务，为那些不能工作的人保险"的口号，其"准市场化"改革的主要措施是把社会福利对象分成不同的群体，采取不同的福利手段以区别对待。对于那些市场不愿投入的社会底层的福利需求，或者需要国家介入的一些涉及国家或民族根本的社会需求，都由国家统一提供福利支持；而对于那些市场愿意介入的较高层次的享受型福利需求，则运用市场的力量使其得到满足。在改革中英国工党政府注重加强公私福利合作，不垄断福利行业，尽可能发挥市场机制在福利运行方面的作用。

瑞典社会民主党政府也在福利制度上适度引进市场机制，甚至直接实施部分福利的私营化。比如在养老金制度方面，政府打破原来单一的养老金供给模式，规定个人在享受基本养老金的同时，也可以通过个人的自我储备享受市场化的职业养老金待遇，在 1980 至 1985 年个人参加职业养老金的人数和保费就增加了 3 倍；1992 年政府在老年关怀和服务方面开始引入私营机构参与竞争，全国当年就建立了 270 家私营老年护理机构；在健康保险和医疗保健方面，瑞典改革的主要措施就是支持成立私人医疗机构，并鼓励其与公立机构展开竞争。

---

[1] ［英］罗保特·平克：《全球化时代的社会福利》，载《社会保障制度》2001 年第 8 期。

（二）从消极福利到积极福利

积极福利是相对于消极福利而言的，消极福利特指社会民主党确立的以政府事后给付救济金为表现形式的传统模式，这种模式使人们丧失了自我负责精神，使社会面临道德危机。而所谓积极福利就是反对把福利视为不附带任何条件的观念，认为福利既是每个人的权利也是义务和责任，在福利不断增加的同时，个人的责任和义务也应相应增加；所以，为了保障每一个公民具有对社会负责的意识，首先就应使其具备对社会及个人负责的手段和技能。布莱尔就宣称"第二代福利是给人以扶持，而不仅仅是施舍"；"福利应成为成功的跳板，而不是缓解措施失败后的安全网"。[1]在这样的理念指引下，各国社会民主党开始了从消极福利向积极福利的政策转型。

1. 以工作为核心的体系设计

"无责任即无权利"是积极福利政策的基本原则。要求社会受众在享受福利时应当承担的主要义务是什么，这是社会民主党需要首先解决的。1998 年安东尼·吉登斯在《第三条道路——社会民主主义的复兴》一书中提出了建设积极"福利社会"的政策主张，指出积极"福利社会"是指在方式上实现从直接给予经济利益转变为投资人力资本，最终通过建立起新的关系，建设富有动力和创新的福利国家。

这一改革设想很快得到社会民主党领导人的认同，各国社会民主党将促进就业放在福利制度改革的中心位置，提出了新的福利政策。如英国工党就推出"促进工作的福利"战略，明确福利政策的重点应是帮助达到工作年龄的公民尽量参加工作，同时对有工作的家庭提供税收减免或更多的帮助。对于各种类型的失业者，政府会提供多种选择，而一旦人们放弃这种选择，就将视为不履行责任和义务，必须承担减少补助或取消失业津贴的后果。德国施罗德政府将就业问题作为福利国家改革的核心，它曾指出："国家必须主动推动就业，而不应成为那些在经济失调中牺牲品的被动赡养人"[2]。为此，施罗德政府专门针对失业问题制定了一系列改善劳动力市场和就业氛围的政策，采取加大公共基础设施建设力度、延长商店营业时间、扩大半日工作制等措施创造新的工作岗位；同时政府联合经济界、工会和社会其他机构组建"就业联盟"，共同解决困扰德国社会经济的失业问题。施罗德政府执政后期

---

[1] ［英］布莱尔：《新英国—我对一个年轻国家的展》世界知识出版社 1998 年版，第 168 页。

[2] 殷桐生：《施罗德的"新中派经济政策"》，载《国际论坛》2001 年第 4 期。

对失业者甚至提出了"促进加要求"的措施，一方面规定了失业救济金的发放限制，将申领失业救济的时限从 18 个月缩短为 12 个月，要求长年失业者必须无条件地接受劳动中介机构介绍的任何合法工作，即使其报酬低于平均水平；另一方面实施更严格的失业登记制度，以鼓励失业者更快地寻找新工作。瑞典社会民主党政府设立"工作寿命发展"项目，用以维持和加强在业者和失业者的联系，政府还采用放宽就业规定，允许企业雇用临时工，采取低税收提升企业竞争力等方式扩大就业门路。

2. 以社会投资为取向的资助方式

与积极福利相对应，吉登斯提出了"社会投资国家"的新概念，认为社会投资国家的主要原则就是政府："在任何可能的情形下要投资于人力资本，而不是直接给予利益"[1]。传统的发放失业救济的方法根本无法解决失业问题，而通过政府投资来提高工作能力，无疑可以变"授人以鱼"为"授人以渔"，提高个人进入市场和冒险创业的能力。

西欧社会民主党开始引入"工作福利"制度，着手改进社会福利体系的受益规则，要求接受政府福利补助者，必须同时接受政府或立法规定的与工作有关的特定义务，建立以提高就业能力为核心的"造血型"福利机制。布莱尔领导的英国工党就在 1997 年设立巨额基金，用于资助青年人和单亲家庭的就业；1998 年实施了为年轻失业者就业提供教育培训的"新政"，启动资金高达 26.2 亿英镑。瑞典社会民主党执政期间每年投资 10 亿克朗用于职工技能培训，鼓励工会发挥工人业余教育和培训的作用。若斯潘领导的法国社会党政府上台后着手实施减少青少年失业计划，制定了提供 70 万个就业岗位的具体目标，其中 80% 由国家财政负担，相当数量的资金用于对青少年的职业培训方面。施罗德领导的德国社会民主党政府上台后马上拨款 22 亿马克用于 10 万待业青年实施青年就业计划，并拒绝向无意投身劳动市场的人提供这样的培训。

培养人力资本以应对风险社会严峻的就业形势，除了加强对在职和失业劳动者的教育培训外，采取增加基础教育投资，提高教育水平的手段，无疑可以从根本上提高人才素质和工作能力。所以，各国社会民主党执政期间都将教育投资作为社会投资的一个重要方面，不断加大对教育的投入，持续推进教育改革。比如，工党政

---

[1]　[英] 安东尼·吉登斯：《左派瘫痪之后》，载《"第三条道路"与新的理论》，社会科学文献出版社 2000 年版，第 68 页。

府强调"教育是现有的最佳经济政策",执政期间把工作重点归结为"教育、教育、教育",提出了教育优先的国家战略,在政府主导下英国先后实施了"终身教育计划""教育行动区计划""早年发展计划""电子超高速公路计划",执政期间政府用于教育的财政支出仅次于国民医疗保障。法国若斯潘政府在国家预算中把教育支出放在首位,1997—2001年教育预算增长了14%;政府还提出了针对学生的社会计划,安排财政资金为学生提高助学金数额、降低收费标准、提供无息贷款、创立优秀生奖学金。[1]德国施罗德政府通过了"教育和照管"纲领,明确政府作为主体承担改善教育机会的主要费用。政府从2003年至2007年投入40亿欧元用于资助德国全日制学校的扩建和改建。瑞典社会民主党政府注重提升教育的普遍化程度和水平,国家财政负担了九年义务教育到高等教育的学费,以及九年义务教育到高中的课本和其他部分学习用品费用,同时为大部分学校提供免费的午餐。

"没有哪个问题会比福利国家更能泾渭分明地把社会民主党人和新自由主义者区分开来的了。对前者来说,一套发展完善的福利体制是一个公正体面而且人道的社会的基石;而对后者来说,福利制度是企业的敌人、公民秩序败落的原因。"[2]战后西欧社会民主党的执政史,就是福利社会发展的兴衰史,社会民主党借着资本主义世界难得的高速增长时期创造性地提出了建设福利国家的主张,为千百万家庭特别是贫困家庭在遭遇失业、伤残等伤害后提供了基本的生活保障,维护了公民基本的价值和权利,受到了广大民众的支持和肯定,成就了社会民主党的执政辉煌。20世纪70年代后新自由主义政党开始在西欧政坛全面执政,它们否定福利国家建设的巨大成就,过分沉醉于自由市场的政策,大力削减社会福利开支,严重损害了公众的利益,结果造成严重的社会对立和执政危机。这一时期社会民主党开始对福利政策展开系统反思,提出了以"第三条道路"为代表的创新观点,系统阐述了变革福利国家模式和建立社会投资型国家的一揽子改革方案。颇具创新韵味的改革方案吸引了选民的眼球,抱着"给左翼政党一个机会"的心态,各国选民都将选票投给了社会民主党或其领导的左翼联盟,促使社会民主党在90年代中期实现了神奇复归。

各国社会民主党在取得执政地位后,也纷纷按照设想对本国的福利制度进行改

---

[1] 陈露:《法国社会党执政五年来的总结以及对未来十年的规划》,载《国外理论动态》2002年第4期。

[2] [英]安东尼·吉登斯:《左派瘫痪之后》,载《"第三条道路"与新的理论》,社会科学文献出版社2000年版,第67页。

革，取得了令人满意的结果。比如英国工党执政期间通过实施改革使年轻人失业减少了一半，犯罪率降低 32%，福利开支与经济增长出现了协调发展的迹象，2001 年底英国的通胀率还曾降至 0.7%，达到 30 多年以来的最低水平；2004 年 12 月英国的失业率为 2.7%，也为 20 世纪 70 年代以来的最低水平。除了经济态势良好之外，国内公共服务状况也有相当改善，三分之二的英国人对工党执政业绩比较满意，这也成为工党赢得大选三连冠的最重要资本。瑞典社会民主党在 1994 至 2001 年执政期间，八年时间创造了 30 万个就业岗位。[1] 国内 GDP 年均增长约 3%，大大超过 1974 年后 20 年间 0.5% 的平均增长率，财政收入也在 2000 年扭亏为盈，取得了良好的执政成绩。德国社会民主党在 1998—2005 年执政期间坚持推进社会福利体制的改革，扭转了德国经济的颓势。2000 年时德国经济增长率只有 1.5%，到 2004 年开始超过 2.0%，这意味着德国的经济度过了 2001 年底以来的低迷期。同时，政府强力推行的改革触动了人们根深蒂固的福利依赖思想，为后来默克尔政府继续深化改革重振德国经济打下了基础。法国社会党政府执政到 2001 年累计为社会创造 70 万个新的工作机会，失业者减少到 214 万，失业率由 1997 年的 12.3% 降低到 9.1%，有效减缓了社会两极分化的速度。

尤其难得的是，西欧社会民主党对福利政策的改革过程伴随着对宏观经济、财政信用、社会管理等措施的整体调整，政府不是将社会福利孤立与经济社会体制之外进行变革，而是追求福利增长和经济增长、社会进步的协调发展，这就改变了选民中广泛存在的传统观点：社会民主党不会治理国家，只会围绕工会及其会员利益"杀富济贫"。

但是，"第三条道路"宣扬的福利国家改革在实质上还是在偷换新自由主义的概念，英国工党在政策上全面改变贝弗里奇式的福利国家模式时，有人就把这一转变看作是为了"适应撒切尔主义"或处于唐恩的"吸引选民"目的 [2]，认为布莱尔的"第三条道路"不过是"侵入了保守党的意识形态生存空间"，目的是挤占新自由主义的改革道路的产物。工党执政以后推行的福利国家改革也大部分是照搬了新自由主义政党的主要做法：减税、节支、削减福利；所不同的只是用所谓的强调个人责任替代了右翼政党明目张胆的增加个人负担，用社会投资的口号掩盖政府面对高

---

[1] 本书编写组：《兴衰之路：外国不同类型政党建设的经验与教训》，当代世界出版社 2002 年版，第 368 页。

[2] 史志钦著：《全球化与欧洲社会民主党的转型》，中央编译出版社 2007 年版，第 143 页。

失业率束手无策的现实。

当西欧社会民主党变着花样运用着新自由主义政党的政策时，一方面会在选民心目中进一步混淆左右翼政党之间本就模糊的界限，增加选民对社会民主党现行福利政策的怀疑。比如在2001年英国大选中，71%的选民认为"选谁都一样"，工党获胜是在"缺乏选择的情况下，勉强取得的。"[1]同样在1995年的法国大选中，有75%的法国人表示看不出若斯潘和希拉克之间的政策差异。另一方面，在政策实施过程中，社会民主党政府坚持福利政策改革的目的是提高国家竞争力，而不应局限于关心社会的疾苦方面，一些社会民主党在改革的关键问题上一味妥协、退让，给人们以勉励维持现状的印象。最后，社会民主党在福利制度改革中确立了"机会公正""促进工作的福利"等创新型理念，但是这些理念如何通过具体政策转化为实践，政府明显缺乏具体的手段，大都还是采用传统的"胡萝卜"加"大棒"的奖惩平衡办法，结果使系统的变革变成了权宜之计的无奈之举，反而造成了在一系列改革领域中的紧张关系。[2]2006年9月瑞典社会民主党在大选中失败后总结参选失败的教训提出原因有三：一是社会政策失去了弹性，特别是坚持高税收的政策引起了选民的抱怨；二是官僚化严重损坏了社会民主党的形象；三是失业率增加。这证明社会民主党的福利改革难以有效解决失业等社会问题，面对改革的巨大社会阻力，更多西欧社会民主党选择了退缩妥协，拿不出能够真正治疗资本主义经济危机和社会疾病的"灵丹妙药"，这也注定了20世纪90年代社会民主党借福利改革旗号的神奇重生是"短命的"。

---

[1] Alan Woods，After British Election: Where Labor Go? http://www.marxism.com，2001/06/12.
[2] 周穗明：《全球化的矛盾和"第三条道路"的失败》，载《当代世界社会主义问题》2002年第3期。

第五章　对西欧社会民主党治国理政经验的
评析和借鉴

西欧社会民主党及其所主张的社会民主主义，今天已经发展成为西欧社会最重要的政治力量和社会思潮之一，西欧社会民主党通过自身的执政实践，促进了战后西欧政党政治格局的形成、创新并传播了社会民主主义理论、形成了社会民主党独特的执政特点、取得了丰硕的执政成果。尽管当前西欧各国社会民主党有着和右翼政党趋同的倾向，但它始终秉持公正、互助的理念，代表着社会发展进步的正确方向，有着广阔的发展前景。

当前，全球化发展使人类社会面临的各种问题越来越具有普遍性，各国政党执政都必须应对相似的风险、分享共同的机遇，中国共产党作为一个长期执政的马克思主义政党，同样必须具备特殊的政治特点和身份特征；作为一个改革开放以来不断创新的社会主义政党，中国共产党势必面临许多"在社会主义市场经济条件下执政的新情况和新问题"[1]，在开放的世界中，长期执政的中国共产党同样深刻地认识到"世界是丰富多彩的。各国文明的多样性，是人类社会的基本特征，也是人类文明进步的动力。应尊重各国的历史文化、社会制度和发展模式，承认世界多样性的现实。世界各种文明和社会制度，在竞争比较中取长补短，在求同存异中共同发展。"[2]深刻地体会到"当代世界的综合国力竞争，一个重要的方面是党的执政能力、执政水平、执政效率和执政作风的竞争"[3]。从这个角度看，开放的中国共产党应该站在何种立场正确看待社会民主党，怎样借鉴社会民主党成功的执政经验和政策成果等

---

[1] 胡锦涛：《在"三个代表"重要思想理论研讨会上的讲话》，人民出版社2003年版，第13页。

[2] 江泽民：《论党的建设》，中央文献出版社2001年版，第527—528页。

[3] 姜跃：《政治合法性与执政党的自身建设》，载《理论学刊》2003年第7期。

等，这对中国共产党的执政无疑具有重要的现实意义。

第一节　西欧社会民主党治国理政经验评析

欧洲社会民主党至今已经走过了一百多年的历史，从社会党国际成立以来，又经历了 60 多年曲折历程。其之所以能走上执政舞台，根本原因还是在于社会民主党通过一次次原则的妥协彻底融入了资本主义的政治体制，成为资本主义病床边的医生和护士；其之所以能够创造长期执政的辉煌成绩，就在于社会民主党以选民为中心、以选票为归属、以执政为目的，不断根据环境变化的特点进行实践的创新，通过执政实践促进经济发展、改善人民生活、发展政治民主，形成了社会民主党颇具特色的执政特征，社会民主党也在执政中发展成为一支"左右着欧洲的政坛"的关键力量。[1]

一、社会民主党治国理政的现实意义

社会民主党的执政史就是一部循环往复的变革史，社会民主党通过执政走出了一条独特的社会民主主义发展道路，形成了社会民主党鲜明的执政特征，社会民主党在实践中取得了卓越的成就，有效解决了诸多社会矛盾和问题，在一定程度上缓解了资本主义的发展危机。

（一）丰富了社会主义运动的发展模式

尽管西欧社会民主党在发展中背弃了马克思主义的指导思想，放弃了社会主义对资本主义整体替代的实践路径，宣传自己是所谓的"全民党"，不再以工人阶级政党自居。但是各国社会民主党与新保守主义和新自由主义政党相比，其在政治的光谱中仍处于中间偏左的位置，主要代表的仍旧是社会中下层居民的利益，其执政实践尽管在资本主义体制内运行，但具有鲜明的社会主义色彩。

第一，从整体看，西欧社会民主党无一例外都对资本主义持批判态度，都强调本党参加大选进行执政的目的就是要克服资本主义的种种弊端。社会民主党对资本主义的批判思想尽管在内容上庸俗实用，带有浓厚的机会主义色彩，但其政治理念

---

[1] 张惟英：《社会民主主义的复兴与转型》，载《国际共产主义运动》2002 年第 3 期。

和改良态度在 20 世纪 70 年代对几乎所有的欧洲国家都产生了深刻的影响。[1] 进入全球化时代以来，西欧社会民主党对资本主义的认识愈加深刻和具体，各党也进一步强化了这一立场。如瑞典社会民主党 1990 年党纲中重申资本主义发展的动力过去和现在都是对利润的追求，其本性是对人类的压迫和对自然资源的掠夺；在 2001 年党纲中又强调自己"始终代表劳方的利益，现在是、而且永远是反对资本主义的政党"。[2]

第二，从个别看，一些西欧社会民主党仍把马克思主义作为党的指导思想的重要方面。由于具有不同的政治生态环境，各国社会民主党在一些原则问题的认识上表现也不近相同，但它们都坚持认为所走的是一条社会民主主义道路，将社会主义作为政党的奋斗目标。比如德国社会民主党和瑞典社会民主党时至今日还承认马克思主义是社会民主主义的思想来源之一，德国社会民主党前领导人勃兰特曾这样阐述民主社会主义和马克思主义的关系，"民主社会主义从马克思主义那里继承的是自由的社会主义。"[3] 瑞典社会民主党曾经提出一个民主社会主义的公式，即"民主社会主义＝社会主义 - 无产阶级专政＋基督教"[4]，2002 年党纲又声称政党的目标是建立一个以民主理想和人人平等为基础的社会，这个社会的特点就是没有上下层划分，没有阶级差别、性别隔离或种族划分，没有偏见和歧视，人人都被需要，人人都有位置。德国社会民主党 2003 年 10 月在党的代表大会上通过了新的党纲，提出要建设一个有信心的社会主义社会目标。指出该社会是一个没有剥削和压迫的社会，是一个"联合体，在那里，每个人的自由发展是一切人的自由发展的条件"。在纲领中德国社会民主党还描绘了实现目标的道路是通过分阶段的措施克服由于全球化产生的资本高度集中的矛盾，改变国际大银行、金融基金和跨国公司的影响日益扩大造成的悬殊财产和权力对比关系。

第三，从过程看，20 世纪国际共产主义运动的发展，就是一部科学社会主义和民主社会主义此消彼长的历史。战后初期成立的社会党国际坚持认为自己是第二国际的组织延续，其在 1986 年的《利马委托书》中强调：社会主义运动具有丰富性、多样性和复杂性，社会主义没有单一的模式，它的各种理论"应当适应变化中的世

[1] ［德］托马斯·迈尔：《社会民主主义的转型》，北京大学出版 2001 年版，第 124—125 页。
[2] 高峰：《瑞典社会民主党的理论、政策创新与瑞典历史变迁》，载《当代世界社会主义问题》2002 年第 4 期。
[3] 程玉海、林建华：《共产国际与当代西方社会民主党若干问题研究》，中国工人出版社 2000 年版，第 309 页。
[4] 黄安苗、张小劲：《瑞典模式初探》，黑龙江人民出版社 1988 年版，第 5 页。

界社会，以使各国人民和每一代人都能在他们时空的现实中打下自己的印记"。[1] 战后各国社会民主党和共产党长期处于敌对状态，当时社会民主党所反对的实际上是列宁设想并为之奋斗的社会主义发展模式，认为共产党实行的"国家所有制、集中制计划和党的专政已表明为一条制度上的死胡同。共产主义的制度体系不是由于世界政治的权力分配情况或军备竞赛才阻碍经济和社会发展，而是由于它不允许自我调节和创新。"[2] 认为社会民主主义同样是社会主义的一种实践模式，并"将取代科学社会主义而成为时代主流。"[3] 所以当1998年欧洲政坛掀起社会民主党执政的浪潮时，安东尼·吉登斯曾欣喜的认为，如果在1848年共产主义还仅仅是一个在欧洲徘徊的幽灵，那么今天社会主义在世界范围内已经变成一种现实。[4]

站在客观的立场看战后社会民主党与共产党之间在意识形态、政策路线、目标前途等方面的重大分歧，尽管这些分歧受到国际环境等因素的影响，但根本原因还在于两党都固守自己坚持的那种实践模式，在理论上横加指责，在组织上全面分裂，在方法上简单蛮横。双方都没有看到观点的分歧源于对资本主义发展阶段的认识和对时代主题的把握不同，没有看到对方理论的合理性和自身观点的片面性，采取了"关门主义"的政策，导致了本应相互交流、共同发展的两种发展道路都经历了严重挫折。当前社会民主党对于社会主义的理解发生了根本变化，但不可否认西欧社会民主党的执政是以发达资本主义为体制环境、同科学社会主义相区别的一种社会主义运动，不管成败得失如何，其经验和教训都构成世界范围内社会主义运动的有益的尝试。

（二）形成了社会民主党的独特执政特征

西欧社会民主党在长期的执政实践中，积累了丰富的经验，逐步形成了自己既不同于左翼共产党、又和右翼政党保持差距的执政特征，这些特征主要表现在以下几方面：

一是坚持适应时代变化不断提高政党执政的能力和水平。在西欧社会民主党的执政实践中，其适应时代变化不断加强党的自身改革给人们的印象是最为深刻的。

---

[1] 《社会党国际文件集（1951—1987）》，黑龙江人民出版社1989年版，第505页。

[2] [德]托马斯·迈尔等：《论民主社会主义》，东方出版社1987年版，第68页。

[3] 汪恩键著：《民主社会主义与科学社会主义比较研究》，中央编译出版社1998.年版，第2—3页。

[4] 刘玉安、蒋锐等著：《从民主社会主义到社会民主主义—当代欧洲社会民主党的理论和实践》，人民出版社2010年版，第1页。

因为有着社会党国际组织的影响存在，各国社会民主党的改革口号最为响亮，在这方面的共识也更为统一，特别是进入全球化时代后西欧各国的社会民主党无一例外都强调依据形势变化开展党的现代化变革。典型的有英国工党提出的建设"新工党"的系统改革的理念和政策措施，法国社会党的"思想和方法的现代化"改革，德国社会民主党的"革新党的组织、机制和工作方式"，实现"党的现代化"等等，以党的自身理论和政策的创新应对形势发展的挑战已经成为当前西欧社会民主党的共识。

纵观社会民主党的发展历程，其自身改革突出体现在以下几方面，一是着眼于扩大党的执政基础需要，根据社会阶级结构变化特点，通过理论创新和组织发展的实践创新努力争取社会各个阶层的选民支持。二是着眼于改善党的形象，增强党的影响力的需要，根据民主政治环境的变化特点，通过发扬党内民主，拓展政党与社会沟通的渠道以增强政党对于党员和选民的吸引力。三是着眼于提高政党现代化水平的需要，根据科技环境的变化特点，通过利用媒体、互联网等现代科技手段变革传统政党活动方式，加强组织内外的相互沟通和联系，提高政党决策的科学化水平。

二是坚持以选举为途径、以选民为中心和以选票为导向的执政原则。西欧社会民主党在第二国际后期，根据西欧资本主义国家社会政治条件的现实情况，提出了以和平的、普选的方式取得政权的新的社会主义实践途径，强调"民主社会主义以平等条件同国内其他政治力量进行竞争，以取得多数人民的授权来实现它的基本价值和基本要求"。[1] 此后，西欧社会民主党纷纷走上议会选举道路，以选民为中心，以票箱为战场和资本主义政党展开了和平竞争，将选举的压力转化为推动政党自身变革的动力，最终实现社会民主党的合法执政。

社会民主党以赢得选民选票为目的和其他政党平等竞争，选票多少就成为决定胜负的唯一标准，这促使社会民主党将主要精力放在如何制定有效的竞选纲领，如何发挥组织的动员能力以赢得选战的成功方面。在执政中社会民主党把争取更多选民支持作为重中之重，注意将工作重点放在关注、维护选民的切身利益，处理具体问题方面，为党的下次竞选储备票源。尽管参与多党竞争的结果是社会民主党成为选举机器，而且经常被其他政党赶下台，但是作为自觉融入资本主义执政体制的社会民主党，一直把遵守现行政治体制的竞争规则作为与共产党相区别的最典型特征，

---

[1]　[德]托马斯·迈尔：《论民主社会主义》，东方出版社1987年版，第103页。

社会民主党认为在平等竞争的政党角逐中，政党上台和下台是相当正常的事情，这恰恰体现了资本主义政党体制相对于苏联专制共产主义政党体制所具有的民主特征。在执政中社会民主党遵循这样的原则，促使其在制定公共政策时费尽心思照顾大多数选民的利益，尽可能发扬民主以纠正错误。各国社会民主党即便在一个时期失去政权，处于在野党地位，也可以推动政党进行纲领和政策方面的反思，加强各方面的调整与创新，积累重新执政的资本。

所以，从西欧社会民主党一切为了取得或巩固执政地位的角度来看，以选举为途径、以选民为中心和以选票为导向的执政原则并非是政党的落后或衰败，而是资本主义体制内政党执政规律作用的必然结果。

三是坚持制度化和规范化的执政方式。西欧社会民主党在执政中始终致力于推进执政方式的制度化和规范化，这首先体现在注重通过法律法规对政党活动进行规范上。战后执政的社会民主党率先在西欧进行了政党立法，对政党的权利、义务、地位、功能、活动方式、内部组织、党员资格、党的经费等都做出了原则性的规定，至今德国、法国、希腊、西班牙、葡萄牙等欧洲几十个国家先后制定了《政党法》，这样政党制度就在国家政治生活中和国家政治体系中有了明确、稳定的法律地位，受到法律的保障，政党的活动日趋规范。

其次，制度化和规范化的执政方式体现在社会民主党控制政府行政权的过程中明确界定了执政党和政府的范围，政党保持相对超脱的位置，西欧社会民主党执政后的主要作用是制定纲领，确定发展的基本方向，执政党不介入政府的行政运作，执政党各机构也不直接向政府各个部门发号施令，更不越过政府去包办行政事务，政党主要通过把党员送入政府的方式体现对政府的控制，同时给予担任行政职位的党员以极大的自主权，政府官员都是以独立的政府身份活动，而不听命于来自政府之外的任何干扰和指挥，从而避免了政党决策和政府决策的冲突。

再次，政党与立法机构和司法机构的活动也有着法律的界限，政党只能在遵守立法机构活动规则的前提下实施影响，社会民主党通过使立法机构更有权威来体现政党的力量，而不以损害议会的权威来体现政党的作用；同样由于西方实行司法独立原则，政党和司法机关之间界限清晰，但西欧社会民主党注意采用隐蔽、间接的手段在法官遴选等方面体现政党意志，维护政党利益，注重在现行法律体系内以合法方式最大限度的维护政党自身利益。

（三）取得了不容否定的执政成就

战后社会民主党之所以能够发展成为西欧政坛左翼政治力量的代表，根本原因还在于其在执政中取得了有目共睹的成就，为西欧各国经济发展、社会进步做出了重要贡献。

第一，促进了西欧经济发展。在西方竞争性政党体制下，一个政党要取得政权，就必须得到尽可能多的选民支持，选民支持的表现方式就是手中的选票，得到选票的根本方式还在于政党能否实现经济发展；以发展求生存，以钞票换选票，成为社会民主党根本的政治方略。二战前的西欧社会民主党没有意识到这个问题的重要性，而是将工作的重点放在意识形态斗争方面，结果一些走上政坛的社会民主党因经济发展得分不高被赶下台，甚至在民众心中形成了社会民主党不擅长做经济工作的负面形象。

惨痛的教训使长期在野的社会民主党最终明白，经济工作的成效直接关系到社会民主党的前途和命运，保持经济增长和持续的繁荣才是确保政党执政的根本。最早在实践中实现这一转变的是瑞典社会民主党，它从 20 世纪 30 年代上台执政就一直认为发展经济是赢得民心的根本所在，通过大力倡导"混合经济模式"，使国民经济在 40 多年中持续增长，从而创造了举世瞩目的"瑞典模式"，并连续执政半个多世纪，成为社会民主党历史上执政时间最长的党。战后西欧社会民主党都把竞选纲领集中在经济问题上，执政后通过制定经济优先增长政策，全力促进生产的发展和经济的进步。同时，西欧社会民主党一直坚持发展市场经济，充分发挥市场这只"看不见的手"的作用，提出"社会民主党赞成在凡真正存在着竞争的地方实行自由市场经济，而在凡市场受到个别人或集团控制的地方则需采取各种措施，以维护经济领域内的自由。"[1]，确保了经济在高效公平基础上快速发展。

第二，建成了福利国家。战后西欧社会民主党改良主义的主要表现就是将资本主义作为工具来改善社会中下阶层的物质状况，福利国家就成为实现这一目标的一项重要手段。西欧各国执政的社会民主党都把福利国家建设作为自己执政目标，经过历届社会民主党政府的共同努力，使西欧各国形成了设计精良、制度完善、设施

---

[1]　中央党校科学社会主义教研室编：《社会党重要文件选编》（内部资料），中共中央党校科研办公室 1985 年发行，第 154—155 页。

发达的福利制度体系，通过健全和完善社会保障措施，保证了劳动者的基本生存需要，避免了少数低收入群体的社会成员陷入贫困绝境；通过实施惠及社会全体成员的社会保险，使公民不论其出身如何，都可以在年老、生病、失业、残疾时享受到应有的支持和照顾，平等的享受教育、医疗等权利，平等享有失业救济金和养老保险等等，公民的基本生活得到了有力的保障；更为重要的是在福利国家建设中人民的生活水平得到大幅度提高，生活质量得到了极大地改善，基本实现了充分就业，从而为经济发展提供了稳定的社会环境。

20 世纪 90 年代以来西欧社会民主党又根据时代变化特点，及时对福利政策进行了调整，提出"不承担责任就没有权利"口号，着手实施积极的福利政策，建立以增强就业机会为核心的福利制度，使社会民主党的传统福利政策通过改革焕发出新的蓬勃生机。毫不夸张地说，福利国家建设是战后社会民主党执政最重大的成果，社会民主党的威望和影响正是得益于福利国家建设的显著成就。

第三，推动了民主化进程。除了推动经济发展和建立福利社会，社会民主党的另一项成就是"能够使资本主义文明化并使建立在市场经济基础上的社会不那么残酷无情和非人道"[1]。社会民主党一直把民主作为核心价值观，它们充分利用战后西欧的和平环境，鼓吹自己实行的社会改良主义是一种民主的、富有人情味的社会主义，在党内持续推动民主进程，各党在这期间先后实现了领导层的直接选举，完善了组织民主的制度体系。社会民主党在执政的过程中始终坚持在社会阶层中普及和扩大选举权，尤其注重维护中下层劳动人民的政治权利，发动普通公民积极参与国家和社会事务的管理。

除了在政治领域坚持实行民主以外，战后社会民主党更重要的成就是将权利的保障扩展到经济和社会领域，系统的提出了经济民主和社会民主的思想，为集中代表工人利益的工会组织和代表民众利益的社会组织的权利提供了充分保障，社会民主党还通过完善相关制度鼓励工人参与工厂管理，推动民众主动参与社会管理，政府也经常地、听取工会代表和社会组织的意见，极大地丰富和发展了资产阶级民主的内涵。

---

[1] ［俄］戈尔巴乔夫、［德］勃兰特等著：《未来的社会主义》，中央编译出版社 1994 年版，第 205 页。

二、战后社会民主党执政实践中的主要问题

战后西欧社会民主党始终坚持走一条修正主义的道路，依据环境变化不断对自身进行着调整和转型，结果调整和转型后的社会民主党很快发现自己又陷入更为复杂的困境中，"困境的怪圈"似乎成了社会民主党摆脱不了的一道"符咒"。问题的根源还是由于社会民主党在转型为资本主义体制内政党后，根本不可能化解资本主义社会的根本矛盾，反而要紧跟资本主义的发展步伐，面对众多新的问题和挑战。

一是身份归属问题。社会民主党的进退两难实质是如何在资本主义体制中实现自身的价值，从社会民主党将自己的命运和资本主义绑在一起开始，社会民主党就一直陷入身份危机之中。在近两个世纪的历史中，西欧资本主义国家先后发生了三次科技产业革命，在政治上也经历了三次制度转型，即从自由资本主义发展到垄断资本主义、再到全球化的金融垄断资本主义。在这样的背景下，西欧社会民主党在指导思想和组织结构方面也经历了三次历史性的转变，首先是从以马克思主义为指导的工人阶级政党转变成为改良主义政党，再从工人运动内部的改良主义政党转变为资产阶级国家内部的改良主义全民党，最后发展到全球化时代以知识经济为依托的全方位政党。

在转变的过程中，西欧社会民主党原本作为资本主义的对立面存在，即便成为议会党后也发挥着反对党的作用。然而在放弃"制度替代"和实行中间化改革后，社会民主党在思想组织方面和资产阶级政党基本趋向一致，战后形成的政治钟摆的功能下降，这使社会民主党陷入严重的身份危机，其存在的社会政治意义降低。南斯拉夫理论家格尔利契科夫曾指出："在社会党人和社会民主党人的战略中，这一选择基本上还带有改良主义烙印，因而使它们在制定战略时同现存社会制度的危机一起陷入危机"[1]。法国《世界报》也在 2008 年 11 月 8 日发表的《社会民主党产生身份危机》一文中指出，西欧各国的社会民主党派陷入了存在危机。他们当政时（例如德国和英国），其政策不得人心，当他们处于在野党地位时，面临强硬的右翼势力，无计可施，听不到他们的声音，在公众中也不受信任。

尽管社会民主党也认识到了这一问题，在改革中通过对自身的不断改良以降低

---

[1]　[南]亚历山大·格尔利契科夫著：《当代世界与社会主义》，生活·读书·新知三联书店 2011 年版，第 122 页。

远大目标与政治现实之间的鸿沟，并曾成功地用福利国家作为自己的身份标识。但是，随着福利国家的衰落和新自由主义政党的兴起，社会民主党又陷入了新一轮的身份危机中，各国社会民主党为了重返政坛被迫对联盟伙伴一味妥协，放弃了许多的传统政策，选举的失败又在党内引发绵绵不休的争论，结果根本不能针对传统政治经济政策弊端提出新的替代方案，形成不了自身的执政特色，左翼政党的特性也愈来愈模糊。

回顾战后西欧社会民主党的执政历程，展现在人们面前的是这样一个令人啼笑皆非的结果：社会民主党原本指望发挥民主社会主义理论的传统优势以改造资本主义，结果却变成了"资本主义成功地改造了民主社会主义，使它从最初的目的在于把工人从资本主义的剥削解放出来的革命性政治运动逐渐成为融合于资本主义秩序中的一支政治力量。这种融合是这样有效，以至于民主社会主义现在成为自由资本主义社会中的支柱之一。"[1]

二是地位衰落问题。在战后初期发达资本主义国家经济保持高速增长，失业率维持在较低水平，尽管通货膨胀依然存在，但在普遍利好的宏观经济形势中也被认为是可控的，这一时期西欧社会民主党充分运用凯恩斯主义的经济管理方法消除贫困、维持充分就业、构建福利国家、刺激经济增长，在实践中建立了以需求导向型的国家干预体制和完备的社会福利体制相结合的一种神奇模式。这种模式在一定程度上克服了资本主义的弊端，使社会趋向公正、民主和平等，反过来进一步巩固了社会民主党的执政影响。当时处于执政高潮的各国社会民主党人甚至普遍认为，随着社会民主党执政模式的完善，社会民主党凭借社会化和计划化就能掌握重塑社会的手段，消除市场的无序这一社会矛盾的根源，就可以不仅消除压迫和不公正，而且可望结束社会的异化。[2]20世纪甚至被人称为"社会民主主义的世纪"，因为"社会民主主义的方案是这个短暂世纪的推动力量、斗争力量、甚至是胜利的力量"[3]。

但是随着资本主义黄金时代的结束，各国社会民主党进入迷茫和徘徊期，因为它们发现在充分就业和经济增长时期有效的政策，面临新的环境全面失灵了，新自由主义的世界观和自由市场日益成为西欧执政党政策的优先选择。刚开始时各国社会民主党为了维系执政地位，采取在政策上向新自由主义妥协退让的办法，结果却

---

[1] 曹长盛：《欧洲社会民主党理论和实践的新调整》，载《国际政治研究》2002年第1期。

[2] [德] 托马斯·迈尔：《社会民主主义的转型》，北京大学出版2001年版，第14—16页。

[3] 史志钦主编：《全球化与世界政党变革》，中共中央党校出版社2007年版，第82页。

陷入更加两难的境地：一方面政党要维护赖以生存的基本价值观，另一方面又必须迎合社会群体多样化的政治价值取向，这使社会民主党的施政纲领在选民看来不免带有一定的虚伪性和欺骗性。后来社会民主党提出了"第三条道路"等整体方案，希望在传统社会民主主义和现代自由主义之间进行新的创造性组合，但至今为止依然没有找到一个明确的模式替代传统社会民主党的理论和政策体系，以挽救社会民主党的衰微趋势。

三是社会排斥问题。全球化使西欧社会民主党执政的传统环境发生变化，社会民主党的功能作用开始受到新社会运动、新媒体、新型政党、新社会组织等蓬勃发展的社会力量的冲击，"技术革新、职业结构的变化、经济增长、教育的扩大和大众传媒的发展，导致管理权威合法性的衰落，导致爱国主义、宗教等的衰退，这意味着人们对传统组织机构信仰的衰落。"[1] 新崛起的绿党和各种压力集团开始作为社会民主党的对手来争夺党员，新型的公民倡议组织根本无意皈依社会民主党，工会和教会等传统的公民利益集团与社会民主党的矛盾也在加深，迎合选举需要的"领袖传媒秀"过分拔高了领袖的个人作用，这些都意味着社会民主党依靠改良的纲领和忠诚的党员就能取得执政地位的时代已经过去，社会民主党不得不面对组织的社会吸引力不断削弱的现实。选民社会认同的削弱，造成的结果就是选民的不结盟现象，那些认同社会民主党的人数开始下降，即便某些人还对社会民主党有着一种忠诚感，但由于外界因素的影响，还不足以保证他们在选举中将选票投给这个政党。

在政党受到社会力量排斥的大环境下，一方面社会民主党无法再依靠以前的阶级认同，不得不适应社会和文化多样化环境，主动寻找新的社会认同，"从而迫使他们以牺牲工人阶级或者至少是要冒淡化阶级界限并进而减少工人阶级政治行为的风险来获得选举的成功"。[2] 社会民主党放松了入党的限制，结果党员素质开始下降，原来党员对组织的责任意识也出现危机；另一方面社会民主党在竞选和执政中开始适应媒体规律进行改革，认为"媒体社会中的大政党不应当乞求争取已不再能为任何合乎理智的目标服务的党，而是只需要争取捐款，以便为设计得很高明的政治交往购买足够的、有成功希望的交往指导意见和广播时间"[3]，结果党有成为领袖附属物的倾向，这无疑和社会民主党极力主张的民主理念大相径庭，使社会民主党失去

---

[1]　R. Inglehart, The Silent Revolution, Princeton University Press, 1977.p.8.

[2]　王彦军：《欧洲社会民主党执政建设经验及启示》，载《青海社会科学》2011 年第 2 期。

[3]　[德] 托马斯·迈尔著：《社会民主主义的转型》，北京大学出版社 2001 年版，第 122—123 页。

了其基本价值中的核心内容，失去了党员和群众的信任。

三、西欧社会民主党发展的前景展望

当前，社会民主党在西欧政坛整体处于守势，但是这绝不代表着社会民主主义时代的终结，作为以改良主义和实用主义著称于世的社会民主党，它从未放弃争取执政的努力，深层的调整和转型还在持续之中，更重要的是随着环境变化，一些有利于社会民主党的因素正在产生影响。

一是西欧政坛"政治钟摆"规律的有利影响。战后西欧政坛形成了稳定的"政治钟摆"规律，即政权在左右两翼政党之间轮替。在这一规律影响下，不同政党在政坛的更迭成为一种正常现象，决定政治钟摆方向的因素众多，包括政党的政策、选民的心态、社会的环境变化等。社会民主党在20世纪70年代后期开始步入执政的衰退期，90年代经历了"昙花一现"后迅速走向萎缩，根本的原因是社会民主党在黄金时代推崇的政策和思想开始遭受质疑，一些所谓的理念创新在执政过程中根本无法有效解决经济社会中的各种危机，因此失去了选民的信赖。但是社会民主党面临的各种危机在很大程度上是国际环境变迁造成的，由此带给政党的影响也具有普遍性，尽管社会民主党此后不断进行向右的调整，但没有改变其左翼政党的基本特点。与此同时，右翼政党在充分享受了经济全球化带给发达国家的各种利好后，面对资本主义的深层矛盾同样束手无策，各种政策也逐渐显现出疲态，在这样的环境下极易形成选民的倦怠心理，从而使执政格局向有利于社会民主党的方向发展。

二是社会民主党的价值观仍具有吸引力。全球化引发了社会结构和政治文化的复杂变化，但是这些变化并非全部不利于社会民主党。如20世纪60年代开始的宗教世俗化趋势其实是有利于社会民主党执政的，尽管当前传统工人阶级严重萎缩、各种政治观念演进变化、社会组织层出不穷，但阶级变化和文化发展依然还处在进行之中，自20世纪80年代开始西欧国家中产阶级的人数就处于相对稳定状态，工业关系仍然还是社会冲突的重要基础。随着世界性经济危机或金融危机的爆发，造成失业率上升，社会不平等加剧，必然导致大批的中间阶层被驱赶到中下层群体中，福利国家等社会民主党的传统政策无疑会受到这些群体的强烈支持。

同时，伴随全球化出现的新社会运动鼓吹的理论其实就是社会民主主义的一个方面，只是一度被社会民主党忽视，由此产生的新政党组织如绿党自我定位也是左翼，它们也把社会民主党作为天然的同盟者，只要社会民主党加强理论和组织的包容性，在政策中加大对生态政策的目标和社会政策目标的关注，就能与和平运动、妇女运动和环境保护运动的这些新社会运动的政党建立巩固的执政联盟，扩大自己的政治影响。

三是社会民主党宏观政策经受了严峻考验。社会民主党一直强调理念和政策要"随时随地都要以当时的历史条件为转移"[1]，70 年代来社会民主党还试图重建新的社会民主主义政策体系。为了变革传统的供给经济政策，西欧社会民主党曾多次调整施政纲领，强调"不能以固定不变的模式设想和纲领，也不能把对任何时期都有约束力的组织模式和结构模式当作它们的政治行动的指导方针，而是只能把政治的基本价值和基本要求当作规范的理念用于经济、国家和社会的改造"。[2] 逐渐形成了现在强调经济政策和生态政策目标优先于社会政策目标，力求以促进有关生态环境的经济发展、高科技的突进和扩大就业带动对社会利益调整的宏观经济政策。在 90 年代中期开始的执政中，各国社会民主党都积极实施这一整体政策，一定程度上缓解了经济长期停滞、社会高失业率等问题的恶化。这一时期一些社会民主党下台其实并不是由于经济政策方面出了问题，而是因为福利制度改革太过激进超出了社会承受的心理能力，引发了大规模的民众抗议所致。尽管社会民主党的这套政策体系还缺乏系统性和针对性，但现在执政的各国右翼政党还是普遍持认可的态度，一些右翼政府甚至继承或吸收了其中的关键内容，这就为社会民主党的未来执政提供了施政依据。

四是社会民主党国际治理理念开始产生影响。社会民主党的传统理念和政策都是以民族国家为背景的，但全球化的范围面向世界各国，这彻底动摇了社会民主党的理论根基。面对这样的困境，各国社会民主党坚持以整体战略思维为指导，积极探索全球背景下的治理问题。西欧社会民主党认为"尽管履行民族国家层次和区域层次的责任是民主党的首要义务，但给全球化世界经济划定一个社会和生态责任范围也相当重要"。[3] 正是基于这样的理念，西欧社会民主党不再将眼光局限于本国和西欧，而是强调用一种"世界化"的眼光俯视全球，进而提出了基于整体国际环境下的"新治理"理念。依据这些理念制定的纲领中，各国社会民主党普遍赞同实施

---

[1]　《马克思恩格斯选集》（第 1 卷），人民出版社 1995 年版，第 248 页。

[2]　[德]托马斯·迈尔：《社会民主主义的转型》，北京大学出版 2001 年版，第 31 页。

[3]　[德]托马斯·迈尔：《社会民主主义的转型》，北京大学出版 2001 年版，第 185—189 页。

国家市场中的共同治理，要求在民族国家的基础上创立和平合作的国际机构，通过发挥国际机构作用，创造经济和社会发展机会，在发展中注重经济质的增长和技术创新，建立对生活质量和对未来时代、对自然界负责的新的发展框架，以实施超越民族国家的政治责任层次的行动目标，有效弥补全球化环境中民族国家传统治理方式的弊端，这种治理理念当前已经以欧洲一体化组织的形式在西欧国家中开始实施，并且取得了良好的效果，这无疑为社会民主党的重新崛起增添了砝码。

2002 年布莱尔在伦敦经济政治学院发表讲话时曾将第三条道路的实践过程分为三个阶段，"第一个阶段（工党作为反对党时期）是建立一个能赢得选民的党；第二个阶段（第一届工党政府）是建立投资和改革的基础；第三个阶段（第二届工党政府）是进行持久的变革"；强调"工党现在就处于第三阶段"。[1] 尽管布莱尔的讲话有给"第三条道路"改革找退路的嫌疑，但是西欧各国社会民主党经历了一段时期的调整后，开始孕育"新的希望"：如瑞典社会民主党在大选中继续蝉联议会第一大党；德国社会民主党 2011 年开始在 10 个州主政和参政，社会民主党人担任了 7 个州的州长，特别在汉堡市获得了单独执政的地位；2012 年 5 月，社会民主党又在北莱茵 - 威斯特法伦州议会选举中胜出，开始与绿党组建稳定的多数派政府。弗朗索瓦·奥朗德领导的法国社会党面对持续的金融和政治动荡，提出支持社会公正，调整德国领导的欧洲紧缩计划等主张，赢得了多数选民的支持，在 2012 年 5 月的总统选举中获得 51.62% 的选票，高于萨科奇领导的人民运动联盟 48.38% 的得票率，获得了法国大选的胜利。总体看来，西欧社会民主党何时能在政坛实现整体复苏值得期待。

第二节　合理借鉴西欧社会民主党的治国理政经验

作为社会民主主义理论的主要实践者，战后西欧社会民主党始终坚持改良主义的历史传统，通过主动调整一次次走上政坛。回顾社会民主党诞生以来的周期转型，人们不难得出这样的结论：作为一个社会主义性质的政党，要在资本主义的政治环境中与其他政党平等竞争，就不得不为追求选票而放弃原则和传统，结果理想和现实、目标和政策、理念和实践之间的鸿沟愈来愈大，造成党内始终存在着人们熟悉而又

---

[1]　罗云力：《"第三条道路"为何不再时髦?》，载《当代世界社会主义问题》2002 年第 2 期。

循环往复的紧张局面。同时，在战后政治生态环境的整体变化中，在全球化浪潮的全面冲击下，西欧社会民主党面临的身份危机、政策两难、意识形态困境问题越来越成为摆在所有政党面前的普遍性问题。更重要的是，社会民主党和共产党曾经同根同源，尽管其在发展中彻底背弃了马克思主义，走上了与科学社会主义背道而驰的发展道路，全球化时期甚至呈现明显的"右翼化"倾向，但西欧社会民主党至今依然保存着一些传统的身份特征。比如：意识形态上否定资本主义、政治光谱中身处左翼、价值抉择中平等优先等等，这表明尽管两党在指导思想、奋斗目标和实现途径方面截然不同，但社会民主党还是与共产党有很多相通之处，片面对社会民主党持敌视态度无疑是错误的。最后，西欧社会民主党在当前处于执政的低潮期，但不可否认社会民主党具有强劲的生命力。其社会影响依然广泛，政党力量依然强大，自身的变革和调整仍在继续，未来还将继续作为西欧政坛的主导力量存在。

对于怎样看待西欧社会民主党治国理政的经验，日本学者冈崎三郎在分析社会民主党的执政历程后曾经写过这样一段引人深思的话，"过去100多年期间，社会民主主义政党在议会中占有多数席位，单独组织政府，维持较长一段时间的例子为数不少，这些政府在推进产业和金融机关的国有化，建立社会保障制度方面做出了很多实际成绩，但同将生产资料资本所有制度为社会主义所有制，消灭阶级对立的目标相比却相差太远。"[1] 这段话比较客观的概括了西欧社会民主党执政实践的主要特征，也有助于我们树立对待西欧社会民主党的正确立场：在不断的修正中向新自由主义左翼政党方向蜕变的西欧社会民主党，在未来世界政党竞争格局中还将是社会主义政党的重要对手，只有坚持和继承已有的优势，立足现实吸收和借鉴社会民主党的正反两反面经验，中国共产党才能在竞争中始终立于不败之地。

首先我们必须清醒地认识到，社会民主党进行的自我改良和调整，"没有触动资本主义统治的根基，没有改变资本主义制度的性质，也没有改变马克思主义关于资本主义的基本原理的真理性。"[2] 正是因为这种原因才使社会民主党的改革道路越走越窄，其调整和改革始终无法解决体制的深层矛盾，而这正显示了中国共产党所具有的重要比较优势："中国共产党作为马克思主义政党，在本质上具有非马克思主义政党无可比拟的先进性。这种先进性，集中体现在坚持把马克思主义科学理论

---

[1] 徐崇温：《民主社会主义评析》，重庆出版社 1995 年版，第 56 页。
[2] 江泽民：《论"三个代表"》，中央文献出版社 2001 年版，第 58 页。

作为指导，坚持把实现符合人类社会发展规律的社会主义和共产主义作为坚定信念和远大理想，坚持把立党为公、执政为民作为本质要求，坚持把民主集中制作为根本组织制度和领导制度，坚持把最广大人民作为根本力量源泉等主要方面。"[1] 坚持以马克思主义为指导、坚持最高目标和现实目标的辩证统一、坚持民主集中制的组织原则、坚持立党为公、执政为民构成了中国共产党主要的执政特征，只有坚持这些特征才能真正体现出中国共产党相对于社会民主党的政治优势，这是中国共产党借鉴西欧社会民主党执政经验的出发点。

其次，西欧社会民主党的发展历程其实就是在资本主义体制中通过不断施加影响，最终由弱变强并融入现行体制的过程。当前资本主义的意识形态和政党体制在世界政治格局中依然占据优势地位，这样的政党竞争格局中社会主义政党必然面临巨大的压力。而西欧社会民主党作为有着社会主义传统的改良主义政党，在战后坚持走一条不断融入资本主义体制的发展道路，以开放的态度、务实的理念不断进行着改革和调整，在左翼政党中始终居于主导地位，在如何发展党内民主、扩大执政基础、密切党群联系、加强社会建设等方面不断丰富着其作为左翼政党固有的传统内容，这些经验为当前中国共产党的执政实践提供了重要参考。

最后，经济全球化、政治多极化和国际关系民主化对于政党的影响越来越具有普遍性，中国共产党在执政中始终强调理论和纲领的与时俱进，始终坚持党的建设和党的事业要以开放的姿态，这使得执政的中国共产党必然遭遇由于新科技革命和经济全球化进程带来的冲击和挑战。如何在充分利用经济全球化带来的历史机遇的同时有效应对其中的风险和挑战，这愈来愈成为当前中国共产党执政的重要考验，而西欧社会民主党对于这些问题在执政过程中已经开始取得了显著的成效，这对执政的中国共产党无疑具有现实借鉴意义。

早在改革开放之初，邓小平就提出党领导的社会主义建设事业"要赢得与资本主义相比较的优势，就必须大胆吸收和借鉴人类社会创造的一切文明成果，吸收和借鉴当今世界各国包括资本主义发达国家的一切反映现代化生产规律的先进经营方式、管理方法。"[2] 进入改革开放新时期，胡锦涛也强调："我们要"认真借鉴和吸取世界上其他共产党自身建设的经验教训，注重研究和借鉴国外其他执政党加强执

---

[1]　胡锦涛：《在庆祝中国共产党成立 85 周年暨总结保持共产党员先进性教育活动大会上的讲话》，载《求是》2006 年第 13 期，第 6 页。

[2]　《邓小平文选》（第 3 卷），人民出版社 1993 年版，第 373 页。

政能力建设的有益做法"[1]。以积极主动的姿态吸收借鉴西欧社会民主党治国理政的经验，对于党的长期执政和自身建设无疑具有重要的现实意义。

一、以理论纲领的与时俱进不断拓展政党的生存空间

政党的理论和纲领就是政党生存和发展的根本保证。面对不断变化的社会形势，政党必须紧跟变化的频率，调整自己的理论纲领，制定正确的方略，为解决现实问题拿出令人信服的办法，只有这样，政党才能保持组织的包容性，不断扩展生存和发展的空间，赢得民众的信任和支持。

在多党竞争的体制下通过竞选方式上台执政，是战后西欧社会民主党最重要的体制背景。作为有着左翼传统的政党，时代和社会环境变化严重压缩了社会民主党固有的执政空间。在严峻的现实面前，西欧社会民主党始终认为如果要成为有光明前途的执政党，就必须加强对指导理论的调整、更新，通过与时俱进的理论创新形成不容混淆的新的政治风格。在实践中，西欧各国的理论、纲领也总是根据客观条件的变化处于动态变化之中，并通过变化创新赢得了新的身份认同，完成了"社会上和世界上改变了的形势向它要求的那些必要的政治转变"[2]。

战后西欧社会民主党至今经历了两次重大的理论调整，第一次是以德国社会民主党制定《哥德斯堡纲领》为标志，西欧各国社会民主党纷纷调整、修正了自己的纲领政策，从而为社会民主党上台执政创造了条件，推动社会民主党在战后初期的执政中取得辉煌的业绩，开创了社会民主党发展的"黄金时代"；第二次是面对20世纪90年代初东欧剧变使西欧社会民主党遭受重挫，各党陷入意识形态混乱的现实，西欧各国社会民主党先后对党的纲领进行了重大调整，以图既能反映新社会运动的要求又能适应经济衰退时期的客观环境。以英国工党提出"第三条道路"理论为标志，法国社会党的"现代社会主义"、瑞典社会民主党的"经过改革的福利国家之路"等理论主张也随之纷纷出台。这些理论扩大了选民基础、巩固了执政根基，使社会民主党成功走出了长期的危机和困境，造就了"粉红色欧洲"的壮丽图景。西欧社会民主党通过理论的创新阐释了社会民主主义价值观的基本内容，整合了社会中新出现的左翼价值观念，为社会民主党的执政提供了理论指导和实践准则，可以说没

---

[1]　转引自周忠丽：《国外政党如何做群众工作》，载《群众》2012年第2期。

[2]　[德]托马斯·迈尔：《社会民主主义的转型》，北京大学出版2001年版，第128—132页。

有理论创新，就没有西欧社会民主党在一次次生存险境中的重新崛起，更没有执政时的辉煌业绩。

纵观战后西欧社会民主党理论调整的历程，不难发现主要有两方面的主要特点：一是其理论发展的方向是逐渐远离马克思主义。战后西欧社会民主主义推行价值观的多元化，反对把马克思主义作为唯一的指导思想，彻底放弃社会主义对资本主义的整体替代方案，这也是战后社会民主党为何陷入身份危机的深层原因。二是理论发展的过程就是兼收并蓄的过程。战后社会民主党一贯主张"在赞同民主社会主义基本价值前提下，各种信仰、各种理论、各种思想可以自由存在。"[1]各国社会民主党在理论创新的实践中，致力于构建超越左与右的意识形态体系，既充分吸收生态主义、女权主义等新兴左翼理论的内容，也借鉴新自由主义等右翼理论的合理内核。将吸收借鉴的过程和本国的实际结合起来，最终形成了英国"第三条道路"、法国"法国式社会主义"和德国"新中间主义"等创新型的理论成果。这些理论吸引了选民的眼球，扩展了各国社会民主党的生存空间，保障了社会民主党上台执政。

相对社会民主党，执政的中国共产党始终认为"马克思主义是我们立党立国的根本指导思想，是全国各族人民团结奋斗的共同理论基础，马列主义基本原理任何时候都要坚持，否则我们的事业就会因为没有正确理论基础和思想灵魂而迷失方向，就会归于失败"[2]，始终坚持把思想建设放在党的建设首位，号召党员"做共产主义远大理想和中国特色社会主义共同理想的坚定信仰者"[3]；同时，中国共产党也强调"马克思主义具有与时俱进的理论品质。如果不顾历史条件和现实情况的变化，拘泥于马克思主义经典作家在特定历史条件下、针对具体情况做出的某些个别论断和具体行动纲领，我们就会因为思想脱离实际而不能顺利前进，甚至发生失误"。[4]中国共产党在实践中逐渐确立了解放思想、实事求是、与时俱进的思想路线，强调根据时代变化要求不断推进马克思主义的中国化、时代化、大众化，始终做到用发展的马克思主义指导党的执政实践，既推动了马克思主义的理论创新，也凸显了中国共产党的政党特性，这使中国共产党的执政没有产生理论和实践的二元化矛盾，也

[1] 余文裂：《当代国外社会主义流派》，安徽人民出版社2000年版，第226页。
[2] 江泽民：《论"三个代表"》，中央文献出版社2001年版，第165页、第176页。
[3] 《中共中央关于加强和改进新形势下党的建设若干重大问题的决定》，人民出版社2009年版，第12—13页。
[4] 江泽民：《在庆祝中国共产党成立八十周年大会上的讲话》，见《保持共产党员先进性教育读本》，党建读物出版社2005年版，第173页。

是党长期执政的重要政治保证。

在全球化的环境中实现党的理论纲领与时俱进，中国共产党既要毫不动摇的坚持马克思主义的指导地位，更要用开放的、发展的态度对待马克思主义，紧密结合时代的特点、实践的要求不断推进马克思主义的发展创新。在这一过程中，社会民主党实现理论调整的经验无疑能够提供参考和借鉴。比如，社会民主党放弃了马克思主义的指导地位，但并没有彻底否定马克思主义，在各党党纲中依然有选择地吸收、继承了马克思主义的社会分析方法和对资本主义的系统批判成果，这些内容的形成经历了长期的理论论战和实践考验，充分展示了马克思主义理论的科学性和合理性，对于这些内容中国共产党在理论创新的过程中可以结合实际予以吸收。再如，尽管社会民主党理论多元化产生了诸多矛盾和问题，但在这一过程中社会民主主义理论始终保持开放的态度，整合并吸收了各种新社会运动的理论内核，并通过理论的整合保持了组织的左翼领导地位，不断拓展了社会民主党的理论空间。还如，社会民主党在理论创新的实践中始终致力于理论和本土文化的结合，尽力缩短理论和民众之间的距离，使得理论具有丰富的表现形式，能够为普通民众所理解和表达。这些经验，都为中国共产党的理论创新提供了有益的参考和借鉴。

二、以立足现实的组织调整不断增强政党的生机和活力

政党作为不同于行会、协会的以执政政权为目标的政治组织，只有扩大组织基础，政党才能走向兴旺发达，只有完善组织体系，政党才能在社会中形成公信力，这是政党发展的客观逻辑，也是政党执政的基本要求。

在组织基础方面，面对战后西欧社会传统工人阶级萎缩，新中间阶层力量崛起的现实，社会民主党开始实现从阶级党向人民党转型，"仅仅以工人阶级为对象的社会主义纲领，在一个已发生社会分化、工人在其中不占社会多数的社会里是没有成功希望的。社会主义纲领必须考虑到更加广泛的各阶层的利益……民主社会主义的政党必须是人民党。"[1] 通过转型各国社会民主党的党员人数大幅增加，选民支持率明显上升，确保了社会民主党进入执政的黄金期。尽管目前各国社会民主党的党员人数出现下降趋势，但是很大程度上是由于西欧社会普遍存在政治冷漠主义和新兴政治思潮崛起等因素复合作用所致的，西欧其他政党都普遍呈现出这一特点。在

---

[1]　[德]托·迈耶尔：《社会民主主义导论》中央编译出版社1996年版，第81页。

组织运行方面，从 20 世纪 60 年代开始，电视等现代媒体技术开始在西方政党选举中普及，西欧社会民主党传统的活动方式和组织形式开始面临现代传媒的无形挑战。面对媒体工具不断发展的现实，西欧各国社会民主党主动采取措施应对传媒发展带来的种种危机，着重发挥媒体作用改变传统的组织形式和交往方式，加强组织的信息交流，注重建立政党和媒体之间的伙伴关系，以塑造现代化的政党形象。西欧社会民主党普遍把"党的形象和党的吸引力"作为党的自身建设的中心问题，提出了尽快把党从"新闻报道的对象"变成"影响新闻报道的主体"的组织建设目标，把拥有"适合媒体社会的交流能力"作为党的工作能力提高的重要标志。一方面，西欧社会民主党将媒体工具运用于选举中，创造出了"传媒政治"的基本形式，即侧重于将政治行动纳入传媒规律加以运作，以传媒效果的最大化实现政治目标的现实化，最终实现两者的双赢。各党纷纷对传媒采取主动姿态、建立了专门负责与媒体交往的公关班子、成立了领袖的媒体形象设计小组，采取专业化的媒体交往策略，利用现代大众媒体为自己服务，而不是听任媒体的摆布，社会民主党的各级机构和专职干部都尽可能和媒体展开对话，通过电视媒体发布各种信息和主张，这使社会民主党在大选中赢得了媒体的广泛支持，树立了政党蓬勃向上、团结一致的良好形象。另一方面，西欧社会民主党还将媒体工具广泛运用于党的自身建设中，主张建设基于现代科技手段支持之上的 "网络党"，运用现代化的网络工具使党内党外相互联系结成新的网络结构。目前各国社会民主党大都拥有自己的网站，民众可以通过网络了解党的相关信息，也可以履行入党手续或办理党内事务。党的领导人通过网络定期和党员举行直接对话，解答党员提问和质疑。一些社会民主党还通过创办电子党报和网络杂志，向党员和民众直接发送电邮或短信等方式介绍本党主张，大大提高了工作的针对性和实效性，新媒体工具为社会民主党的组织运行注入了新的活力。

中国共产党与社会民主党相比，在组织基础方面的工人阶级特征更加突出，党的历届章程都明确规定：中国共产党是工人阶级的先锋队。始终强调共产党是工人阶级的执政组织，是工人阶级中"最坚决、起推动作用的部分"[1]，这是中国共产党先进性的重要体现。同时，随着改革开放和社会主义市场经济发展时期社会阶级阶层结构发生的深刻变化：传统意义上的工人阶级人数也开始逐步减少，社会变革中出现的民营科技企业的创业人员和技术人员，受聘于外资企业的管理技术人员、个

---

[1]　《马克思恩格斯选集》（第 1 卷），人民出版社 1995 年版，第 285 页。

体户、私营企业主、中介组织的从业人员、自由职业人员等社会阶层人数逐渐增多，社会上出现一支代表先进生产力、队伍越来越庞大的新兴劳动者阶层，他们也是人民的范畴，是中国共产党执政必须依靠的重要力量。中国共产党作为执政党就必须打破剥削阶级政党的政治狭隘性，代表全体人民和中华民族的整体利益要求，这就要求将新兴劳动者阶层中的优秀分子吸收到党内来，否则就会削弱党的执政基础。为此党的十六大党章明确提出："年满 18 周岁的中国工人、农民、军人、知识分子和其他社会阶层的先进分子，承认党的纲领和章程，愿意参加党的一个组织并在其中积极工作，执行党的决议和按时交纳党费的，可以申请加入中国共产党"[1]，这体现了中国共产党在坚持自身根本性质的前提下，致力于把全民族各国阶层的优秀分子作为工人阶级的先进分子吸收入党，使自己真正成为中华民族先进分子的政治组织，而不仅仅是各个阶级、阶层松散的联合体，既有效回应了扩大执政基础的现实要求，又赋予党的先进性以新的时代内涵。总体看来，中国共产党组织建设的理论能够紧跟时代发展的要求，但是与西欧社会民主党丰富的组织交流沟通途径相比，中国共产党还是存在一定不足。当前中国共产党的迫切任务还是要找到不断拓宽组织资源的成功方法，在这方面可以借鉴西欧社会民主党组织建设的成功经验，将组织建设和各种社会组织的发展结合起来，建立良好的伙伴关系，借助外力促进党的组织发展；同时采取有效的措施推动党的组织和人民群众之间建立和巩固有效的联系渠道，确保组织在关注群众利益、实现群众诉求中承担应有的责任，使党组织在加强群众联系中不断扩大自身影响，塑造良好的执政形象，进一步增强组织的凝聚力和战斗力。

在组织运行方面，面对媒体工具蓬勃发展对意识形态、组织策略等方面的挑战，中国共产党始终强调以积极主动的姿态认识新媒体发展特点、驾驭新媒体运行规律、发挥新媒体的正面作用，通过强化理念、健全制度、加强管理，确保新媒体在传播社会主义理念、形成社会主义核心价值体系、维护国家稳定、促进社会发展、巩固党的执政地位等方面发挥积极作用。一方面，在高度开放的传播环境中，中国共产党始终致力于加强新闻舆论的主阵地建设，注重掌握电视、广播和网络等媒体的主流话语权，创办了新华网、人民网等一批在国内外有重大影响力的网站和论坛，保证社会主义价值观在媒体领域中占据主导位置，使执政党牢牢把握了意识形态领域

---

[1]　《中国共产党章程》，中国方正出版社 2006 年版，第 11 页。

的主动权；另一方面，中国共产党通过建立健全相关制度，理顺管理体制，探索并建立了跨区域的舆情联合处置机制，构建了以内容管辖为主、属地管辖为辅的立体防控机制，以健全的法规和制度体系规范媒体运行，营造健康向上的媒体舆论环境。中国共产党还着手将现代化的媒体手段应用于执政党的自身建设中，通过实施覆盖广泛的农村党员网络远程教育工程、建立流动党员的网络管理平台等措施有效促进了组织和党员之间的信息互动、展现了执政党组织的蓬勃生机。但不能否认当前我们党对于新媒体的运用还存在着诸多的问题：党对于新媒体的控制远远多于疏导沟通，少数党员干部对于新媒体的重要性认识不够、运用能力不强，在使用效果方面不够理想，社会对于执政党通过网络发出的声音缺少信任等问题，这些问题严重制约着党有效运用新媒体的能力和水平，甚至在一定程度上损害了执政党的形象。

当前，我们党对于媒体工具的使用，首先要学习西欧社会民主党对待媒体的主动态度，强调通过发展相互之间的伙伴关系适应媒体时代的基本特点，有效应对媒体发展对政党传统功能的挑战；其次，也要借鉴西欧社会民主党善用媒体工具的有效做法，通过扎实的工作使网络等新媒体成为沟通党组织和党员，党内党外之间关系的桥梁和纽带，以营造良好的党内民主氛围，在互动中不断改善政党的社会形象。

三、以实用主义的政策调整不断满足民众的利益诉求

一个政党能否拥有执政的合法性，能否取得民众的信任和支持，主要不是看它说了什么，看它的基本教义是什么，而更主要的是看它能否适应客观形势的变化，勇于创新，探索出好的成绩，为民众提供有效、优质的服务。[1]社会民主党在其执政过程中，始终致力于以实用有效为原则，根据客观条件的变化，不断对制定的主要政策进行调整革新，以迎合选民的口味和要求，增强政党执政的合法性。比较典型的是战后初期西欧社会民主党凭借福利国家的政策稳固了自己的执政地位和执政影响，但是20世纪80年代以来福利国家制度开始面临困难，西欧社会民主党开始对这一标志性政策进行调整，创建出均衡"权力与责任"的"权利人型"的福利制度新体系，在这一制度体系下，西欧社会民主党将执政的重点集中在高度重视经济发

---

[1]　靳晓霞：《20世纪90年代社会民主主义复兴的原因及启示——以英国工党政策调整为例》，载《南京师大学报（社会科学版）》2003年第3期。

展方面，积极担当起推动经济发展的历史责任。[1] 经济增长替代传统的社会公正成为国家发展的首选政策目标，全面的税收政策调整取代了传统的高税收政策，以增强就业机会为核心福利制度改变了过去以失业救济为核心的福利制度，这些调整使社会民主党的传统福利政策焕发出新的生机，进而为社会民主党的重新崛起提供了广阔的舞台。此外，西欧社会民主党在市场政策、失业政策等方面也注重基于现实要求的改革，取得了很多是被实践证明了的优秀经验，这些经验对于执政的中国共产党来说同样是十分宝贵的。

中国共产党在实践中同样高度重视政策的重要作用，认为"政策和策略是党的生命"[2]，紧紧围绕社会形势变化的实际不断加强对政策的调整和创新，从以阶级斗争为纲到以经济建设为中心、从建立计划经济体制到建设社会主义市场经济体制、从单一公有制到以公有制为主体多种经济成分共同发展、从低水平公平到鼓励一部分人先富起来，先富帮后富，最终实现共同富裕、从封闭到全面对外开放等等，这些政策的转变涉及经济、政治、社会、文化等各个领域，正是通过这些政策调整，才使党的执政拥有了源源不断的动力，使"社会主义在中国展现出蓬勃的生机和活力"[3]。难能可贵的是，中国共产党在政策的调整中始终坚持科学理论的指导，使政策和党的目标不脱节；始终坚持维护人民利益的正确导向，将是否符合人民群众的根本利益当作党的政策的根本取向和最终归宿，注重通过政策实践来实现好、维护好、发展好最广大人民群众的切身利益；始终坚持一切从实际出发的原则，紧密结合中国实际制定政策，并在不同的历史时期又根据具体任务要求把实践标准具体化，这些都是中国共产党政策实践的宝贵经验。

当前中国共产党的执政政策总体反映了实践的要求，但是也面临着诸多的考验：首先在政策形成的方法上，中国共产党制定政策采用的调查研究、群众路线、民主集中的方法在复杂的现实面前显得过于抽象，信息化、数字化、网络化等新型工具和方法在执政过程中的普及程度不高，这在一定程度上制约了政策的科学性；其次在政策内容规定方面显得过于笼统，作用于具体事项、具体对象时缺乏针对性，政

[1]　本书编写组：《兴衰之路——外国不同类型政党建设的经验与教训》，当代世界出版社2002年版，第7页。

[2]　《毛泽东选集》第4卷，人民出版社1991年版，第1298页。

[3]　本书编写组：《江泽民在庆祝建党八十周年大会上的讲话学习辅导》，中共党史出版社2001年版，第223页。

策调整的延滞时间过长，难以根据实际情况变化快速反应；再次是政策的可操作性不高，政党的执政政策多局限于对经济、政治、文化等宏观事项的安排，缺少对人民群众具体事项和切身利益的关注，这其实就在某种程度上降低了政策的关注度；最后是政策的及时性不强，经济社会迅速发展引发党的执政环境的全面变化，面对执政中出现的各种新情况和新问题中国共产党没有应对的经验，缺乏有效的手段，这容易在政策制定中陷入被动局面，造成矛盾的积累，引发群众的不满。

如何有效应对这些具体问题，西欧社会民主党都有着成功的经验，其政策的灵活性、科学性、有效性就是建立在正确的方法、迅速的决策和及时的应对基础之上的，加强学习社会民主党在执政政策方面的成功经验，可以使我们的政策实践能够有正确的前景预期，预防或避免在具体政策方面出现失误。尤其在社会建设方面吸取社会民主党福利国家建设的经验教训，有助于中国共产党立足本国的经济状况进行社会建设，避免福利开支超过国家财政负担能力影响经济发展速度；在社会建设中采取循序渐进的步骤，广泛动员个人、组织、企业的力量的参与，强调个人的义务和责任，以减少福利依赖和道德公害现象的发生，最终实现以科学有效的政策推动经济社会协调发展，逐步实现党的执政目标。

第六章 结　　语

　　调整和转型始终贯穿于战后西欧社会民主党发展的全过程，成为其执政实践的主题。我们纵观西欧社会民主党的执政历程不难发现存在着三个明显的规律：

　　一是西欧社会民主党执政普遍呈现一条波浪式的发展轨迹，在竞争性的政党体制下各国社会民主党取得了执政的辉煌成就，也经历了失去政权的彷徨和困惑，形成了西欧政坛独特的"政治钟摆"现象，但是社会民主党通过执政实现了力量的积累，最终发展成为唯一能够与右翼资产阶级政党相抗衡的政党，总体上呈现出组织力量和政治影响趋于增强的态势，从而在西欧政坛打上了鲜明的社会民主主义印记。

　　二是西欧社会民主党的执政实践始终以对自身的调整和改良为主要内容。战后初期西欧社会民主党通过意识形态的调整，实现了从阶级党向人民党的转型，拓展了政党的代表性，有效扩大了选民基础；通过政策的革新，福利社会建设取代社会主义成为社会民主党新的政治标识，推动了经济社会协调发展；通过执政理念的创新，构建了多元化、民主化的社会民主主义价值体系，展示了执政思维的包容性。在调整和转型中西欧社会民主党赢得了选民的支持、取得了执政地位并由此进入社会民主党执政的"黄金时期"。全球化时代的到来导致社会民主党战后用来指导执政的理念陷入困境、政策全面失灵，这一时期各国政党开始以实用主义策略对其理念和政策进行艰难的调整，实现了20世纪90年代在西欧政坛的"神奇复兴"。社会民主党能够成为西欧政坛中执政或联合执政时间最长、影响最大的政党，根本原因就在于各国社会民主党绝不拘泥于某种固定的理论形态和政策模式，而是随着社会发展的状况和人民的要求不间断地调整、革新政策和策略，并在调整中赢得了选民的支持，显示出很强的适应性和应变性，在执政中也表现出强大的自我"修正"和创新的能力。

　　三是西欧社会民主党的调整改革导致自身陷入"困境怪圈"中。一方面，社会民主党"永恒修正主义"的调整改革有效解决了短期的危机和问题，但明显缺乏持久的功效，"国有化""计划化""第三次道路""中间化"等一次次时髦的改革在经历了短期的火爆后就随着环境的变化偃旗息鼓；另一方面，以改良主义为特征的社会民主党，其调整和转型的过程就是对自身的传统不断进行修正，以符合资本主义体制内政党竞争的基本要求，结果社会民主党与传统资产阶级政党在身份上渐渐趋同，西欧社会民主党陷入普遍的"身份危机"；再次，全球化时代社会民主党又通过理念和政策的全面向右转来实现执政的目标，却发现与传统选民和左翼主流的关系日渐疏远，迎合现实需要的新自由主义经济政策和媒体党策略使选民在现实选择感到困惑，当然也不会指望社会民主党的这些措施能够帮助资本主义摆脱固有的矛盾和危机。所以，社会民主党的一次次调整和转型在表面上是缓解了执政困境，但其实根本没有摆脱其长期面临的深层危机，反而使自己陷入进退维谷的矛盾状态。当前，西欧社会民主党正在为摆脱困境进行系统的反思和调整，希望通过努力能够提出有效应对全球化挑战的整体方案，但是由于各党之间以及各党内部尚未完全取得共识，因此短期内社会民主党还无法走出执政困境，其转型之路依然漫长。

　　中国共产党作为以马克思主义为指导的社会主义政党，必须清醒地认识到，社会民主党进行的自我改良和调整，"没有触动资本主义统治的根基，没有改变资本主义制度的性质，也没有改变马克思主义关于资本主义的基本原理的真理性"[1]。正是因为这种原因才使社会民主党的改革道路越走越窄，其调整和改革始终无法解决体制的深层矛盾，而这正显示了中国共产党所具有的重要比较优势，如何坚持和发扬中国共产党的这些传统优势，应当成为我们对西欧社会民主党进行比较借鉴的立足点和落脚点。同时，中国共产党作为长期执政的马克思主义政党，同样无法回避全球化带来的各种挑战：开放世界中社会建设问题、经济发展问题、组织建设问题将各种新的矛盾摆在了中国共产党的面前。中国共产党要很好的破解这些难题，完成时代赋予执政党的历史使命，就必须看到战后西欧社会民主党执政中"在资本主义国家内部一些具体的措施和做法、一些成功的经验和失败的教训也为现实社会主义的执政党提供诸多可以借鉴的东西"[2]。比如战后开始的福利国家建设、全球化时

[1]　江泽民：《论"三个代表"》，中央文献出版社 2001 年版，第 58 页。

[2]　李宏著：《另一种选择：欧洲社会民主主义研究》，法律出版社 2003 年版，第 184—191 页。

期进行的政党现代化改革等等，这些经验和教训对于中国共产党的执政无疑能够提供实践借鉴。只有立足自身实际，在比较中反思和借鉴，我们才能真正领悟到中国共产党建立的社会主义制度具有强大的政治优势，才能深刻体会到执政实践中存在的缺陷和不足，通过与时俱进的调整、改革和创新，不断增强工人阶级政党的吸引力和凝聚力，充分发挥党员和群众参与社会主义建设的积极性和主动性，推动中国特色社会主义事业的发展，以良好的执政表现促进世界社会主义运动的全面复兴。

主要参考文献

一、经典著作

[1]《马克思恩格斯选集（第 1-4 卷）》，北京：人民出版社 1995 年版。

[2]《列宁选集（第 1-4 卷）》，北京：人民出版社 1995 年版。

[3]《毛泽东选集（第 1-4 卷）》，北京：人民出版社 1991 年版。

[4]《邓小平文选（第 1-3 卷）》，北京：人民出版社 1994 年版。

[5]《江泽民文选（第 1-3 卷）》，北京：人民出版社 2006 年版。

[6] 江泽民：《论党的建设》，北京：中央文献出版社 2001 年版。

[7] 中联部资料编样中心选编：《社会党国际和社会党重要文件选编》，北京：中共中央党校出版社 1993 年版。

[8]《当代世界社会主义文献选编》，北京：中共编译出版社 1993 年版。

[9]《各国社会党重要文件选编》，北京：世界知识出版社 1959 年版。

二、外文资料

[1] Political parties: Electoral Change and structural Response. Edited by Alan Ware. Oxford, UK;B.Blackwell, 1987.

[2] Pamela M.Pilbeam，The Middle Classes in Europe(1789-1914) ,London,1990.

[3] Heckscher, G. The Welfare State and Beyond .Minnesota, 1984.

[4] Iain Dale. Labor Party central election manifestos 1900-1997 [M]. London&New York: Routledge, 2000.

[5] Micha Hageman's, Political Parties and Innovation: Critical Insights.29th Joint

Sessions of Workshops, Grenoble 6-11 April 2001.

[6] C. A. R. Crosland. The future of socialism . London: Jonathan Cape, 1956.

[7]French Political Parties in Transition. Edited by Alistair Cole.[England]Dartmouth, 1990.

[8] Political Parties and Power, Angelo Panebianco.Cambridge University Press, 1988.

[9] Duncan Tanner. Labor's First Century . Cambridge: Cambridge University Press, 2000.

[10] Martin. Powell. New Labor, New Welfare State?.London: The Policy Press, 1999.

[11] Norberto Bobbio. Left and Right. Cambridge: Polity Press, 1996.

[12] Luke Martell. Social democracy: global and national perspectives. New York: Algarve, 2001.

[13] Joel Krieger. British politics in the global age: can social democracy survive? . Oxford; New York: Oxford University Press, 1999.

[14] Anthony Giddens. Where now for New Labour?. Cambridge: Polity, 2002.

[15] Jane Lewis, Rebecca Surenden. Welfare State change: towards a Third Way? .Oxford; New York: Oxford University Press, 2004.

[16] Donald R Busky. Democratic Socialism: a global survey. Westport, Conn.: Praeger, 2000.

[17] Oliver Schmidtke. The Third Way transformation of social democracy.Aldershot, Hampshire, England; Burlington, VT: Ashgate, 2002.

[18] Ben Clift. French socialism in a global era: the political economy of the new social democracy in France . New York: Continuum, 2003.

[19] Robert Philpot.New Democrat,New Labor,in The New Democrat .May 1,1999.

[20] Asa Briggs.The Age of Improvement..London,1959.

[21]Robert Ladrech and Philippe Marliere.Social Democratic Parties in the European Union.Macmillan Press LTD,1999.

[22]Linda Colley.New Haven.Yale University Press,1995.

[23] Anthony Giddens.On the Edge:Living With Global Capitalism.London,2000.

[24]D.Milliband. Reviewing the Left.Cambridge:Polty Pewss,1994.

[25]Callaghan and John.The Retreat of Social Democracy.Manchester:Manchester University Press,2000.

[26]Crosland.The Future of Socialism.London:Jonathan Cape,1956.

[27]Driver Martell.New Labour,London:Polity Press,1998.

[28]Walter Korpi.The Democratic Class Struggle.london,1975.

[29]Paul Whiteley.The Labour Party in Crisis,Methuen & Co.Ltd.

[30]Amin.The Challenge of Globalization,NewYork:Oxford University Press,1998.

[31]Thomas Quinn.Modernising the Labor Party:Organizational Change Since 1983,Newyork:Palgrave Press,2002.

[32]Tony Blair.The Third Way:New Politic for the New Century,London:Fibian Society Press,1998.

三、中文译著

[1] [英] 斯图亚特·汤普森著，贺和风、朱艳圣译：《社会民主主义的困境：思想意识、治理与全球化》，重庆：重庆出版社 2008 年版。

[2] [英] 佩特森等编，林幼琪等译：《西欧社会民主党》，上海：上海译文出版社 1982 年版。

[3] [德] 苏珊·米勒等著，刘敬钦等译：《德国社会民主党简史》，北京：求实出版社 1984 年版。

[4] [德] 维·勃兰特、[奥地利] 布·克莱斯基、[瑞典] 欧·帕尔梅：《社会民主与未来》，重庆：重庆出版社 1990 年版。

[5] [英] 安东尼·吉登斯：《失控的世界 —— 全球化如何重塑我们的生活》，南昌：江西人民出版社 2001 年版。

[6] [英] 安东尼·吉登斯：《超越左与右 —— 激进政治的未来》，北京：社会科学文献出版社 2003 年版。

[7] [英] 安东尼·吉登斯：《第三条道路 —— 社会民主主义的复兴》，北京：北京大学出版社 2000 年版。

[8] [德] 爱德华·伯恩斯坦：《社会主义的前提和社会民主党的任务》，上海：三联书店 1965 年版。

[9] [德] 托马斯·迈尔：《社会民主主义的转型 —— 走向 21 世纪的社会民主党》，北京：北京大学出版社 2001 年版。

[10] [德] 托马斯·迈尔：《社会民主主义导论》，北京：中央编译出版社 1996 年版。

[11] [德] 沃尔夫冈·麦克尔，亚历山大·佩特林，克里斯蒂安·亨克斯：《社会民主党的改革能力：西欧六国社会民主党执政政策比较》，重庆：重庆出版社 2008 年版。

[12] [德] 弗兰茨·瓦尔特：《德国社会民主党：从无产阶级到新中间》，重庆：重庆出版社 2008 年版。

[13] [英] 布莱尔：《新英国一我对一个年轻国家的展望》，北京：世界知识出版社 1998 年版。

[14] [德] 勃兰特：《社会民主与未来》，重庆：重庆出版社 1990 年版。

[15] [俄] 戈尔巴乔夫，[德] 勃兰特：《未来社会主义》，北京：中央编译出版社 1994 年版。

[16] [苏] 希什金娜，毕克译：《现代斯堪的那维亚社会民主党的理论和实践》，北京：人民出版社 1983 年版。

[17] [苏] 西比列夫，姜汉章等译：《社会党国际》，北京：中国社会科学出版社 1983 年版。

[18] [苏] 萨雷切夫，李兴汉等译：《寻求"第三条道路"—— 现代社会民主党思想发展史》，北京：东方出版社 1991 年版。

[19] [联邦德国] 卡尔·哈达赫著，扬绪译：《二十世纪德国经济史》，北京：商务印书馆 1984 年版。

[20] [联邦德国] 库特·宗特海默尔著，孙克武等译：《联邦德国政府与政治》，上海：复旦大学出版社 1985 年版。

[21] [美] 莱斯特·瑟罗著，周晓钟译：《资本主义的未来》，北京：中国社会科学出版社 1998 年版。

[22] [美] 迈克尔·罗斯金等著，林震等译：《政治科学》，北京：华夏出版社 2001 年版。

[23] [德] 劳伦斯·迈耶等著，罗飞等译：《比较政治学》，北京：华夏出版社 2001 年版。

[24] [加] 艾伦·伍德著, 尚庆飞译:《新社会主义》, 南京:江苏人民出版社 2002 年版。

[25] [德] 弗兰茨·克萨韦尔·考夫曼:《社会福利国家面临的挑战》, 北京: 商务印书馆 2004 年版。

[26] [法] 让·马雷, 阿·乌鲁:《社会党历史 —— 从乌托邦到今天》, 北京: 商务印书馆 2000 年版。

[27] [德] 马丁:《全球化陷阱:对民主和福利的进攻》, 北京:中央编译印书 馆 2001 年版。

四、中文著作

[1] 徐崇温:《民主社会主义评析》, 重庆:重庆出版社 1995 年版。

[2] 金重远:《战后西欧社会民主党》, 上海:上海人民出版社 1997 年版。

[3] 王学东、陈林:《九十年代西欧社会民主主义的变革》, 北京:中央编译出 版社 1999 年版。

[4] 王长江主编:《世界政党比较概论》, 北京:中共中央党校出版社 2003 年版。

[5] 王长江:《现代政治执政规律研究》, 上海:上海人民出版社 2004 年版。

[6] 王长江:《政党现代化》, 南京:江苏人民出版社 2004 年版。

[7] 王长江:《政党论》, 北京:人民出版社 2009 年版。

[8] 顾俊礼:《欧洲政党执政经验研究》, 北京:经济管理出版社 2005 年版。

[9] 张世鹏:《德国社会民主党纲领汇编》, 北京:北京大学出版社 2005 年版。

[10] 史志钦:《全球化与欧洲社会民主党的转型》, 北京:中央编译出版社 2007 年版。

[11] 史志钦:《全球化与世界政党变革》, 北京:中共中央党校出版社 2007 年版。

[12] 中央编译局国际共运史研究室编:《德国社民党关于伯恩施坦问题的争 论》, 北京:三联书店 1981 年版。

[13] 姜士林, 郭德宏:《当代社会民主党与民族主义政党》, 北京:中国展望出 版社 1984 年版。

[14] 李兴耕:《当代西欧社会党的理论与实践》, 哈尔滨:黑龙江人民出版社 1988 年版。

[15] 裘援平，柴尚金，林德山：《当代社会民主主义与"第三条道路"》，北京：当代世界出版社 2004 年版。

[16] 倪力亚：《论当代资本主义社会的阶级结构》，北京：中国人民大学出版社 1989 年版。

[17] 杨宏禹，刘苏邮：《民主社会主义透视》，武汉：湖北人民出版社 1991 年版。

[18] 樊期曾：《现代科技革命与未来社会》，北京：中国人民大学出版社 1993 年版。

[19] 向文华：《斯堪的那维亚民主社会主义研究》，北京：中央编译出版社 1999 年版。

[20] 李景治：《当代资本主义的演变与矛盾》，北京：中国人民大学出版社 2001 年版。

[21] 黄宗良，林勋健：《共产党和社会党百年关系史》，北京：北京大学出版社 2002 年版。

[22] 赵永清：《德国民主社会主义模式研究》，北京：北京大学出版社 2005 年版。

[23] 王捷、杨祖功：《欧洲民主社会主义》，北京：社会科学文献出版社 1996 年版。

[24] 刘成、马约生著：《欧洲社会民主主义的缘起和演进》，重庆：重庆出版社 2006 年版。

[25] 张世鹏：《二十世纪末西欧资本主义研究》，北京：中国国际广播出版社 2003 年版。

[26] 张契尼、潘琪昌：《当代西欧社会民主党》，北京：东方出版社 1987 年版。

[27] 臧秀玲：《当代资本主义新发展问题研究》，济南：山东大学出版社 2004 年版。

[28] 林建华、张有军：《冷战后欧盟诸国社会民主党政坛沉浮研究》，北京：人民出版社 2010 年版。

[29] 刘成：《理想与现实 —— 英国工党与公有制》，南京：江苏人民出版社 2003 年版。

[30] 杨雪东、薛晓源：《"第三条道路"与新的理论》，北京：社会科学出版社 2000 年版。

[31] 陈林、林德山：《第三条道路 —— 世纪之交的西方政治变革》，北京：当代世界出版社 2000 年版。

[32] 林建华、董全增：《当代西欧社会民主党论纲》，北京：中国工人出版社

1995 年版。

[33] 李媛媛：《英国工党地方性组织嬗变研究》，北京：中国社会科学出版社 2009 年版。

[34] 辛蓄：《融入欧洲——二战后德国社会的转向》，上海：上海社会科学院出版社 2004 年版。

[35] 李景治：《当代资本主义国家的政党制度》，福州：福建人民出版社 1993 年版。

[36] 周宏：《国外社会福利制度》，北京：中国社会出版社 2002 年版。

[37] 张世鹏，殷叙彝：《全球化时代的资本主义》，北京：中央编译出版社 1998 年版。

[38] 王振华：《重塑英国：布莱尔"第三条道路"》，北京：中国社会科学出版社 2000 年版。

[39] 中央编译局世界社会主义研究所编：《当代国外社会主义：理论与模式》，北京：中央编译出版社 1998 年版。

[40] 李宏：《另一种选择：欧洲民主社会主义研究》，北京：法律出版社 2003 年版。

[41] 本书编写组：《外国不同类型政党建设的经验与教训》，北京：当代世界出版社 2002 年版。

[42] 荣敬本、高新军：《政党比较研究资料》，北京：中央编译出版社 2002 年版。

[43] 林勋健：《政党与欧洲一体化》，北京：当代世界出版社 2000 年版。

[44] 林勋健：《西方政党是如何执政的》，北京：中共中央党校出版社 2001 年版。

[45] 林建华，董泉增：《当代西欧社会民主党论纲》，北京：中国工人出版社 1995 年版。

[46] 姜跃：《政党多棱镜》，北京：台海出版社 2003 年版。

[47] 江流，徐崇温：《当代社会主义若干问题——国际社会主义历史经验与中国特色社会主义》，重庆：重庆出版社 2001 年版。

[48] 王海霞：《奥地利社会民主党研究》，北京：北京广播学院出版社 2003 年版。

[49] 谢峰：《英国工党第三条道路研究》，贵阳：贵州人民出版社 2003 年版。

[50] 黄宗良：《世界社会主义的历史与理论》，北京：中央编译出版社 1995 年版。

[51] 刘玉安、蒋锐：《从民主社会主义到社会民主主义—当代欧洲社会民主党的理论和实践》，北京：人民出版社 2010 年版。

五、中文论文

[1] 王学东，曹军：《第三条道路与社会民主主义的转型》，载《当代世界与社会主义》2000 年第 3 期。

[2] 林德山：《欧洲社会民主党转型中的趋势与问题》，载《欧洲研究》2003 年第 6 期。

[3] 王长江，彭萍萍：《关于现代政党执政规律研究的对话》，载《当代世界与社会主义》2004 年第 1 期。

[4] 陈露：《西欧社会党的组织体制改革及政党现代化进程》，载《当代世界与社会主义》2004 年第 1 期。

[5] 殷叙彝：《施罗德、吉登斯谈公民社会与国家的互动关系》，载《国外理论动态》2000 年第 11 期。

[6] 王学东：《德国社会民主党章程》，载《当代世界社会主义问题》2002 年第 4 期。

[7] 周弘：《福利国家向何处去》，载《中国社会科学》2001 年第 3 期。

[8] 张耀军：《经济全球化与西欧社会民主党的第三条道路》，载《当代世界社会主义问题》2000 年第 4 期。

[9] 史志钦：《共产国际成立前后欧洲社会党共产党化问题评析》，载《河南师范大学学报（哲学社会科学版）》1997 年第 1 期。

[10] 龚加成：《社会党国际纲领和政策的新变化——社会党国际二十二大述评》，载《国外理论动态》2007 年第 1 期。

[11] 董礼胜：《社会党国际和社会民主党若干问题研究综述》，载《政治学研究》2002 年第 2 期。

[12] 高放：《如何看待民主社会主义的发展》，载《科学社会主义》2003 年第 2 期。

[13] 徐崇温：《西方社会民主党的社会主义观》，载《理论视野》2000 年第 3 期。

[14] 殷叙彝：《社会民主主义和民主社会主义（上）——概念的起源和历史演变》，载《当代世界社会主义问题》2001 年第 3 期。

[15] 殷叙彝、张世鹏等：《热话题与冷思考（十）——关于转型中的社会民主主义的对话》，载《当代世界与社会主义》1999 年第 2 期。

[16] 王长江、季正矩：《热话题与冷思考（二十三）——关于时代发展与政党

现代化的一些思考》，载《当代世界与社会主义》2002 年第 1 期。

[17] 罗云力：《西欧社会民主党的三次裂变及其走向》，载《马克思主义研究》2004 年第 4 期。

[18] 罗云力：《西欧社会民主党的性质演化与其关于社会结构的认识》，载《马克思主义研究》2007 年第 6 期。

[19] 罗云力：《西欧社会民主党面临的困境和两难的选择》，载《新视野》2005 年第 5 期。

[20] 王瑜：《西欧社会民主党是如何治国理政的》，载《领导之友》2005 年第 1 期。

[21] 杨勇：《西欧社会民主党在价值理念上的迷惘与突破》，载《马克思主义与现实》2006 年第 6 期。

[22] 曹长盛：《怎样认识冷战后西欧社会民主党的调整变革》，载《中国党政干部论坛》2002 年第 6 期。

[23] 谭荣邦：《战后以来西欧共产党和社会民主党的关系演变》，载《当代世界与社会主义》2001 年第 4 期。

[24] 杨根乔：《德国社会民主党执政经验刍议》，载《当代世界与社会主义》2006 年第 1 期。

[25] 刘玉安：《从民主社会主义到社会民主主义 —— 苏东剧变后西欧社会民主党的战略调整》，载《当代世界社会主义问题》2008 年第 4 期。

[26] 孟艳：《当代社会民主党应对媒体社会的策略分析》，载《科学社会主义》2009 年第 2 期。

[27] 周敬青：《德国社会民主党：从"全民党"到"新型政党"—— 罗歇尔教授访谈录》，载《科学社会主义》2005 年第 3 期。

[28] 张文红等：《欧洲一些社会党处理党群关系的经验教训和启示（四篇）》，载《当代世界与社会主义》2006 年第 5 期。

[29] 侯树栋编写：《德国社会民主党的深层危机和德国新兴的左翼政党面临的挑战》，载《国外理论动态》2005 年第 12 期。

[30] 林德山：《欧洲社会民主党转型中的趋势与问题》，载《欧洲研究》2003 年第 6 期。

[31] 王学东：《评德国社会民主党的转型》，载《当代世界社会主义问题》2002

年第 1 期。

[32] 刘建飞：《欧洲社民党"第三条道路"评析》，载《当代世界社会主义问题》2000 年第 2 期。

[33] 姜跃：《瑞典社会民主党何以能长期执政》，载《中共石家庄市委党校学报》2005 年第 4 期。

[34] 姜跃：《外国政党意识形态的困境与调整》，载《学习月刊》2006 年第 6 期。

[35] 姜跃：《瑞典社会民主党的理论创新与政策调整》，载《中共珠海市委党校》2008 年第 3 期。

[36] 姜跃：《国外政党执政面临的几个共同问题及其应对》，载《中共中央党校学报》2008 年第 12 期。

[37] 张耀军：《经济全球化与西欧社会民主党的第三条道路》，载《当代世界社会主义问题》2000 年第 4 期。

[38] 殷叙彝：《德国社会民主党新纲领制定过程中关于基本价值的讨论》，载《国际政治研究》2007 年第 2 期。

[39] 方章东，侯惠勤：《社会民主党的历史发展对中国共产党人的启示》，载《政治学研究》2003 年第 1 期。

[40] [德] 托马斯·迈尔：《媒体社会与社会民主党的选举战略》，载《当代世界与社会主义》1999 年第 2 期。

[41] [德] 沃纳·普芬尼希：《政党转型：德国社会民主党的变革》，载《经济社会体制比较》2006 年第 1 期。

[42] [德] 迪特·山茨：《德国社会民主党的现状及前景》，载《当代世界与社会主义》1999 年第 2 期。

[43] [英] 蒂莫西·加尔腾·艾西著，殷叙彝译：《金融危机环境下各国社会民主党普遍失败的原因》，载《国外理论动态》2009 年第 11 期。

[44] [俄] A·F·梅斯列尼科夫：《西方社会民主党：更新和现代化的趋势》，载《理论参考》2003 年第 1 期。

[45] [德] 托马斯·迈尔：《处在十字路口上的第三条道路》，载《当代世界社会主义问题》2000 年第 4 期。

[46] [美] 迈克尔·爱德华兹：《公民社会与全球治理》，载《马克思主义与现实》

2002 年第 3 期。

[47] [瑞典] 夏洛特·斯文松：《瑞典社会民主主义与第三条道路 —— 艰难的选择》，载《国外社会科学》2004 年第 6 期。

[48] [法] 雅格·比岱：《现代社会中的阶级和政党：对资本主义和社会主义的反思》，载《国外社会科学》2003 年第 1 期。

[49] [德] 托马斯·迈尔：《媒体社会与社会民主党的选举战略》，载《当代世界社会主义问题》1999 年第 2 期。

[50] [瑞典] 比杨·冯西斗：《瑞典社会民主党党纲述评》，载《当代世界社会主义问题》2009 年第 3 期。